Die Reise in die Vergangenheit

Ein geschichtliches Arbeitsbuch

Von Hans Ebeling
und Prof. Dr. Wolfgang Birkenfeld
Pädagogische Mitarbeit: Rita Birkenfeld

Bearbeitet von:
Dr. Volker Punzel – Gabriele Reißmann – Uta Usener

Band 3

westermann

Nach gültiger Rechtschreibung 2006

Druck A[1] / Jahr 2007
Alle Drucke der Serie A sind im Unterricht parallel verwendbar.

Redaktion: Ute Schröder, Kerstin Maaß
Typographisches Konzept: Thomas Schröder
Layout und Herstellung: Sandra Grünberg
Umschlaggestaltung: Thomas Schröder
Satz: Henry N., Braunschweig
Druck und Bindung: westermann druck GmbH, Braunschweig

ISBN 978-3-14-**140728**-0

Liebe Schülerinnen und Schüler,

vor euch liegt euer neues Buch für das Fach Geschichte. Es will euch zu einer „Reise in die Vergangenheit“ einladen. Aus ihm könnt ihr jede Menge spannende und interessante Dinge erfahren, z. B. wie Nordamerika von europäischen Auswanderern besiedelt wurde, wie Dampfmaschinen und andere Erfindungen das Leben der Menschen veränderten oder wie ein Attentat auf den österreichisch-ungarischen Thronfolger und seine Frau den Ersten Weltkrieg auslöste.

Dieses Buch soll euch helfen, selbstständig Geschichte zu entdecken. Wir, die Autorinnen und der Autor dieses Buches, haben dazu viele Bilder und Texte zusammengestellt, die vom Leben der Menschen in früheren Zeiten berichten.

Für eine Reise benötigt ihr eine geeignete Ausrüstung. Euer Buch bietet euch verschiedene Hinweiszeichen. Sie helfen euch, euch bei eurer Reise in die Vergangenheit zurechtzufinden.

Arbeitsaufträge Die Arbeitsaufträge leiten euch dazu an, Texte und Abbildungen auszuwerten und die Zusammenhänge zu verstehen.

i Hier werden euch unbekannte Begriffe und schwer verständliche Wörter erklärt.

M1 Der Buchstabe M bezeichnet alle Materialien, die den Autorentext und die Quellen ergänzen.
M kann ein Bild, eine Karte, eine Zeichnung oder eine Tabelle sein.

Q1 In diesen Texten haben Menschen lange vor unserer Zeit ihre Gedanken aufgeschrieben. Diese Texte müsst ihr genauer untersuchen.

METHODE Hier stellen wir euch Methoden des Faches Geschichte vor. Mit diesen Seiten könnt ihr lernen, wie man eine Statistik auswertet, eine Karikatur untersucht usw.

PROJEKT Auf diesen Seiten findet ihr Anregungen zum Ausprobieren, Selbermachen und Entdecken. Ihr könnt z. B. eine Exkursion auf den Spuren des Königs Friedrich II. von Preußen unternehmen oder Mode aus der Zeit der Französischen Revolution schneidern.

Damit ihr euch vorstellen könnt, mit welchen Schwierigkeiten die Menschen zurechtkommen mussten, erzählen wir euch in einigen Kapiteln vom Alltag der Menschen. Obwohl wir uns bemüht haben, dafür alles ganz genau zu erforschen, sind diese *Geschichtserzählungen* keine historischen Quellen.

Im Anhang findet ihr ein Register und Worterklärungen, mit denen ihr die wichtigsten Begriffe und Namen noch einmal nachschlagen könnt.

INHALT

„Der König ist überall". Friedrich II. bei der Kartoffelernte in der Neumark. Gemälde von Robert Warthmüller, 1886.

Vom Absolutismus zum aufgeklärten Absolutismus

M1 *Ludwig XIV., König von Frankreich. Gemälde von R.-A. Houasse, 1679.*

M2 *Absolutistische Staaten um 1750.*

Die Sonnenkönige in Deutschland

Frankreich ist Vorbild

Ludwig XIV. regierte in Frankreich ab 1661 als Alleinherrscher. Er erkannte nur Gott als höhere Autorität an. Der Satz: „Der Staat, das bin ich.“, der von ihm stammen soll, kennzeichnet seine Regierungsweise, den *Absolutismus*. Der Adel war von der Gunst des Königs abhängig. Die Kirche und das Bürgertum unterstützten ihn. Das stets einsatzbereite stehende Heer war eine weitere wichtige Säule seiner Herrschaft. 36 Jahre lang führte es Kriege, um das Reich zu vergrößern. Ludwig XIV. förderte Manufakturen und ließ durch Beamte den Verkauf der Produkte kontrollieren (*Merkantilismus*), sodass die Gewinne seiner Staatskasse zugute kamen.

Viele Herrscher Europas bewunderten Ludwig XIV. Seine Macht, die prunkvolle Hofhaltung und die wirtschaftliche Stärke Frankreichs betrachteten sie als nachahmenswert. Anders als in Frankreich existierten in den zersplitterten deutschen Herrschaftsgebieten viele unterschiedliche Ausprägungen des Absolutismus. Neben den Vertretern des höfischen Absolutismus, die Ludwig XIV. nacheiferten, gab es Herrscher, die den Prunk ablehnten und eher eine strenge Sparsamkeit verfolgten.

i

Absolutismus: Regierungsform, in der ein König oder Fürst uneingeschränkt herrscht. Er ist an keine Gesetze gebunden und muss sich nur Gott gegenüber rechtfertigen.

Merkantilismus: Wirtschaftssystem, bei dem der Staat zur Förderung des Handels und der Steigerung der Staatseinnahmen in die Wirtschaft eingreift.

Das Schloss – Zentrum der absolutistischen Residenzstadt

Versailles war im damaligen Europa der Mittelpunkt von Macht und Kultur. Die unter Ludwig XIV. geschaffene Residenzstadt mit einer gewaltigen Schlossanlage beeindruckte viele Fürsten. Nach seinem Vorbild errichteten sie eigene Residenzstädte und Schlossanlagen. Wie Ludwig wollten sie ihrer herausgehobenen Stellung auch baulich Ausdruck verleihen.

Das Schloss bildete das Zentrum der Residenzstädte des Absolutismus. Straßen und Hauptwege waren auf den Herrschersitz ausgerichtet. Stadtmauern und -tore – sofern es sie gab – dienten in den neuen Residenzstädten kaum noch der Verteidigung. Die Mauern sollten lediglich die Flucht von Soldaten oder straffälligen Untertanen verhindern.

M3 *Herzog Friedrich II. von Sachsen-Gotha-Altenburg.*

Der thüringische Herzog Friedrich II.

Thüringen war am Anfang des 18. Jahrhunderts in bis zu 20 Einzelstaaten aufgeteilt. Die hier herrschenden Fürsten besaßen jeweils eine Residenzstadt und pflegten einen eigenen Stil der Machtausübung.

Herzog Friedrich II. von Sachsen-Gotha-Altenburg (1676–1732) war einer dieser Thüringer Landesherren, die den Prunk ganz besonders liebten. Vor allem seine Hofhaltung kostete ihn viel Geld. Aber auch das stehende Heer, das er von seinem Vater geerbt hatte und das er noch weiter ausbaute, verursachte ungeheure Kosten. Um seinen Staatshaushalt wieder aufzubessern, vermietete der Herzog seine Soldaten an ausländische Fürsten.

1702 geriet Friedrich dadurch fast in einen ernsten Konflikt mit dem Kaiser. Denn Friedrich, der ein Untertan des Kaisers war, hatte seine Truppen an Ludwig XIV. von Frankreich vermietet. Ludwig setzte diese Truppen jedoch in einem Krieg gegen den Kaiser ein.

Friedrich II. kümmerte sich aber auch um die sozialen Belange seiner Untertanen. In Altenburg gründete er 1715 u. a. ein Waisenhaus. Bereits seit dem 17. Jahrhundert galt im Herzogtum die Schulpflicht für Fünf- bis Zwölfjährige, und in Gotha gab es ein Gymnasium.

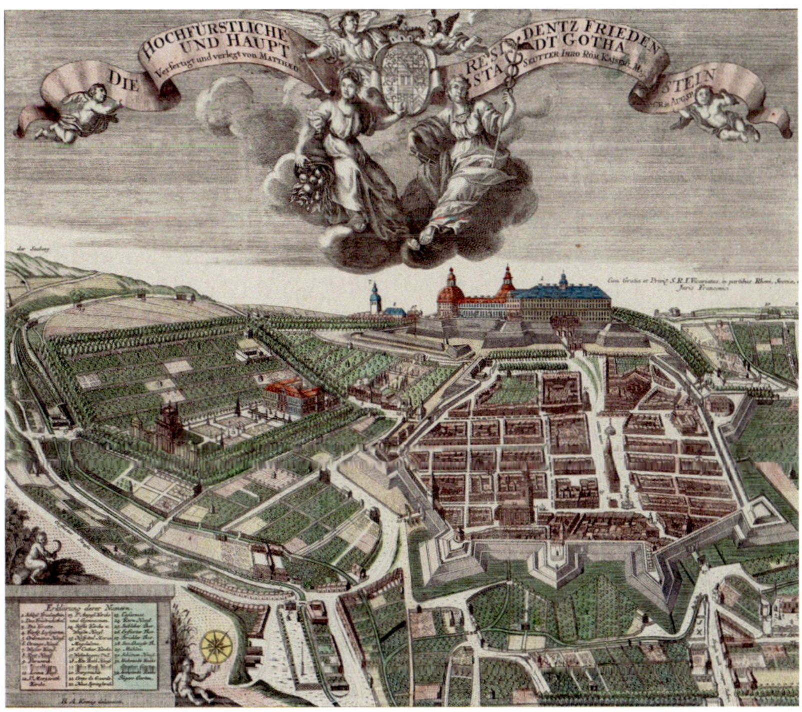

M4 *Plan der Residenzstadt Gotha. Im Hintergrund ist das von 1646 bis 1654 gebaute Schloss Friedensstein zu sehen. Kolorierter Kupferstich, um 1730.*

Arbeitsaufträge

1. Nenne die Merkmale der absolutistischen Herrschaft von Ludwig XIV. Beziehe vorhandenes Vorwissen ein.
2. Arbeite heraus, was Friedrich II. von Sachsen-Gotha-Altenburg als absoluten Herrscher charakterisiert.
3. Beschreibe mit Hilfe des Bildes M4 den Aufbau einer Residenzstadt. Erkläre ihre Bedeutung.

M1 *August der Starke, Kurfürst von Sachsen. Gemälde von Louis de Silvestre, um 1720.*

Absolutismus in Sachsen

Kurfürst Friedrich August I.

Von 1694 bis 1733 herrschte im kleinen Kurfürstentum Sachsen ein Mann, der angeblich Hufeisen zerbrechen konnte. Kurfürst Friedrich August I. erhielt daher den Beinamen „August der Starke". Er sah in dem französischen König Ludwig XIV. sein Vorbild. Mit politischen, aber auch militärischen Mitteln wollte er Sachsen zu einer Großmacht in Europa aufbauen. Das von seinem Vater geschaffene stehende Heer ließ er verstärken und neu organisieren. Es kam in mehreren Kriegen zum Einsatz. 1697 wurde der Kurfürst zum König von Polen gewählt und trat für dieses Amt zum katholischen Glauben über.

Förderer der Wirtschaft und des Handels

Friedrich August I. wollte wie Ludwig XIV. von den Ständen finanziell unabhängig sein. Gegen den Protest der Stände setzte er die „Große Kommission" ein. Diese nahm im ganzen Land Finanz- und Steuerkontrollen vor. Weil direkte Steuern von den Ständen bewilligt werden mussten, führte August der Starke indirekte, d. h. verbrauchsorientierte Steuern ein.

August förderte in Sachsen den Silber- und Erzbergbau und die Einrichtung von Manufakturen. Unter seiner Regierung stieg die Produktion von Waren und der Handel nahm zu. Die Leipziger Messe besuchten viele Händler und Kaufleute. In dieser Zeit verzeichnete sie höhere Besucherzahlen als die konkurrierende Messe in Frankfurt am Main. August der Starke schuf auch eine moderne Verwaltung. Neue Straßen entstanden, um die Waren schneller und besser transportieren zu können. Ab 1721 ließ August daher das Kurfürstentum vermessen. Ein Jahr später wurden steinerne Postmeilensäulen mit Entfernungsangaben aufgestellt.

M2 *Die abgebildete Messkarre wurde bei der Vermessung Kursachsens eingesetzt. Sie befindet sich heute im Osterzgebirgsmuseum Schloss Lauenstein.*

M3 *Der Zwinger in Dresden, 1722. Das Gemälde von Johann Alexander Thiele zeigt einen Karnevalsaufzug und entstand 1722–1724.*

Luxus und rauschende Feste

Wie Ludwig XIV. machte August der Starke sein morgendliches Erwachen zu einem Staatsakt. Zudem gab es auch an seinem Hof große Feste, Theatervorstellungen, Jagden und andere Belustigungen. Dresden sollte der eleganteste Hof der Welt werden. Alle Veranstaltungen ließ der König durch ein Feuerwerk beenden und von Malern auf Leinwand verewigen.

Die Prachtentfaltung am Dresdener Hof zog Menschen aus Sachsen und dem Ausland in die Residenzstadt. Die einen suchten das Vergnügen. Andere erhofften sich eine Anstellung.

Frauen spielten im Leben von August dem Starken eine große Rolle. Neben seiner Ehefrau hatte er stets wechselnde Geliebte und mit ihnen zahlreiche Kinder.

Das Volk trägt die Last der Steuern

Die meisten Bewohner Sachsens waren Bauern und Landarbeiter. In den Städten wohnten Kaufleute, Handwerker mit ihren Gesellen und Lehrlingen, Dienstleute und Hilfsarbeiter. Sie alle entrichteten Steuern – direkte Steuern auf das Einkommen und Vermögen oder indirekte Steuern auf den Verbrauch von Lebens- und Genussmitteln. Da in Sachsen die Bevölkerungsdichte so hoch war wie in keinem anderen Herrschaftsgebiet eines deutschen Fürsten, flossen gerade hier große Summen in die Staatskasse. Mit diesem Geld konnte August der Starke seine Bauten und die Prachtentfaltung des Hofstaates bezahlen. Viele Menschen lebten jedoch in bitterer Armut.

Arbeitsaufträge

1. Nenne die Merkmale der absolutistischen Herrschaft von August dem Starken. Vergleiche seine Herrschaft mit der Ludwigs XIV.
2. Beschreibe das Herrscherporträt Augusts des Starken und vergleiche es mit der Darstellung Ludwigs XIV. (s. S. 10).
3. Erläutere die Bedeutung des Ausbaus der Straßen in Sachsen.
4. Erkläre den Zweck und die Folgen der Feste am sächsischen Hof.

Die Residenzstadt Dresden

August der Starke als Bauherr

Zu Lebzeiten von August dem Starken versuchten fast alle Fürsten, sich als Bauherren einen Namen zu machen. Im Gegensatz zu vielen von ihnen verstand August jedoch etwas vom Bauen. Zudem wusste er, was er wollte.

Wie sein Hof sollte die Residenzstadt von seiner Macht künden. Er wünschte sich aber kein sächsisches Versailles, sondern eine Stadt, die ihn an Venedig erinnerte, das er in seiner Jugendzeit besucht hatte. Deshalb befahl er, Dresden zum Fluss hin auszubauen.

An der Elbe entsteht eine „Kunstlandschaft"

Hervorragende Baumeister und Bildhauer aus deutschen Fürstentümern und aus dem Ausland errichteten in Dresden eine wahre „Kunstlandschaft": 1711 begann der Bau des Zwingers, 1723/24 wurde das Grüne Gewölbe oberhalb des Elbufers als Schatzkammermuseum eingerichtet, und ab 1726 wurde die Frauenkirche gebaut. Wegen ihrer besonderen Schönheit erhielt die Stadt Dresden zu dieser Zeit den Beinamen „Elbflorenz".

August war mit den Leistungen seiner Architekten so zufrieden, dass er ihre Gehälter mehrmals erhöhte. Die Handwerker Sachsens profitierten ebenfalls von der Bautätigkeit, auch wenn sie nachts und bei Schneetreiben oder Glatteis arbeiten mussten. Bezahlt wurden die Bauaktivitäten durch Steuern. Wenn die finanziellen Mittel knapp wurden, griff August I. mitunter auf das Vermögen seiner Minister zu. Sobald er wieder Geld hatte, erstattete er die Gelder jedoch mit Zinsen zurück.

M1 *Dresden im Jahr 1748, wie es Bernardo Bellotto, genannt Canaletto, vom rechten Elbufer aus sah.*

M2 *Im Zwinger fanden Dresdens Kunstsammlungen ihre erste Heimstatt. Die Gemäldegalerie „Alte Meister" zieht jährlich Millionen von Menschen in ihren Bann.*

Am 13. Februar 1945 verwandelten britische Bombenflugzeuge Dresdens Altstadt in einer Feuerhölle. Über 30 000 Menschen kamen im Feuersturm um. Die Innenstadt wurde fast vollständig zerstört. Nur wenige Gebäude sind daher heute noch original erhalten. Ein Teil der historischen Gebäude konnte aber aufwendig rekonstruiert werden.

Ein besonderer Schatz Sachsens: Das weiße Gold

Unter August dem Starken wurde ein Geheimnis enträtselt, das die Chinesen über Jahrhunderte streng gehütet hatten: die Porzellanherstellung.

Johann Friedrich Böttger (1682–1719), ein Apotheker aus Berlin, fand die richtigen Zutaten für das „weiße Gold". Am 23. Januar 1710 gab die Hofkanzlei in Sachsen der „ganzen Welt" bekannt, „dass durch wohlgeübte Personen aus sächsischen Materialien ... weißes glasiertes und unglasiertes, dem ostindischen an Durchsichtigkeit und in anderen Eigenschaften ganz gleichkommendes Porzellan ... in der Stadt Meißen gefertigt würden".

Meißener Porzellan erobert Europa

Das war die Geburtsstunde der Meißener Porzellanmanufaktur. Sie war nicht nur die erste in Europa, sondern auch die bedeutendste und umsatzstärkste. Auf der Leipziger Ostermesse 1713 wurde das Porzellan erstmalig in ausreichender Menge zum freien Kauf vorgestellt. Die Erzeugnisse aus Meißen eroberten den europäischen Markt. Zu ihren Käufern gehörten überwiegend Fürsten und andere wohlhabende Leute.

Die Nachfolger Böttgers verbesserten die Arbeitsorganisation in der Manufaktur und hoben die Qualität der hergestellten Fabrikate. Bedeutende Künstler gestalteten Porzellanplastiken oder bemalten das Porzellan mit eindrucksvollen Motiven. Ab 1722 profitierte August der Starke von der Porzellanherstellung. Die Einnahmen durch den Verkauf stiegen von Jahr zu Jahr. Das Porzellan aus Meißen, mit zwei gekreuzten blauen Schwertern gekennzeichnet, ist noch heute sehr wertvoll. Wer Meißener Porzellan besitzt, gibt ihm einen Ehrenplatz in seinem Haus.

M3 *Der Schöpfer dieser Porzellanfigur hat versucht, Augusts Wesen darzustellen.*

M4 *Porzellanmaler bei der Arbeit.*

Arbeitsaufträge

1. Beschreibe die Entwicklung Dresdens zur Zeit Augusts des Starken und nenne Gründe dafür.
2. Begründe, weshalb Dresden den Beinamen „Elbflorenz" erhielt.
3. Erkläre, warum das Meißener Porzellan als „Weißes Gold" bezeichnet wurde.
4. Informiere dich über die Porzellanherstellung in Meißen heute.

Brandenburg-Preußen wird Großmacht

M1 *Friedrich III., ab 1701 König in Preußen. Gemälde von A. Pesne, um 1712.*

Das Kurfürstentum Brandenburg-Preußen

Ab 1688 regierte Friedrich III. als Kurfürst das Land Brandenburg-Preußen. Er hatte ein Gebiet geerbt, das sich als territorial zweitgrößte Macht im Heiligen Römischen Reich zunehmend Respekt und Anerkennung verschaffte. Brandenburg-Preußen verfügte über ein stehendes Heer. Die staatlich geförderte Einwanderung protestantischer Glaubensflüchtlinge wie der Hugenotten trug zur Entwicklung der Wirtschaft bei.

Besondere Aufmerksamkeit für die Wissenschaft

Kurfürst Friedrich III. förderte besonders die Wissenschaft. Im Verlauf seiner Regierung weihte er eine große Zahl wissenschaftlicher Einrichtungen ein. 1694 gründete er die Universität Halle, die in wenigen Jahren zur fortschrittlichsten Bildungseinrichtung im deutschsprachigem Raum wurde.

1698 erhielt August Hermann Francke, Professor für Griechisch und orientalische Sprachen, vom Kurfürsten die Möglichkeit, ein Waisenhaus zur Schulanstalt auszubauen. „Der Mensch kann durch den Glauben die Welt verbessern." Diesen Leitsatz wollte Francke in der Stiftung verwirklichen. Zucht, Fleiß, Einfachheit, Frömmigkeit, Gemeinsinn und Opferbereitschaft waren die Prinzipien seiner Erziehung. Von den Franckeschen Stiftungen aus wollte er die Welt im Sinne des Christentums reformieren.

M2 *Gottfried Wilhelm Leibniz (vorn rechts) am Hof von Sophie Charlotte, Ehefrau von Friedrich III. Holzschnitt nach einer Zeichnung von Theodor Freiherr von Oer, 1855.*

Unter dem Einfluss eines der bedeutendsten Gelehrten jener Zeit, Gottfried Wilhelm Leibniz (1646–1716), gründete Friedrich III. am 11. Juli 1700 eine „Kurfürstliche Gesellschaft der Wissenschaften". Geistes- und Naturwissenschaften wollte der Kurfürst in ihr vereinen. Die heute bestehende Deutsche Akademie der Wissenschaften steht in der Tradition dieser frühen Gesellschaft für wissenschaftliche Forschungen.

Absolutistisches Machtzentrum Berlin

1701 krönte sich Kurfürst Friedrich III. selbst und mit Zustimmung des Kaisers in Königsberg zu Friedrich I., König in Preußen. Die Königswürde verschaffte dem aufstrebenden Staat äußeren Glanz. Sie förderte den Zusammenhang der verstreut liegenden Landesteile. Allmählich setzte sich nun für das Gebiet die Bezeichnung Preußen durch.

Der Aufstieg Preußens zur europäischen Großmacht hatte auch Auswirkungen auf Berlin. König Friedrich I. wollte seiner Residenz Ruhm und Bedeutung eines absolutistischen Machtzentrums verleihen. Dem Beispiel Ludwigs XIV. folgend, strebte er danach, als Förderer der schönen Künste anerkannt zu werden.

Bauen und Ausgestalten

1709 wurde die Doppelstadt Berlin-Cölln mit den umliegenden Neustädten Friedrichswerder, Dorotheenstadt und Friedrichstadt zu Berlin vereinigt. Viele repräsentative Gebäude wurden neu errichtet. Als größtes Barockbauwerk nördlich der Alpen entstand von 1698 bis 1707 das Berliner Stadtschloss. Das Schloss Lietzenburg wurde zum barocken Musenhof. Die dort residierende Königin Sophie Charlotte versammelte Künstler und Wissenschaftler um sich. Ihr Mann ermöglichte den Hugenotten die Gründung von Manufakturen, die auf die Herstellung von Luxusgütern, zum Beispiel Seide, spezialisiert waren. Bautätigkeit und prächtige Hofhaltung verursachten jedoch hohe Kosten. Als König Friedrich I. im Jahr 1713 starb, war Preußen hoch verschuldet.

M3 *Schloss Charlottenburg in Berlin. Es wurde nach der Königin Sophie Charlotte benannt.*

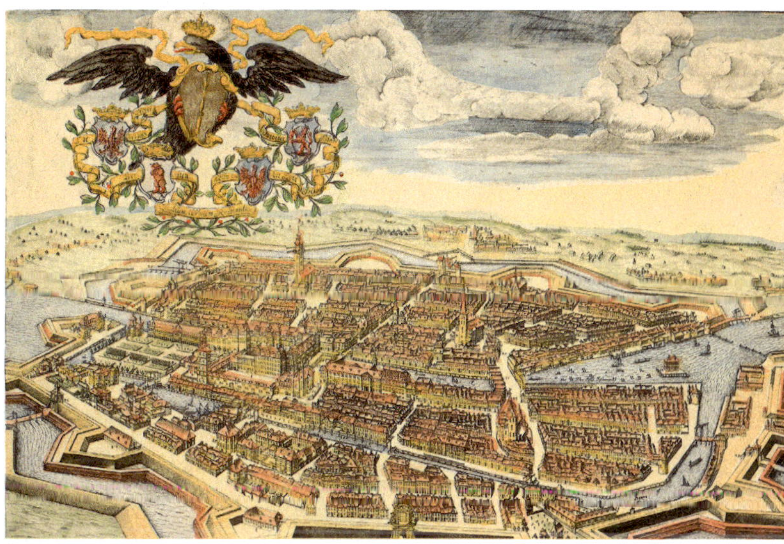

M4 *Gesamtansicht von Berlin am Ende des 17. Jahrhunderts. Kupferstich von J. B. Schultz, 1688.*

Arbeitsaufträge

1. Erläutere die Bedeutung der Selbstkrönung von Friedrich III. zum König in Preußen für die Entwicklung Brandenburg-Preußens.
2. Beschreibe anhand von M4 den Eindruck eines Besuchers, wenn er nach Berlin kam.
3. Erkläre die Bedeutung der Wissenschaft für die Entwicklung eines Landes.

Preußen unter Friedrich Wilhelm I.

M1 *Friedrich Wilhelm I. (1688 – 1740). Gemälde von G. W. von Knobelsdorff, 1737.*

Die Last der Schulden

König Friedrich Wilhelm I. brach vollständig mit der prunkvollen Hofhaltung seines Vaters. Die von ihm geerbten hohen Schulden zwangen ihn dazu. Er bezeichnete sich selbst als den Finanzminister und Feldmarschall des Königs von Preußen. Damit wollte er klarstellen, dass es nur einen Herrn in Preußen gab. Im Gegensatz zu seinem Vater Friedrich I. war sein oberstes Ziel ein schuldenfreier Staat.

Staat und Finanzen werden geordnet

Hoffeste gehörten künftig der Vergangenheit an. An der Spitze der neuen Hofrangordnung standen nun die Militärs, die Hofbeamten waren nachgeordnet. Die Ausgaben für den Hofstaat wurden so weit wie möglich verringert. Von 24 Schlössern behielt der neue König nur noch sechs. Die anderen ließ er verkaufen, verpachten oder gar verschenken.

Die staatlichen Güter kamen unter eine straffe Verwaltung. Verschuldete Güter wurden aufgekauft und waren bald landwirtschaftliche Betriebe, die von Jahr zu Jahr steigende Gewinne verzeichneten. Für Armee, Steuern und Staatsgüter richtete der König eine zentrale Behörde ein, das Generaldirektorium. Die Beamten waren zu lebenslangem Dienst, Gehorsam, Sparsamkeit und hoher Arbeitsleistung verpflichtet. Dem König entging nichts, jede Unterschlagung von Geldern wurde aufgedeckt. Auf diese Weise erhöhte sich das Einkommen des Staates.

M2 *Tabakskollegium Friedrich Wilhelms I. (vorn am Tisch). Nur seine engsten Vertrauten durften daran teilnehmen. Gemälde um 1737.*

Friedrich Wilhelm I. machte aus dem ungeordneten Preußen einen Staat mit einem gut funktionierenden Verwaltungswesen. An die Stelle von Luxusbauten traten Bürgerhäuser, Kirchen und Kasernen. Arbeit, Ordnung und Gehorsam waren seine Leitmotive. Geistiges und kulturelles Leben hatte in dem von ihm geformten Preußen dagegen so gut wie keinen Platz.

Der Soldatenkönig und seine „Langen Kerls"

Friedrich Wilhelms besondere Vorliebe für alles Militärische brachte ihm die Bezeichnung „Soldatenkönig" ein. Brandenburg-Preußen, das hinsichtlich seiner Bevölkerungszahl erst an 13. Stelle in Europa lag, verfügte unter seiner Führung über die viertgrößte Armee des Kontinents.

Großgewachsene Soldaten mochte der König besonders. 1,80 m mussten die „Langen Kerls" mindestens groß sein. Sie waren nicht nur ein Symbol für die Stärke einer Armee, es fiel ihnen auch leichter, die schweren Steinschlossgewehre zu handhaben. Bis zu 1 000 Werbeoffiziere waren ständig auf der Suche nach neuen Soldaten. Sie wurden in ganz Europa angeworben, gekauft oder gar geraubt. Je größer ein junger Mann war, umso mehr Geld konnte ein Werber mit ihm verdienen.

Über den Kasernenhof und den Exerzierplatz kam jedoch kein Soldat hinaus. Friedrich Wilhelm I. scheute aus religiöser Überzeugung sein Leben lang, Krieg zu führen. Dennoch mussten sich seine Soldaten einer harten Ausbildung unterziehen. Stockschläge waren in der preußischen Armee normal. Dem strengen Dienst und den harten Strafen versuchten viele junge Männer zu entkommen. Wurden sie auf der Flucht gefangen, warteten harte Strafen auf sie, zum Beispiel der Lauf durch eine Gasse von Soldaten, die mit Ladestöcken auf den Missetäter einschlugen (der Spießrutenlauf).

Friedrich Wilhelm I. galt aber nicht nur als Soldatenschinder. Er achtete auch auf das Wohlbefinden seiner Soldaten. So sorgte er sich stets um deren Gesundheit und Versorgung.

M3 *Der „Lange Kerl" Schwerid Redivanoff kam aus Moskau. Gemälde von J. Ch. Merk, um 1720.*

M4 *Bestrafung von Soldaten, die dem Militärdienst entfliehen wollten. Oben: Prügelstrafe, unten: Spießrutenlauf. Radierung von Daniel Chrodowiecki, 1774.*

Arbeitsaufträge

1. Nenne Gründe für die strenge Sparsamkeit von Friedrich Wilhelm I. Beschreibe und bewerte seine Maßnahmen.
2. Erkläre, wie die Bilder M1 und M2 die neue Hofhaltung kennzeichnen.
3. Betrachte die Bilder M3 und M4. Was sagen sie über das Verhältnis des Königs zu seinen Soldaten aus?

Absolutismus in Österreich

Die Habsburger bauen ihre Macht aus

i

Hausmacht: Bezeichnung für die politische Macht, über die ein Fürst verfügte. Diese Macht war davon abhängig, wie bedeutend die Gebiete waren, die ihm gehörten.

Die Habsburger waren ein mächtiges Adelsgeschlecht, das seit 1273 wiederholt deutsche Kaiser und Könige stellte. Die Habsburg in der heutigen Schweiz war ihre Stammburg. Mit viel Geschick – besonders durch eine kluge „Heiratspolitik" – gelangten sie in den Besitz großer Teile Europas und bauten sich eine starke *Hausmacht* auf. Aus der deutschen Hälfte ihres Reiches entstand seit dem 17. Jahrhundert Österreich.

M1 *Das Reich der Habsburger bis 1790.*

Wien wird von den Türken bedroht

Die habsburgischen Länder waren ständigen Angriffen ausgesetzt. Die Türken wollten ihr Osmanisches Reich westwärts ausdehnen. 1683 belagerten sie mit 230 000 Mann, 300 Geschützen und Tausenden von Pferden, Kamelen und Maultieren sogar die österreichische Hauptstadt Wien. Zwei Monate lang mussten sich 11 000 Verteidiger der türkischen Angreifer erwehren. Ein Heer aus Deutschen und Polen, von einigen Fürsten in Eile aufgestellt, kam den Habsburgern zu Hilfe. Die deutsch-polnischen Truppen fielen über das türkische Lager her. Nach wenigen Stunden war nicht nur Wien von der Gefahr einer Eroberung befreit, sondern auch das Heilige Römische Reich Deutscher Nation und Europa.

Deutsche gründen auf dem Balkan neue Dörfer

Den Habsburgern gelang es, die Türken immer weiter vom Balkan zu vertreiben. Die Eroberung Belgrads 1717 war ihr größter Erfolg. In den neuen Gebieten benötigten die Habsburger Menschen, die den Boden bearbeiteten, sich handwerklich und wirtschaftlich betätigten und das eroberte Land gegen neue Angriffe sicherten. Daher zogen Werber durch die deutschen Lande, und tausende folgten ihrem Ruf. In schnell gebauten Kähnen fuhren sie die Donau hinab und gründeten im Banat, einer heute auf Rumänien, Serbien und Ungarn aufgeteilten Region, neue Dörfer.

Maria Theresia – eine Frau auf dem Thron

Ab 1740 saß erstmals eine Frau auf dem Thron eines der mächtigsten Staaten Europas, des Heiligen Römischen Reichs Deutscher Nation. Weil der einzige männliche Thronfolger Karls VI. bereits in seinem ersten Lebensjahr gestorben war, setzte der Kaiser für seine älteste Tochter das Recht weiblicher Nachkommen auf die Thronfolge durch. Mit 23 Jahren übernahm Maria Theresia die Herrschaft.

In ihrem Reich lebten Menschen unterschiedlichster Herkunft, Deutsche, Ungarn, Slawen und Italiener. Daher war es die Hauptaufgabe der jungen Kaiserin Maria Theresia, ein Auseinanderbrechen des Vielvölkerstaats zu verhindern.

(M2) *Maria Theresia von Österreich regierte als Kaiserin von 1740–1780. Gemälde von M. van Meytens dem Jüngeren, 1750.*

(M3) *Schloss Schönbrunn in Wien. Unter Maria Theresia wurde es zum kaiserlichen Wohnsitz. Gemälde von Bernardo Bellotto, genannt Canaletto, 1758.*

Kriegerische und reformfreudige Kaiserin

Preußen hatte seit 1740 mit Friedrich II. ebenfalls einen neuen König. Maria Theresia und Friedrich II. führten gegeneinander drei Kriege um Schlesien (siehe S. 28). Hierfür waren Soldaten und viel Geld nötig. Um die angestrebten 100 000 Soldaten aufstellen zu können, ließ die Kaiserin die männliche Bevölkerung für eine lebenslängliche Militärpflicht erfassen. Sie führte neue Steuern für Militär und Regierung ein und hob die Steuerfreiheit für den Adel und die Geistlichkeit auf. Eine „Allgemeine Schulordnung" legte die Schulpflicht vom 6. bis zum 12. Lebensjahr fest.

Mit ihren Reformen legte die Kaiserin den Grundstein für die Modernisierung Österreichs. Ihr Sohn Joseph II. führte ihre Reformpolitik weiter. So hob er die Leibeigenschaft der Bauern auf und begrenzte zugunsten seiner Staatsbeamten die Macht der adligen Ständeversammlung.

Arbeitsaufträge

1. Beschreibe die Entwicklung des Habsburger Reiches (M2).
2. Arbeite heraus, welche Bedeutung die Niederlage des Osmanischen Reichs vor Wien für die weitere Entwicklung in Europa hatte.
3. Nenne die von Maria Theresia zu bewältigenden Aufgaben in der Innen- und Außenpolitik und Beispiele, wie sie diese Aufgaben löste.

Aufgeklärter Absolutismus in Preußen

Denken auf neue Weise

Absolutistische Herrschaft bedeutete, allein von „Gottes Gnaden" zu herrschen. Die strenge Gläubigkeit der Menschen erleichterte es den Fürsten, uneingeschränkt zu regieren. Mit der Gründung von Akademien und der Hilfe für Gelehrte förderten die Herrscher aber die Entwicklung der modernen Wissenschaft und trugen so zum Entstehen einer neuen geistigen Bewegung bei: der *Aufklärung*.

Die Aufklärer forderten die Menschen auf, sich ihres Verstandes zu bedienen. Sie verwiesen auf die Naturwissenschaftler und auf deren bahnbrechende Entdeckungen in der Astronomie und der Mathematik, der Physik und Medizin, der Geografie und Ingenieurkunst. In Frankreich erzielten die Aufklärer die größte Wirkung.

Q1 *Immanuel Kant, 1784:*

Aufklärung ist der Ausgang des Menschen aus seiner selbst verschuldeten Unmündigkeit. Unmündigkeit ist das Unvermögen, sich seines Verstandes ohne Leitung eines anderen zu bedienen. Selbstverschuldet ist diese Unmündigkeit, wenn die Ursache derselben nicht am Mangel des Verstandes, sondern am Mangel des Mutes liegt ... Habe Mut, dich deines Verstandes zu bedienen! ist also der Wahlspruch der Aufklärung.

Nach: Kant, I.: Werke in sechs Bänden, Bd. 6, S. 53.

M1 *An einem mechanischen Tischplanetarium mit beleuchteter Sonne wird das Sonnensystem erklärt. Gemälde von Joseph Wright of Derby, um 1768.*

Lesen und Schreiben wird populär

Die Aufklärer wünschten sich denkende Bürger. Deshalb forderten sie die Einführung der allgemeinen Volksbildung. Zu dieser Zeit konnte nur knapp ein Drittel der Menschen in Europa lesen und schreiben. Auf dem Lande war dies meist der Pfarrer oder Gutsherr. In den Städten dagegen konnten die Söhne von reichen Kaufleuten, Anwälten, Ärzten und hohen Beamten Schulen und Universitäten besuchen. Mädchen aus armen Familien hatten keinen Zugang zur Bildung und die aus reichen Familien nur eingeschränkt. Mehrere Landesfürsten griffen die Forderung der Aufklärer auf. Viele von ihnen dachten dabei nicht an gebildete Volksmassen, sondern vor allem an gut ausgebildete Beamte, Kaufleute und Soldaten.

Das Wirken der Aufklärer führte zum Anwachsen des Wissens. Immer mehr Menschen lernten Lesen und Schreiben. Der Besitz von Büchern nahm in Westeuropa zwischen 1680 und 1780 um das Zehnfache zu. Da Bücher sehr teuer waren, wurden Lesegesellschaften gegründet.

Gemäßigte Monarchie oder Republik?

Die Aufklärer waren der Meinung, dass der Verstand das Zusammenleben der Menschen erklären und nach Grundsätzen ordnen könne. Vernünftig, so ihre Auffassung, könnten sich alle Menschen verhalten. Für die Aufklärer waren alle Menschen von Natur aus frei und hatten die gleichen Rechte. Ein Staat konnte daher nur auf einem freiwilligen Zusammenschluss der Menschen beruhen.

Der Philosoph Jean-Jacques Rousseau vertrat die Auffassung, dass die Macht vom Volk ausgehen solle. Dem Staat dürfe kein König vorstehen, sondern eine gewählte Regierung, die den Willen der Mehrheit ausführt und abgesetzt werden kann. Rousseaus Ziel war eine Republik.

Der Aufklärer Charles de Montesquieu wollte die absolute Herrschaft dagegen durch eine „gemäßigte" Monarchie ersetzen. Er setzte sich für eine Teilung der Gewalten ein und forderte, dass ein Monarch nach Gesetz und Verfassung (Konstitution) regiert.

Q2 *J.-J. Rousseau schrieb 1762:*

Solange ein Volk gezwungen wird zu gehorchen und gehorcht, so tut es wohl; sobald es aber das Joch abwerfen kann und es abwirft, so tut es besser. Rechtmäßige Gewalt kann nur auf einer Übereinkunft der Menschen gründen. Auf Freiheit verzichten heißt, auf seine Menschheit, die Menschenrechte, verzichten. Eine solche Entsagung ist mit der Natur des Menschen unvereinbar.

Rousseau, Jean-Jacques: Der Gesellschaftsvertrag, S. 30 f.

Q3 *Charles de Montesquieu 1748 über die Gewaltenteilung:*

Damit die Gewalt nicht missbraucht werden kann, müssen die Dinge so geordnet sein, dass eine Gewalt die andere im Zaume hält ... Wenn die gesetzgebende Gewalt (Volksvertretung) mit der ausführenden Gewalt (Monarch) in derselben Person ... vereinigt ist, gibt es keine Freiheit. Denn es ist zu befürchten, dass der Monarch ... tyrannische Gesetze macht, um sie dann tyrannisch auszuführen.

Nach: Montesquieu, Ch. de: Vom Geist der Gesetze, S. 162 f.

		Gesetzgebung	Ausführung	Rechtsprechung	
Absolutismus		König	König	König	= Absolutistische Monarchie
Aufklärung	Montesquieu	Volksvertretung	Gewaltenteilung König	Gerichte	= Konstitutionelle Monarchie
	Rousseau	Volksvertretung	Regierung	Gerichte	= Republik

1240G

M2 *Staatsauffassungen im Absolutismus und in der Aufklärung.*

Arbeitsaufträge

1. Lies die Definition des Begriffs Aufklärung und gib sie mit eigenen Worten wieder. Beziehe in deine Erklärung das Bild M1 ein.
2. Nenne die Ergebnisse, die das Wirken der Aufklärer hervorbrachte.
3. Vergleiche die Staatsideen von Rousseau und Montesquieu. Arbeite ihre Unterschiede und Auswirkungen heraus.
4. Erläutere, inwieweit die Gedanken der Aufklärer im Gegensatz zum Absolutismus standen.

Friedrich II., ein aufgeklärter Monarch

Die Erziehung des Kronprinzen

Bereits als Kronprinz hatte Friedrich II. erleben müssen, wie gnadenlos ein Herrscher sein konnte – selbst gegen die eigene Familie. Friedrich komponierte Musikstücke und schrieb Gedichte. Er bewunderte die französische Kultur und studierte die Bücher der Aufklärer. Sein Vater, „Soldatenkönig" Friedrich Wilhelm I., sah das als ungeeignet für die Vorbereitung auf ein Herrscheramt an. Mit strengen Maßnahmen wollte er den Kronprinzen umerziehen. 1730 versuchte Friedrich zu entfliehen, aber die Flucht scheiterte. Friedrich und einer seiner Vertrauten, Hans Hermann von Katte, wurden eingesperrt. Der „Soldatenkönig" wollte seinen Sohn als Deserteur hinrichten lassen. Auf Bitten von Hofleuten verzichtete er darauf, ließ aber Katte im Beisein des 18-jährigen Friedrich den Kopf abschlagen.

Ein Philosoph und Kunstliebhaber

Trotz dieses grausamen Erlebnisses gab Friedrich seine Interessen für Kunst und Philosophie nicht auf. Seit 1736 unterhielt er einen Briefwechsel mit dem berühmten französischen Aufklärer Voltaire. Dieser war von dem Prinzen beeindruckt, wie auch andere Persönlichkeiten jener Zeit. Als Friedrich, den sie die „aufgehende Sonne" nannten, die Macht übernahm, schienen für Preußen bessere Zeiten anzubrechen.

M1 *Friedrich II. im Gespräch mit Voltaire. Die Haltung des Philosophen zeigt den Rang und die Bedeutung des Gelehrten. Kupferstich, 1800.*

M2 *Flötespielen, Komponieren und gemeinsames Musizieren pflegte Friedrich II. auch als König (Mitte). Gemälde von Adolph von Menzel, 1850.*

Friedrich II. reformiert das Rechtswesen

Als Friedrich II. 1740 den Thron bestieg, befanden sich Recht und Gerichtswesen in einem schlimmen Zustand. Die Richter waren unzureichend ausgebildet und wurden schlecht bezahlt. Prozesse schleppten sich über Jahrzehnte hin. Der König ordnete an, die Justiz zu reformieren. Von Gelehrten ließ er die Gesetze Preußens in einer verständlichen Weise aufschreiben. Friedrichs Grundsatz war es, niemals in den Lauf von Verfahren einzugreifen. An den Gerichten sollten die Gesetze gelten und die Herrscher schweigen. Er schaffte die Folter weitgehend ab, mit der man Verdächtige zu Geständnissen zwang. Die Prügelstrafe galt aber weiterhin.

M3 *Friedrich II., König in Preußen, (1712–1786). Gemälde von J. H. Ch. Francke, 1764.*

„Erster Diener des Staates"

Friedrich betrachtete das Herrscheramt nicht als eine von Gott verliehene Aufgabe. Er sah es als ein Amt, das ursprünglich alle Angehörigen einer Gemeinschaft einem Einzelnen übertragen hatten. Dafür sollte dieser für das Glück der Gemeinschaft, seines Staates, sorgen. In diesem Sinn wollte Friedrich „erster Diener des Staates" sein.

Q1 *1752 beschrieb Friedrich II. die Aufgaben eines Herrschers:*

In einem Staat wie Preußen ist es notwendig, dass der Herrscher seine Geschäfte selbst führt. Alle Maßnahmen müssen gut durchdacht sein, Politik und Heerwesen auf ein gemeinsames Ziel steuern, nämlich die Stärkung des Staates und das Wachstum seiner Macht ... Trägheit, Vergnügungssucht und Dummheit: Diese drei Ursachen hindern die Fürsten an ihrem edlen Berufe, für das Glück ihrer Völker zu wirken. Der Herrscher ist nicht zu seinem hohen Rang erhoben, ... damit er in Verweichlichung dahinlebe, sich vom Mark des Volkes mäste und glücklich sei, während alles leidet. Der Herrscher ist der erste Diener des Staates.

Nach: Friedrich II.: Das politische Testament von 1752, S. 52–54 (gekürzt).

Tolerante Religionspolitik

Seit Anfang des 17. Jahrhunderts nahmen die Herrscher Brandenburg-Preußens eine tolerante Haltung gegenüber fremden Religionen ein. Friedrich II. setzte diese Tradition fort.

Q2 *Im Jahr seines Regierungsantritts erklärte Friedrich II.:*

Alle Religionen sind gleich und gut, wenn nur die Leute ... ehrliche Leute sind. Und wenn Türken und Heiden kämen und wollten das Land bevölkern, so wollen wir ihnen Moscheen und Kirchen bauen.

Benninghoven, Friedrich u. a.: Friedrich der Große, S. 64.

Menschen, die wegen ihres Glaubens verfolgt wurden, waren oft hoch gebildet und erfolgreich und deshalb bei Friedrich II. willkommen. Das wirtschaftlich rückständige Preußen benötigte u. a. Handwerker, Bauern und Künstler. Aus diesem Grund förderte der König wie seine Vorgänger die Einwanderung von Religionsflüchtlingen.

Arbeitsaufträge

1. Lies die Quelle Q1 und arbeite heraus, wie Friedrich II. einen modernen, aufgeklärten Herrscher charakterisiert.
2. Beschreibe, wie sich Friedrich II. als Herrscher darstellen lässt. Vergleiche dazu M3 (S. 25) und das Bild von König Friedrich I., M1 (S. 16).
3. Zähle die Veränderungen im Rechtswesen auf. Berücksichtige dabei Q1. Beurteile die Reformpolitik.
4. Vergleiche Friedrichs Religionspolitik mit der heutigen Haltung des Staates gegenüber Religionen.

Landesausbau und Modernisierung

(M1) *Das Oderbruch vor 1740.*

(M2) *Das Oderbruch, nachdem es trockengelegt war.*

i

Kartoffeln: Sie wurden im 16. Jahrhundert aus Amerika eingeführt. Den europäischen Bauern waren sie lange Zeit unbekannt.

Wirtschaftliche Probleme

Als Friedrich II. 1740 König wurde, zählte Preußen zu den wirtschaftlich rückständigsten Ländern Europas. Es bildete kein geschlossenes Staatsgebiet und war dünn besiedelt. Der Bevölkerungsverlust, den Preußen im 30-jährigen Krieg (1618–1648) erlitten hatte, war noch nicht ausgeglichen.

Ackerland und Dörfer entstehen

Große Gebiete des Kernlandes von Preußen, des Kurfürstentums Brandenburg, waren sumpfig oder sehr feucht. Friedrich II. ließ diese Flächen trockenlegen und nutzbar machen. Zur Besiedlung des neuen Acker- und Weidelandes wurden Siedler angeworben. 800 neue Dörfer entstanden auf diese Weise, u. a. im Oderbruch und im Rhinluch bei Neuruppin. 300 000 Menschen siedelten sich dort neu an. Preußen gewann dadurch, wie der König es nannte, im Frieden eine Provinz.

(M3) *Friedrich II. bei den Siedlern im Rhinluch. Gemälde von Johann Christoph Frisch, spätes 18. Jahrhundert.*

Kampf für den Kartoffelanbau

Viel Aufmerksamkeit richtete der König auf die Einführung neuer Nutzpflanzen. Mit allen Mitteln sorgte er für den großflächigen Anbau von *Kartoffeln*. Im Laufe der Zeit wurde die Kartoffel Hauptnahrungsquelle der Bevölkerung. Zuvor hatten Getreideprodukte diesen Platz belegt.

(Q1) *Verordnung vom 24. März 1756:*

> Die Anpflanzung der sogenannten Kartoffeln als ein nützliches und sowohl für Menschen wie Vieh auf sehr vielfache Art dienliches Erdgewächs, ist ernstlich anbefohlen ... Übrigens darf es beim bloßen Bekanntwerden der Instruktion nicht bleiben, sondern die Land-Dragoner und andere Kreisbedienstete sollen Anfang Mai prüfen, ob auch Fleiß bei der Anpflanzung gebraucht worden ist.
>
> Nach: Stadelmann, Rudolph: Preußens Könige ..., S. 333.

Die Wirtschaftspolitik Friedrichs II.

Das eigentliche Ziel der Wirtschaft war für Friedrich die Stärkung des Staates, vor allem seiner militärischen Leistungsfähigkeit. Er wollte auch den Lebensstandard der Bevölkerung verbessern, doch dies war nur ein nachgeordnetes Ziel. Um die Wirtschaft zu fördern, organisierte er sie nach den Regeln des *Merkantilismus*. Dabei sollte die Ausfuhr von Waren gesteigert, aber die Einfuhr gedrosselt werden. Alle Waren, die im Land benötigt wurden, sollten auch hier produziert werden.

i

Merkantilismus ist ein Wirtschaftssystem, bei dem der Staat zur Förderung des Handels in die Wirtschaft eingreift.

Zu den Waren, deren Einfuhr viel Geld kostete, gehörten Luxusgüter wie Porzellan oder Seide. Friedrichs Interesse galt besonders dem Pflanzen von Maulbeerbäumen für die Seidenraupenzucht. Die Raupen ernähren sich von den Blättern des weißen Maulbeerbaumes und spinnen feine Seidenfäden in Kokons. Um schließlich Seide herzustellen, ist eine große Zahl dieser Kokons erforderlich. Die Maßnahmen koordinierte eine königliche Seidenbau-Kommission. Sie erfasste alle Ergebnisse. Das rauhe preußische Klima verhinderte jedoch einen großen Ertrag.

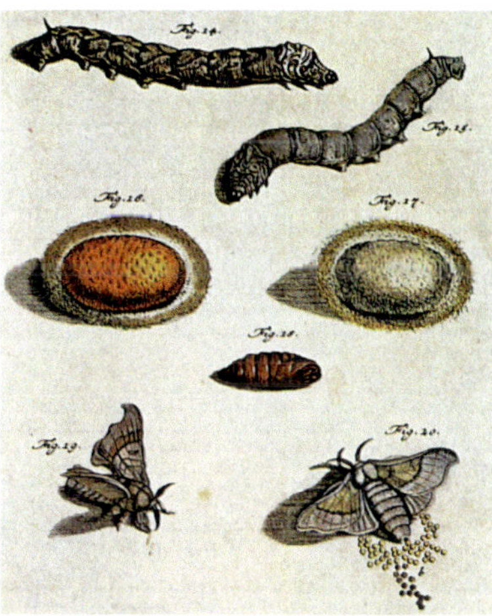

M4 *Die Seidenraupe, Kupferstich, 1746. Von oben nach unten: Raupe, Kokons, Falter.*

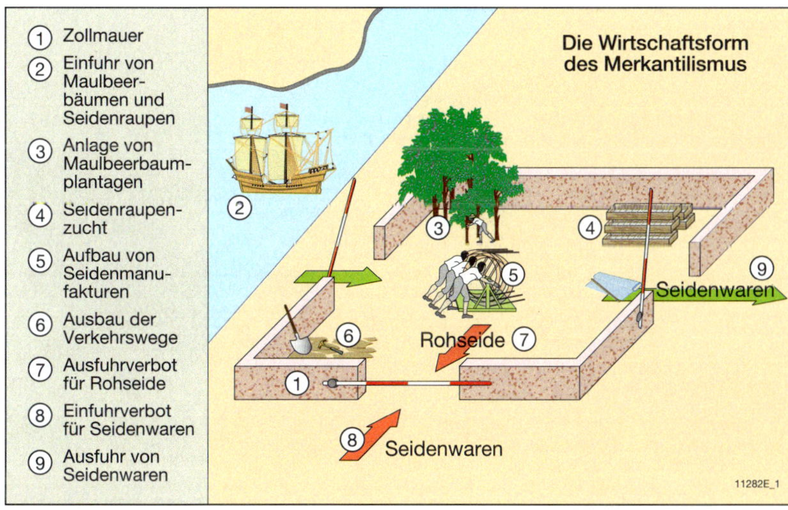

M5 *Das System des Merkantilismus am Beispiel der Seidenherstellung unter Friedrich II.*

Der Einfuhr von Porzellan konnte Friedrich II. erfolgreicher entgegenwirken. 1763 gründete er in Berlin die „Königliche Porzellan-Manufaktur" (KPM). Der König übernahm dafür einen seit 1761 bestehenden Manufakturbetrieb. Geschickt gelang es dem Leiter des Unternehmens, erfahrene Handwerker und Künstler aus der sächsischen Porzellanmanufaktur in Meißen abzuwerben. Auf diese Weise konnten bald sehr hochwertige Waren produziert werden. Die KPM stellt noch heute Porzellan her. Ihr Markenzeichen ist ein blaues Zepter.

Arbeitsaufträge

1. „Preußen gewann im Frieden eine Provinz". Erläutere was Friedrich II. damit meinte. Auf welche Ergebnisse konnte er zurückblicken?
2. Beschreibe das Bild M3. Was soll es über den König aussagen?
3. Nenne drei Produkte, die unter Friedrich II. nach Preußen gelangten. Erläutere ihre Bedeutung für die Wirtschaft und die Gesellschaft.

 Friedrich II. schrieb seinem Außenminister am 6. November 1740:

Schlesien ist aus der ganzen kaiserlichen Erbschaft dasjenige Stück, auf welches wir am meisten Recht haben und das die günstigste Lage für das Haus Brandenburg hat. Es ist gerecht, ... die Gelegenheit des Todes des Kaisers zu ergreifen, um sich in Besitz des Landes zu setzen.

Geschichte in Quellen, Bd. 3, S. 671.

Außenpolitik unter Friedrich II.

Krieg als politisches Mittel

Ein starkes Preußen bedeutete für Friedrich II. auch, sich fremde Gebiete anzueignen. Ihn reizte die strategisch gut gelegene Provinz Schlesien, die für Österreich vor allem wegen der Textilindustrie wirtschaftlich wichtig war. Der Tod von Kaiser Karl VI., die unklare Thronfolge und die damit verbundene Führungsschwäche Österreichs kamen ihm sehr gelegen.

Die ersten Schlesischen Kriege

Ohne Kriegserklärung rückte Friedrich am 16. Dezember 1740 in Schlesien ein und besetzte es. Bis 1745 führte Österreichs neue Kaiserin Maria Theresia zwei Kriege gegen ihn, ohne Preußen zu besiegen. Mit diesen militärischen Erfolgen erlangte Friedrich II. in Europa Anerkennung. Ehrfürchtig wurde er „der Große" bzw. „Fridericus Rex" genannt.

M1 *Brandenburg-Preußen vor und nach der Regierungszeit Friedrichs II.*

Der Siebenjährige Krieg (1756–1763)

Um Schlesien wiederzugewinnen, verbündete sich Maria Theresia mit Russland und Frankreich. Friedrich, der von England unterstützt wurde, fühlte sich eingekreist und wollte einem Angriff der Koalition zuvorkommen. 1756 überfiel er Sachsen ohne Kriegserklärung. Friedrich hatte befürchtet, dass Sachsen sich Östereich anschließen würde. Zudem wollte er von Sachsen aus in die österreichische Provinz Böhmen einmarschieren.

Oft schien es, als werde Preußen gegen die gegnerische Koalition aus Österreich, Russland, Frankreich, Sachsen und Schweden verlieren. Ihre Uneinigkeit verschaffte Friedrich aber Zeit, sein Heer neu zu formieren. Als die russische Zarin starb und deren Sohn mit Preußen Frieden schloss, war er gerettet. Nach sieben Jahren wurde der Krieg 1763 beendet. Preußen behielt das unrechtmäßig angeeignete Schlesien und wurde von den europäischen Mächten als gleichberechtigt respektiert.

Die Teilung Polens

Nach dem Siebenjährigen Krieg sah sich das Königreich Polen von drei Großmächten umgeben: Russland, Österreich und Preußen. Im Mittelalter war Polen selbst eine Großmacht gewesen, doch infolge innerer Auseinandersetzungen war das Königreich stark geschwächt. Das nutzten die drei benachbarten Mächte aus und verleibten sich, auf Initiative Friedrichs II., große Gebiete des eingekreisten Landes ein.

Vor allem Preußen hatte davon Vorteile. Es erhielt Westpreußen, was die Provinz Preußen nun direkt mit dem Königreich verband. Bislang hatten sich Preußens Herrscher nur König in Preußen nennen dürfen, aber von nun an waren sie Könige von Preußen. Zudem sicherte der Landerwerb die Großmachtstellung des Königreiches.

Bis 1795 hatten die machthungrigen Staaten Preußen, Russland und Österreich Polen unter sich aufgeteilt. 123 Jahre lang sollten die Polen von fremden Mächten beherrscht werden.

M2 *Polen nach der ersten Teilung …*

M3 *… und nach der dritten Teilung.*

M4 *Im Beisein des polnischen Königs (2. v. l.) teilen Russland, Österreich und Preußen sein Land. Zeitgenössische Karikatur.*

Das Erbe Friedrichs II.

Als Friedrich II. 1786 starb, hinterließ er ein militärisch und wirtschaftlich starkes Preußen. Er selbst bezeichnete seine Herrschaft als „despotisch und monarchisch zugleich“. Einerseits hielt er sich an Recht und Gesetz, regierte also monarchisch. Andererseits handelte er aber auch willkürlich, also despotisch, wenn er meinte, dass es Preußen nütze. Allein in den drei um Schlesien geführten Kriegen hatten 500 000 Menschen ihr Leben lassen müssen.

Q2 *1797 entstand ein Lied, das 1927 zur Nationalhymne Polens wurde. Es beginnt mit folgenden Worten:*

Noch ist Polen nicht verloren,
Solange wir noch leben
Was das Schwert uns tückisch raubte,
wird das Schwert uns wiedergeben …

Arbeitsaufträge

1. Ermittle mit Hilfe der Karte M1, welche Gebiete Friedrich II. für Brandenburg-Preußen hinzugewann.
2. Bewerte das Verhalten des preußischen Königs im Kampf um Schlesien. Beziehe dabei die Quelle Q1 ein.
3. a) Nenne die Ursachen und Auswirkungen der Teilung Polens.
   b) Interpretiere die Karikatur M4.
   c) Erläutere, was Q2 über die Stimmung der Bevölkerung aussagt.

Das Fürstentum Anhalt-Dessau

M1 *Leopold III. Friedrich Franz, Regent von Anhalt-Dessau (1740–1817).*

Musterstaat der europäischen Aufklärung

Die aufgeklärte Herrschaft von Friedrich II. beeinflusste auch andere Fürsten. In dem westlich an Brandenburg-Preußen grenzenden Anhalt-Dessau wurde sie konsequent umgesetzt. Unter Leopold III. Friedrich Franz von Anhalt-Dessau, kurz Fürst Franz genannt, entwickelte sich das nur 700 km² große und ca. 35 000 Einwohner zählende Fürstentum zu einem Musterstaat der europäischen Aufklärung.

Der Fürst bezahlt Schulden allein

1758 trat Fürst Franz im Alter von 18 Jahren die Regentschaft an. Sieben Jahre zuvor hatte er seine Eltern verloren und wurde seitdem von hugenottischen Lehrern ausgebildet und erzogen. Sie lenkten ihn frühzeitig auf die neuen Ideen der Aufklärung. Wenige Jahre nach dem Regierungsantritt begann er, diese Gedanken zu verwirklichen. So verschonte er zum Beispiel die Bevölkerung, als es darum ging, Preußen bei der Finanzierung des Siebenjährigen Krieges zu helfen. Die Forderungen Preußens bezahlte der Fürst mit dem Silber seines eigenen Hauses – mit Tafelgeschirr, Kronleuchtern und anderem. Zugleich erließ er allen Untertanen noch während des Krieges die Salz- und Ölsteuer sowie den *Fronpfennig*. Für die damalige Zeit waren das sehr mutige Entscheidungen. Ab 1766 verwirklichte Franz von Anhalt-Dessau weitere Reformen in der Wirtschaft und der Kultur sowie im sozialen Bereich.

i

Fronpfennig: Arbeiten, die für den Grundherren geleistet werden müssen (Frondienst), können in Form von Geld abgegolten werden.

Anschaulicher Unterricht

Fürst Franz zeigte sich von den Ideen des Hamburger Theologen und Pädagogen Johann Bernhard Basedow sehr beeindruckt. Basedow wollte die Gedanken der Aufklärung in der Erziehung und der Bildung verwirklichen. Er war ein Gegner des sturen Auswendiglernens von Lernstoff, stattdessen forderte er einen anschaulichen Unterricht. Er förderte die neuen Sprachen und den naturwissenschaftlichen Unterricht. In Dessau erhielt Basedow die Möglichkeit, alles praktisch zu erproben.

M2 *Lehrbild für den Unterricht über den Nutzen des Marktes. Kupferstich nach Daniel Chodowiecki, um 1774.*

M3 *Das Philanthropin in Dessau. Stich nach D. Chodowiecki, 1771.*

M4 *Spielende Kinder. Kupferstich nach Daniel Chodowiecki aus dem Elementarwerk des Pädagogen Johann B. Basedow, 1774.*

i

Philanthrop: Menschenfreund.

Das Philanthropin – Eine Schule der Menschenfreundlichkeit

1774 wurde in Dessau unter der Leitung Basedows das *Philanthropin*, eine „Schule der Menschenfreundlichkeit", gegründet. Auf dem Stundenplan hatten Naturereignisse und ihre Auswirkungen einen wichtigen Platz. An Modellen untersuchten die Schüler zum Beispiel die Funktionsweise eines Blitzableiters. Schwimmen, Fechten, Tanzen und Theaterspiel waren ebenfalls Unterrichtsinhalte. Die Lehrer besuchten mit den Schülern Werkstätten und gingen mit ihnen in die Natur. Wanderungen und Schulsport gab es ebenso. 30 Sportarten wurden hier entwickelt. Das brachte Dessau die Bezeichnung „Wiege der neuen Turnkunst" ein.

Die Erziehung zu Arbeitsfreude, Ordnung und Geduld sahen die Pädagogen als wichtige Aufgabe. Das oberste Gebot für die Kinder war es, gehorsam zu sein. Körperliche Strafen lehnten die Aufklärer ab. Ein widerspenstiges Kind sollte durch Güte zur Einsicht gebracht werden.

1776 lernten am Philanthropin 29 Schüler. Sie kamen aus bürgerlichen und adligen Familien. Kinder ärmerer Eltern wurden aufgenommen, wenn sie besonders begabt waren. Schuluniform und Kurzharrschnitt sollten auch äußerlich die Unterschiede zwischen den Schülern aufheben. Ein Lehrer unterrichtete einen Schüler. Die Lehranstalt zog Besucher aus ganz Europa an. 1793 wurde sie wegen Geld und Organisationsproblemen aufgelöst.

M5 *Dorfschule 1790. Ein Kind sitzt zur Strafe auf einem Esel.*

Arbeitsaufträge

1. Beschreibe das Verhältnis des Fürsten Franz zu seinen Untertanen.
2. Erkläre den Begriff „Philanthrop" anhand von Beispielen aus dem Text.
3. Arbeite am Beispiel des Philanthropin heraus, wie die Aufklärer die Schule verändern wollten. Beachte dabei M3 und M4.
4. Beurteile die Reformmaßnahmen vor dem Hintergrund der Zeit.
5. Vergleiche die Ideen der Aufklärer mit dem heutigen Schulalltag.

Eine neue Kunst der Gartengestaltung

M1 *Die Sichtachse „Toleranzblick" zeigt dem Besucher die Synagoge des Judentums (links) gleichberechtigt neben der neugotischen Kirche der Christen (rechts).*

England als Vorbild

Fürst Franz von Anhalt-Dessau unternahm Bildungsreisen nach England und Italien. Begleitet wurde er von dem sächsischen Adligen Friedrich Wilhelm Freiherr von Erdmannsdorff. In England beeindruckte sie die Kultur und Lebensweise der englischen Landaristokratie. Besonders fasziniert waren sie von den Landschaftsgärten, die Architektur, Gartenkunst und Landwirtschaft harmonisch miteinander verbanden. In Italien studierten beide die Kunstwerke der Antike.

Der Wörlitzer Park

Ab 1765 ließ Fürst Franz nach englischem Vorbild nahe der Elbe, zwischen Seen, Wiesen und Auenwäldern, die Parkanlagen von Wörlitz anlegen. Sie waren in Deutschland die ersten ihrer Art. In der an die heutige Stadt Wörlitz grenzenden künstlichen Landschaft wurde das Schöne mit dem Nützlichen verbunden. Sichtachsen lenkten die Blicke auf Gebäude oder Denkmäler. Bei der Erholung im Park konnten die Besucher die Bauern auf dem Feld beobachten und so das Wachstum und die Ernte der Feldfrüchte erleben. Fürst Franz schuf einen Park ohne Zäune und Abgrenzungen. Für alle waren die Gebäude und selbst die fürstlichen Kabinette frei zugänglich. Die Menschen sollten Bildung erhalten und ihren Geschmack entwickeln.

M2 *Das klassizistische Schloss in Wörlitz. Kupferstich von Karl Kuntz, 1797.*

i

Klassizismus: Zwischen 1770 bis 1830 entstandener Baustil, der antike Schmuckformen wie Tempelfriese oder Säulenreihen in seine Bauten einbezog.
Neugotik: Ein Kunst- und Architekturstil, der bei der Gestaltung neuer Bauwerke Formen der mittelalterlichen Gotik nachahmt.

In den Gartenanlagen stehen Gebäude wie das Wörlitzer Schloss, deren Formen die Kunst der Antike wiederspiegeln. Andere enthalten mittelalterliche Baulemente wie der Gotik. Der Baustil des *Klassizismus* verbreitete sich von Dessau-Wörlitz über den europäischen Kontinent und die bislang nur für England typische *Neugotik* setzte sich in Deutschland durch.

Arbeitsaufträge

1. Beschreibe die Merkmale des englischen Landschaftsgartens.
2. Erkläre, warum die Anlage in Wörlitz frei betreten werden durfte.
3. Erarbeite eine Übersicht mit Bauwerken in deinem Bundesland, die im Stil des Klassizismus und der Neugotik errichtet wurden.

PROJEKT

Exkursion nach Potsdam

M1 *Häuser im Holländischen Viertel aus der Zeit des „Soldatenkönigs".*

Eine preußische Residenz- und Garnisonstadt

Ab 1660 wurde die an der Havel gelegene Insel Potsdam zur neuen Residenz der Hohenzollern ausgestaltet. Die Nachfolger des Großen Kurfürsten setzten dieses Werk fort. König Friedrich I. begann mit der Errichtung eines prächtigen Schlosses an der Havel. Unter Friedrich Wilhelm I. wurde Potsdam Garnisonstadt und es erfolgte vom Fluss aus ein umfangreicher Stadtausbau. Die Stadtmauer und die Stadttore waren als Hindernis für flüchtige Soldaten und zur Einnahme von Steuern gebaut worden. Mit der Erweiterung der Stadt wanderten auch die Mauern nach Norden.

Architekturmuseum des 18. Jahrhunderts

König Friedrich II. ließ zahlreiche Fachwerkhäuser abreißen, die sein Vater hatte errichten lassen. Er ersetzte sie durch Häuser mit prachtvollen Fassaden. Die Vorbilder dafür stammten aus Italien, England, Frankreich oder Holland. Seine größten Werke waren das Schloss Sanssouci, das er außerhalb der Stadt bauen ließ, und die Gestaltung der gleichnamigen Gartenanlagen. Diese Bauwerke machten Potsdam zum Architekturmuseum, das bis heute Besucher aus der ganzen Welt anzieht.

M2 *Das Marmorpalais im Neuen Garten. Im Stil des Klassizismus wurde es für König Friedrich Wilhelm II. erbaut.*

Spuren der Aufklärung

Nach dem Tod Friedrichs II. legte sein Nachfolger, Friedrich Wilhelm II., wenige Kilometer von Sanssouci entfernt einen neuen Park an. Dessen Gestaltung orientierte sich am Wörlitzer Park, den der Fürst von Anhalt-Dessau im Stil der englischen Landschaftsgärten hatte anlegen lassen. Auf der Fläche einstiger Weingärten, eingerahmt von Hügeln und Wasserflächen, entstand eine Landschaft mit Wiesen, Gehölzpflanzungen und abwechslungsreichen Geländeformen. Sichtachsen machen auf besondere Bäume, Baumgruppen, Pflanzungen oder künstlerische Elemente aufmerksam. Der Grundsatz der Aufklärung, das Denken zu fördern und den Geschmack zu formen, wurde hier gestalterisch umgesetzt.

Anregung für eine Exkursion

1. Besucht das Stadtmodell im Haus der Brandenburgisch-Preußischen Geschichte in Potsdam. Ermittelt die Gebäude, die Potsdam zur Residenz- bzw. zur Garnisonstadt machten.
2. Erkundet bei einer Führung oder Rundfahrt die Innenstadt. Löst folgende Aufgaben in Gruppenarbeit:
   a) Aus welchen Ländern gibt es in Potsdam Bauwerke? Benennt Beispiele und gebt die Zeit ihrer Errichtung an.
   b) Vergleicht die Bauten des „Soldatenkönigs" mit den unter Friedrich II. errichteten Gebäuden. Nennt die wichtigsten Unterschiede in ihrem Aussehen.
   c) Erfasst die Merkmale der Gartenanlage am Schloss Sanssouci. Warum ist das Schloss so beliebt bei Touristen?
3. Sucht im Neuen Garten am Heiligen See die Spuren, die die Aufklärung in der Gartengestaltung und an den Bauwerken hinterlassen hat.
4. Stellt die Ergebnisse in Vorträgen oder Präsentationen vor.

Internetseiten für die Vorbereitung:
- www.hbpg.de
- www.potsdam.de
- www.spsg.de

METHODE

Arbeit mit einer Biografie

i

Biografie: Lebensbeschreibung.

Die *Biografie* ist die von einem Autor verfasste Lebensbeschreibung eines Menschen. Schreibt ein Mensch über sich selbst, verfasst er eine Autobiografie. Biografien handeln meist von Personen mit gesellschaftlicher Bedeutung. Das können Politiker, Wissenschaftler, Sportler, Schriftsteller oder andere Persönlichkeiten sein. Der Verfasser einer Biografie entscheidet darüber, was die Leser über das Leben des beschriebenen Menschen erfahren. Er kann die positiven Eigenschaften der Person betonen oder die negativen stärker herausstellen.

Schritte für die Analyse einer Biografie

1. Wer wird beschrieben oder beschreibt sich?
2. Welche Fakten sind zu der Person bekannt? (Lebenszeit, Lebensort, Leistungen, gesellschaftliche Verhältnisse)
3. Was wissen wir über die Zeit, in der die Biografie entstand? (gesellschaftliche Situation, Machtverhältnisse)
4. Warum wurde die Biografie verfasst? (Jubiläum, Auftragsarbeit, Information, Unterhaltung)
5. Welche Informationen sind über den Verfasser der Biografie bekannt? (Beruf, gesellschaftliche Stellung)
6. Wie erfolgt die Beschreibung der Person? Welche Haltung nimmt der Autor ein? (sachlich, kritisch, schmeichelnd)

Q1 *Christopher Duffy über Friedrich II.:*

Der Friedrich des Siebenjährigen Krieges war ein vollendeter Meister in der Kunst der Menschenführung. Er konnte sich ... an die Namen und Gesichter alter Soldaten erinnern. Auf dem Marsch unterhielt er sich vom Pferd herab mit seinen Männern in deren märkischem Dialekt und duldete Vertraulichkeiten, für die er einen Fahnenjunker kassiert hätte ...
Die Strapazen des Siebenjährigen Krieges (hatten) ihre Spuren im Wesen Friedrichs hinterlassen ... Friedrichs Verschrobenheit kam am besten zum Ausdruck im Neuaufbau der Preußischen Armee ... Der Charakter der Armee hatte bis dahin eine tiefgreifende Veränderung erfahren, eine Folge der beinahe an Verachtung und Hass grenzenden Strenge, die Friedrich gegenüber seinen Offizieren und Mannschaften an den Tag legte. Er war der unerschütterlichen Ansicht, nur mit Hilfe harter Maßnahmen die Disziplin wiederherstellen zu können ... Das Offizierskorps erfuhr für seine im Siebenjährigen Krieg erduldeten Leiden keine Dankbarkeit.

Nach: Duffy, Ch.: Friedrich der Große. 1994, S. 351f. und S. 476.

Q2 *Hans-Joachim Neumann über Friedrich II.:*

Philosophie, Literatur und Musik waren Ausdruck seiner schöngeistigen Veranlagung – der König brauchte sie zur Entspannung, Erholung und zum täglichen Neubeginn. Aus seiner schöngeistigen Welt schöpfte der Staatsmann und Politiker, der Feldherr und Eroberer die Kraft, die ihm zur vorbildlichen Erfüllung seiner Aufgaben als König abverlangt wurde. Dabei unterschied er immer zwischen nützlichen und angenehmen Beschäftigungen, die er sich erst dann erlaubte, wenn er seiner Tagespflicht genügt hatte. Nach dem Siebenjährigen Krieg versuchte der König, sein Leben auf die gewohnte Weise fortzusetzen. Das einzige jedoch, was unverändert geblieben war, war seine Tageseinteilung ... Seine ausländischen Gäste waren gestorben oder hatten das Land verlassen. Der König, der nie Wert auf sein Äußeres gelegt hatte, wurde in seiner Kleidung immer nachlässiger ... Mehr oder weniger unbedeutende Leute hielten sich nun in Sanssouci auf, meistens handelte es sich um Friedrichs Höflinge...

Nach: Neumann, H.-J.: Friedrich der Große. 2000. S. 118 f.

Arbeitsaufträge

1. Vergleiche beide Biografien. Was erfährst Du über Friedrich II.?
2. Untersuche die Wortwahl der beiden Texte. Benenne Beispiele, die eine Wertung der Autoren erkennen lassen.
3. Vergleiche die Haltung der Autoren gegenüber Friedrich II.

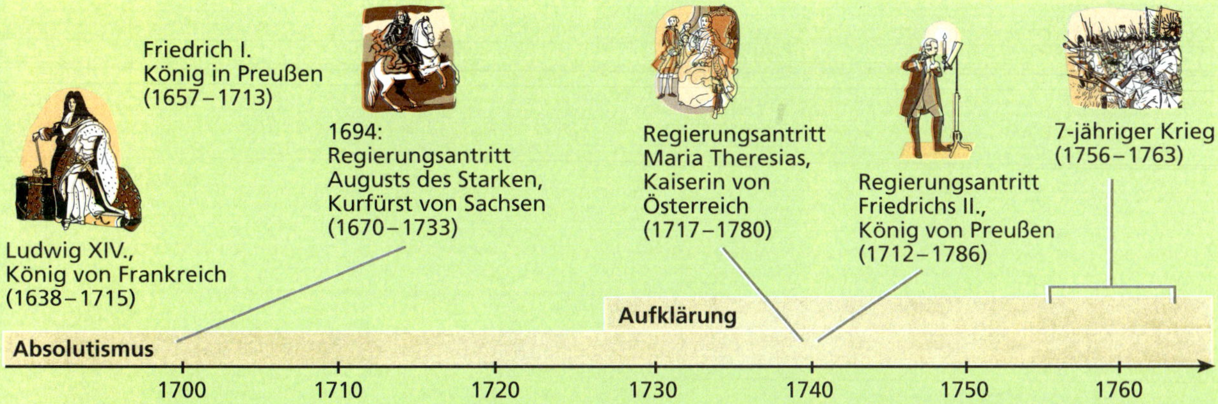

IN KÜRZE

Wichtige Begriffe:

Absolutismus
Toleranz
Aufklärung
Aufgeklärter Absolutismus
Merkantilismus

In Frankreich bildete sich um 1660 eine neue Form des Regierens heraus: der *Absolutismus*. Der König sah sich als Stellvertreter Gottes und begründete darauf seine *Alleinherrschaft*.

Der Absolutismus setzte sich auch in Sachsen, *Brandenburg-Preußen* und *Österreich* durch. Die Herrscher dieser Länder orientierten sich in Politik und Kultur am französischen Vorbild. Besonders erfolgreich waren die Kurfürsten von Brandenburg-Preußen. Durch eine geschickte Politik und erfolgreiche Kriege vergrößerten sie das Staatsgebiet stetig. Am Ende des *Siebenjährigen Krieges* war Preußen eine der europäischen Großmächte.

Die Aufklärer kritisierten die durch nichts beschränkte Herrschaft der absolut regierenden Könige und Fürsten. Unter ihrem Einfluss veränderte sich die Regierungsweise vieler Fürsten. Sie betrachteten sich – wie Friedrich II. von Preußen oder Leopold Franz Ferdinand von Anhalt-Dessau – als „erste Diener des Staates".

Die absolutistischen Herrscher ordneten ihre Länder neu, vor allem auf wirtschaftlichem Gebiet. Die *aufgeklärten Monarchen* modernisierten in Teilen die Machtausübung, reformierten das Bildungswesen, förderten Wissenschaft und Kultur. Von allen Untertanen forderten sie in gleicher Weise Pflichterfüllung. Mit diesen und anderen Maßnahmen ebneten sie, ohne es zu wollen, den Weg für eine von vielen Aufklärern geforderte Regierungsform, die *Demokratie*. Alle Staatsbürger sollten darin die *gleichen Rechte* besitzen.

„Amerikanischer Fortschritt". Gemälde von John Gast, 1872.

Neue Großmächte entstehen

Großmächte entstehen

Machtstreben, Militär und Handel

Ein Staat, der innerhalb einer bestimmten Region über eine herausragende Machtposition verfügt und diese gegenüber anderen Ländern durchsetzt, wird als Großmacht bezeichnet. Ein Grund für die herausragende Stellung kann die territoriale Größe sein. Um sich gegenüber anderen Staaten durchzusetzen, sind jedoch auch wirtschaftliche und militärische Stärke erforderlich. Zur Eroberung neuer Gebiete führten Herrscher im Laufe der Geschichte immer wieder Kriege oder kauften anderen Herrschern Territorien ab. Geschickte Heiratspolitik war ein weiteres Mittel, um die Macht des eigenen Herrschergeschlechts auszubauen.

Einnahmen aus Bodenschätzen, Handel oder Wirtschaft tragen ebenfalls zur Vormachtstellung eines Landes bei. Mit ihrer territorialen Ausdehnung beeinflusst eine Großmacht oft das kulturelle Leben in den eroberten Gebieten. Die Ausdehnung eines Kulturkreises über Ländergrenzen hinweg kann ein weiteres Zeichen für eine Großmachtstellung sein.

Großmächte sind keine starren Gebilde. Sie entstehen im Laufe von Jahrzehnten oder Jahrhunderten und können ebenso wieder zerfallen. Das Römische Reich, das spanische Kolonialreich oder das Osmanische Reich sind Beispiele für die Vergänglichkeit einer Großmacht.

Kolonialbesitz beeinflusst die Machtverhältnisse

In der zweiten Hälfte des 17. Jahrhunderts gab es in Europa fünf Großmächte: Spanien, Frankreich, England, Schweden und das Heilige Römische Reich Deutscher Nation.

Spanien und Portugal hatten sich als Seefahrernationen seit dem 15. bzw. 16. Jahrhundert auf dem bis dahin fremden Kontinent Amerika Gebiete angeeignet. Sie unterwarfen die einheimische Bevölkerung und beuteten sie aus. Bodenschätze wie Gold, Silber und Diamanten, die sie aus den Kolonien nach Europa einführten, mehrten den Reichtum dieser frühen Kolonialmächte. Handelsprodukte wie Holz und Früchte sowie die Ausbeutung der einheimischen Bevölkerung auf Plantagen oder im Bergbau trugen ebenfalls zu den Gewinnen bei.

Das bestehende Kräfteverhältnis in Europa ließ keine großen Veränderungen an der Gebietsverteilung zu. Zwischen England, Frankreich und Österreich herrschte ein gewisses Mächtegleichgewicht. Nur, wer seinen Besitz an Kolonien sicherte oder ausbaute, konnte seine Macht vergrößern. Anfang des 18. Jahrhunderts griff England daher noch stärker in den weltweiten Handel ein, eroberte eigene Kolonialgebiete und löste Spanien und Portugal als See- und Weltmacht ab.

Schauplatz Nordamerika

Die Auseinandersetzungen zwischen den Großmächten verlagerten sich aus Europa in nichteuropäische Gebiete, zum Beispiel nach Nordamerika, wo Franzosen und Engländer Handelsstützpunkte und Kolonien besaßen und ausbauen wollten. Die Eroberungen, Siege und Niederlagen auf anderen Kontinenten beeinflussten wiederum das Kräfteverhältnis auf dem europäischen Kontinent.

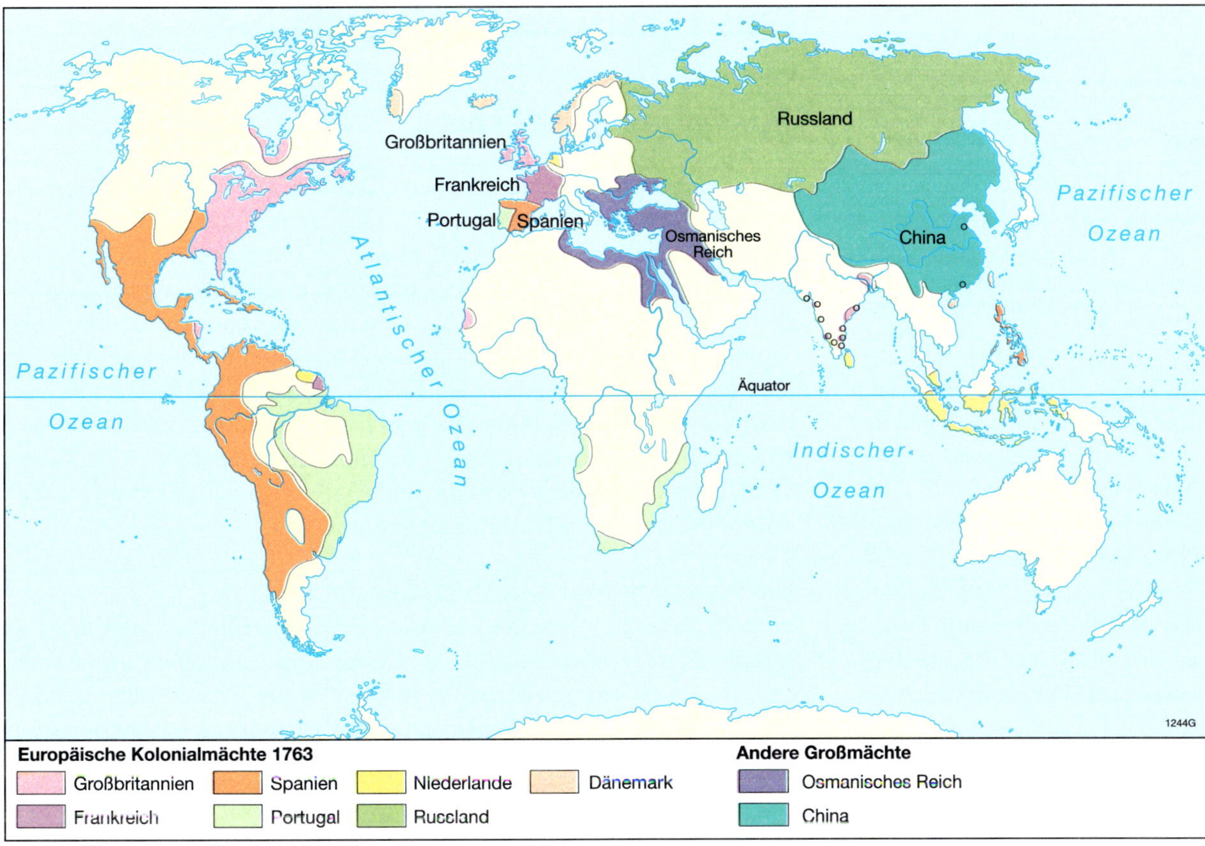

M1 *Europäische Kolonialmächte 1763.*

Schauplatz Sibirien

Mit dem Sieg über Schweden im Nordischen Krieg (1721) und der damit errungenen Vorherrschaft über den Ostseeraum betrat Russland als Großmacht die europäische Bühne. Anders als bei den europäischen Nachbarn erfolgte die Ausdehnung nicht auf dem See-, sondern auf dem Landweg nach Osten. In rund 70 Jahren eroberte Russland mit Sibirien das größte zusammenhängende Kolonialgebiet. Im Hinblick auf die Unterdrückung und Ausrottung der sibirischen Ureinwohner unterschied sich das Verhalten der Russen jedoch nicht von dem ihrer europäischen Nachbarn in Amerika.

Arbeitsaufträge

1. Erkläre, wie ein Land zur Großmacht werden kann.
2. Nenne historische oder aktuelle Beispiele einer Großmacht.
3. a) Nenne die europäischen Großmächte im 18. Jahrhundert und mögliche Gründe für ihre Großmachtstellung.
   b) Diskutiert, welches dieser Länder heute noch als Großmacht bezeichnet wird.
4. Trage in eine Tabelle ein, auf welchen Kontinenten und in welchen Gebieten England, Frankreich, Spanien und Portugal Kolonien besaßen. Nutze dafür die Karte M1.
5. Stelle eine ehemalige Kolonie vor und beschreibe, wie sie zum Besitz einer Großmacht wurde. Nutze das Internet oder Geschichtsbücher.

Das russische Großreich

Russlands Sonderweg

i

Patriarch: ein Kirchenoberhaupt in der orthodoxen Kirche.

Tataren: Bezeichnung für ein Volk, das in europäischen und asiatischen Gebieten Russlands siedelte.

Vasall: ein Herr, der sich freiwillig als Gefolgsmann in den Dienst eines anderen Herrn stellte und sich zu bestimmten militärischen oder diplomatischen Dienstleistungen verpflichtete.

Zar: leitet sich von dem lateinischen Wort „caesar“=Kaiser ab.

Kreml: Festung, die das Zentrum altrussischer Städte bildete. Innerhalb des Kremls befinden sich die für eine Stadt lebensnotwendigen Gebäude wie Munitionslager, Handwerksmeistereien, Kirchen und Verwaltung.

Mit der Verbreitung des christlichen Glaubens bildeten sich in Europa die mittelalterlichen Staaten heraus. Das Christentum spaltete sich jedoch in zwei große Kirchen: die römisch-katholische und die griechisch-orthodoxe Kirche. Deshalb entwickelten sich die christlichen Völker in verschiedene Richtungen. Die Polen, Tschechen und Ungarn gehörten wie die Völker Westeuropas zur römisch-katholischen Völkerfamilie. Die im 9. Jahrhundert von Wikingern gegründeten Reiche von Kiew und Nowgorod lagen dagegen im Missionsgebiet des griechisch-orthodoxen *Patriarchen* von Byzanz. Gegenüber den anderen Völkern Europas beschritten die Russen einen Sonderweg. Die Trennung von Westeuropa verstärkte sich, als die *Tataren* die russischen Fürstentümer unterwarfen.

Die Russen befreien sich von den Tataren

Vom 13. bis ins 15. Jahrhundert waren die Gebiete der Rus von den Entwicklungen der westeuropäischen Kultur abgeschnitten. Eine schmale Schicht adliger Krieger herrschte als *Vasallen* der Tataren über rechtlose Bauern. Städtischen Siedlungen fehlte im Gegensatz zu westeuropäischen Städten die wirtschaftliche und politische Selbstständigkeit.

Die Fürsten von Moskau befreiten sich schrittweise von der Herrschaft der Tataren und erlangten die Kontrolle über die anderen russischen Teilfürstentümer. Nach der erfolgreichen Befreiung nannte sich der Moskauer Großfürst Iwan III. (1440–1505) *Zar* von ganz Russland. Als Zar vereinigte er die höchste politische und kirchliche Macht in seiner Hand. Seine Residenz, der *Kreml*, lag auf einem Hügel oberhalb des Flusses Moskwa.

M1 *Ab 1462 entwickelte sich Russland zu einem Großreich.*

(M2) *Zar Iwan IV. Holzschnitt aus dem 16. Jahrhundert.*

i

Bojaren: russische Adlige. Iwan IV. ließ viele unbequeme Bojaren ermorden und ersetzte sie durch ihm ergebene Beamte.

Iwan „der Schreckliche" öffnet das Tor nach Sibirien

Zar Iwan IV. (1530–1584), der wegen grausamer Maßnahmen gegen seine Untertanen als „der Schreckliche" bezeichnet wurde, reformierte den russischen Staat, die Verwaltung und die Gesellschaft. Die Beauftragten des Staates, die bislang von der Bevölkerung „durchgefüttert" wurden, bezahlte von nun an der Zar. Damit war ein wichtiger Schritt zur Bildung einer neuen Beamtenschaft getan. Iwan teilte die zentrale Verwaltung in verschiedene Ämter auf und grenzte deren Verantwortungsbereiche ab. Bei seinen Reformen wurde er von ausländischen Spezialisten unterstützt. Diese wohnten in Moskau in einem eigenen Viertel, der „deutschen Vorstadt".

Mit der Eroberung tatarischer Gebiete gelangte der russischen Staat zu neuen wirtschaftlich wertvollen Gebieten. Der Zar konnte den Handel nach Süden und Südwesten erweitern und schuf auf diese Weise einen Ausgangspunkt für den Vorstoß nach Sibirien. Den Versuch Iwans, Gebiete im Baltikum zu erobern, vereitelte jedoch der schwedische König. Mit Iwan IV. begann der internationale Aufstieg Russlands.

Uneingeschränkte Herrschaft

Der Zar blieb der unangefochtene Herrscher Russlands. Mächtige Adlige, die *Bojaren*, bildeten seinen Hofstaat. Trotz der Reformen Iwans IV. blieb das Land aber in der Entwicklung hinter den Ländern Westeuropas zurück. Die Bewohner waren zu 95% leibeigene Bauern, die vererbt oder verkauft werden konnten. Lesen und Schreiben beherrschten nicht einmal alle Adligen und Priester. Feste Straßen gab es kaum, auch Häuser aus Stein waren selten. Um 1680 existierten im ganzen Land nur zehn Manufakturen.

(Q1) *In einem Brief an den Bojaren Kurbinskij, der ihm entkommen war, versuchte Iwan IV. 1564 seine Taten zu rechtfertigen:*

Wenn du gerecht und fromm … bist, warum hast du dich vor einem schuldlosen Tod gefürchtet? Zuletzt wirst du jedenfalls sterben. Wenn du dich aber … gefürchtet hast, so ist damit eben eure verräterische Gesinnung … offenbart. Warum verachtest du den Apostel Paulus, wenn er sagt: „Jede Seele soll der herrschenden Obrigkeit untertan sein; denn es gibt keine Obrigkeit, die nicht von Gott verordnet ist; widerstrebst du also der Obrigkeit, so widerstrebst du Gottes Gebot." … Wer der Gewalt widerstrebt, widerstrebt Gott. … Und wenn du rechtschaffen und fromm bist, warum hast du nicht von mir … leiden wollen?

Nach: Geschichte in Quellen. Band 3, S. 279.

(M3) *Der Kreml in Moskau.*

Arbeitsaufträge

1. Beschreibe die Entwicklung Russlands mithilfe der Karte M1.
2. Erkläre, wie Moskau das Zentrum des russischen Reiches wurde.
3. Erläutere, worauf die Macht des Zaren beruhte.
4. Gib mit eigenen Worten wieder, wie Iwan IV. sein Vorgehen gegen die Bojaren begründete (Q1). Nimm Stellung dazu.
5. Informiere dich über die Bedeutung des Kremls in Moskau heute.

(M1) *Peter I., auch Peter der Große genannt (1672–1725). Zeitgenössisches Gemälde von Pierre Gobert.*

(M2) *In England besichtigte Peter I. die königlichen Werften von Deptford 1698. Gemälde von Daniel Maclise, 1860.*

Zar Peter I. modernisiert das Reich

Der junge Zar besucht Westeuropa

Mit Peter I. bestieg 1689 ein Zar den Thron, der Russland an den Fortschritt Westeuropas heranführen wollte. Als 25-Jähriger verließ er 1697 mit einer Gruppe von 250 Personen heimlich das Land. Im Ausland eignete er sich Wissen über Wissenschaft und Technik, moderne Handwerksmethoden und das Militär an. Die ihn begleitenden Adligen hatten von ihm ähnliche Aufträge erhalten. Im ostpreußischen Königsberg ließ sich Zar Peter zum Kanonier ausbilden, in Holland zum Zimmermann. In England nahm er an Flottenmanövern und Parlamentssitzungen teil. Der Zar schaute sich Waisen- und Krankenhäuser, Feuerwachen und Besserungsanstalten an. Peters Bemühen, so viel wie möglich zu lernen und selbst auszuprobieren, war unbegrenzt. Als er zum Beispiel einen Zahnchirurgen bei der Arbeit beobachtete, gab Peter sich nicht eher zufrieden, bis auch er Zähne zu ziehen verstand.

(M3) *Holzschnitt aus dem 18. Jh. zum Kampf des Zaren gegen die traditionelle Barttracht. Der Bojar zum Beauftragten des Zaren: „Hör zu, Barbier, ich will meinen Bart nicht abschneiden lassen!" Dieser antwortet: „Pass auf, ich rufe gleich die Wache!"*

Land und Menschen müssen sich verändern

Von seiner Reise zurückgekehrt, begann Peter Russland umzugestalten. Er holte Wissenschaftler, Handwerker, Künstler und Offiziere nach Russland. Sie bekamen besondere Rechte und durften ihren Glauben frei ausüben. Peter I. ließ ein stehendes Heer aufstellen, eine Flotte bauen und staatliche Manufakturen errichten. Moderne Handwerksmethoden ersetzten die rückständige Wirtschaft. Die traditionell langen Bärte der Bojaren belegte er mit einer Steuer bzw. ließ sie abschneiden. Sie waren für ihn ein Symbol für die Rückständigkeit des Landes.

Freier Zugang zum Seehandel

Eines der Hauptziele Peters I. war der freie Zugang zu den Meeren, die den Anschluss an den Welthandel ermöglichten: die Ostsee und das Schwarze Meer. Im Süden kämpfte er gegen die Türken. Bei Asow kamen dabei 1696 erstmals russische Schiffe zum Einsatz. Der Sieg über Schweden 1709 ließ Russland an die Ostsee vorstoßen.

Mit St. Petersburg entsteht Russlands europäische Hauptstadt

Peter I. lehnte Moskau, das historische Zentrum des moskowitischen Reiches, als Hauptstadt des von ihm geführten Russland ab. Was er wollte, war eine westliche Residenz. Ihm schwebte ein Zentrum westeuropäischer Kultur vor. Ein weitgehend eisfreier Hafen für den Handel, der die Entwicklung der Wirtschaft fördern sollte, war ein weiteres Anliegen des Zaren, wie auch ein Flottenstützpunkt, der den russischen Anspruch auf die Ostsee dokumentierte. Das den Schweden entrissene Gebiet an der Newa-Mündung erschien ihm ideal, um seine Träume zu verwirklichen.

Das „Venedig des Nordens"

1703 befahl Peter I., am Fluss Newa die neue Hauptstadt zu erbauen. Bis zu 40 000 Zwangsarbeiter jährlich stampften in 20 Jahren eine Stadt aus dem Boden. Zunächst mussten sie Pfähle in den sumpfigen Boden rammen. Auf ihnen entstanden die Fundamente für Häuser. Viele tausend Arbeiter starben während dieser Zeit an Krankheiten und schlechter Ernährung. Um die Stadt rasch zu besiedeln, forderte der Zar von den Großen des Hofes, dort Steinhäuser zu errichten. In anderen Städten durfte über viele Jahre dagegen nur mit Holz gebaut werden. Als Zar Peter 1725 starb, hatte er einen der attraktivsten Regierungssitze in Europa. Der Name der Stadt, Sankt Petersburg, erinnert noch heute an ihren Gründer.

Q1 *Beim Stapellauf eines Kriegsschiffes in St. Petersburg im Jahr 1714 sprach Peter I. vor russischen Adligen über die Resultate seiner Reformen:*

Ist wohl ein einziger unter Euch, der sich vor dreißig Jahren hätte vorstellen können, dass er das baltische Meer ... mit russischen Flotten bedecket sehen würde? ... Gott hat uns in den Stand gesetzt, solche erstaunlichen Eroberungen zu machen, dass unsere Nation gegenwärtig von der ganzen übrigen Welt bewundert wird. Wer hatte geglaubt, dass Schulen der Wissenschaften, Manufakturen und alle Gewerbe erblühen würden und uns die entferntesten Nationen ehren und sich um unsere Freundschaft bewerben? ... Sofern Ihr nur die Arbeit ernsthaft angeht, so zweifle ich keineswegs, dass Ihr bald im Stande sein werdet, die gesittetsten Nationen zu beschämen und die Ehre des russischen Namens auf die höchste Stufe der Vollkommenheit zu bringen.

Nach: Geschichte in Quellen. Band 3, S. 565 f.

Arbeitsaufträge

1. Nenne Maßnahmen, die Peter I. zur Modernisierung des Landes ergriff. Bewerte sein Handeln.
2. Begründe, inwiefern Peter I. als absolutistischer Herrscher bezeichnet werden kann.
3. Vergleiche Peter I. mit August dem Starken. Welche Gemeinsamkeiten und Unterschiede lassen sich feststellen?
4. Zwei Untertanen streiten sich: Waren die Maßnahmen Peters I. nützliche Reformen oder nur der Starrsinn des Zaren? Entwickelt einen Dialog für ein Rollenspiel.

Katharina II. – eine aufgeklärte Zarin?

(M1) *Katharina II. regierte von 1762–1796. Gemälde (Ausschnitt) von Vigilius Erichsen, um 1770.*

Eine Deutsche regiert im Zarenreich

Katharina II. (1729–1796) setzte die von Zar Peter I. begonnenen Reformen zur Umgestaltung Russlands fort. Die Zarin stammte aus Deutschland. Als Prinzessin Sophie Friderike Auguste von Anhalt-Zerbst heiratete sie Zar Peter III. Nach dessen gewaltsamen Tod übernahm sie die Herrschaft. Die gebildete Frau verstand sich als Anhängerin der Aufklärung. Ihr schwebte die Milderung der Leibeigenschaft vor, und sie versprach Russland eine Verfassung. Ein moderner Staatsaufbau sollte die Alleinherrschaft des Zaren einschränken. Ihr außenpolitisches Ziel war es, die Macht Russlands weiter auszubauen.

Einwanderung und Aufschwung

Der Wirtschaft, Wissenschaft, Kultur und Bildung widmete Katharina II. viel Aufmerksamkeit. In St. Petersburg und Moskau entstanden wissenschaftliche Lehranstalten. Es begann eine Reform des russischen Bildungssystems. Die Idee von niederen Stadtschulen mit allgemeiner Schulpflicht wurde aber nur teilweise verwirklicht. Auch den Plan von Dorfschulen, welche die Gemeinde finanzierte und die unter der Aufsicht der Kirche standen, setzte die Zarin nur ansatzweise um.

Eine Belebung der Wirtschaft und Wissenschaft erhoffte sich die Zarin von der Einwanderung ausländischer Fachleute und Bauern. In ganz Europa ließ sie verkünden, dass Russland über große unbewohnte Gebiete verfügte. Dem Aufruf folgten vor allem viele Deutsche. In den ersten Jahren kamen rund 30 000 Menschen, die sich an beiden Ufern der Wolga niederließen. Jede Familie bekam Land zugewiesen und fast alle waren nun freie Bauern.

(Q1) *Als zusätzlichen Anreiz für Neuansiedler erklärte Katharina II. 1763:*

Wir gestatten allen Ausländern in unser Reich zu kommen, um sich hier häuslich niederzulassen. Die nicht genug Vermögen für die Reisekosten besitzen, soll man auf unsere Kosten nach Russland schicken und auch mit Reisegeld versehen. Wir gestatten allen ungehindert die freie Religionsausübung und erteilen ihnen die Freiheit, Kirchen und Glockentürme zu bauen und die dabei nötige Anzahl Priester zu unterhalten. Keiner soll an uns die geringsten Abgaben entrichten, noch Unterbringung zu tragen haben. Ein jeder soll von Steuern frei sein.

Nach: Schippan, Michael; Striegnitz, Sonja: Wolgadeutsche, S. 216f.

(M2) *Bild eines russischen Bauern. Bastschuhe wurden auf dem Land noch bis in das 20. Jh. getragen.*

Bauern bleiben rechtlos

Trotz der Versprechen Katharinas veränderte sich die Lage der russischen Bauern nicht. In ihren Bauerngesetzen erlaubte sie den Adligen sogar, Bauern zu verkaufen, zu verpfänden und zu versteigern. Die Folge war ein Bauernaufstand von 1773 bis 1775. Mit Mühe wurde er niedergeschlagen. Auch die versprochene Verfassung kam nicht. Lediglich die städtischen Bürger, Handwerker und Kaufleute wurden in Gruppen und Zünften organisiert.

i

Kosaken: entflohene, leibeigene russische und ukrainische Bauern, die seit dem 15. Jahrhundert in der südrussischen Steppe eigene Siedlungen gründeten. Die Kosaken waren maßgeblich an der Kolonisierung Sibiriens beteiligt.

Sibirien wird entdeckt

Kriegerische Völker behinderten lange die Ausdehnung Russlands in östliche Richtung. *Kosaken* trotzten den Gefahren und den klimatischen Bedingungen. Ab 1580 unternahmen sie Entdeckungsfahrten in das geheimnisvolle Land im Norden. 1648 erreichten sie die nordöstliche Spitze Sibiriens. Pelzjäger, Händler und Beauftragte des Zaren folgten den Entdeckern. So wurde Sibirien schrittweise russisches Gebiet.

Bereits Peter I. hatte als erster Zar gezielt wissenschaftliche Expeditionen nach Sibirien entsandt, das ein russischer Gesandter so beschrieb: „Ein zweites, so reichlich von Gott gesegnetes Land gibt es nicht in der Welt …“. Unter der Regierung Katharinas II. wurden die Reisen fortgesetzt. Von der Akademie der Wissenschaften in St. Petersburg verlangte die Zarin die umfassende Erforschung des Russischen Reiches.

Mit der Erschließung Sibiriens erwarb Russland ein riesiges und an Naturschätzen reiches Gebiet. Fruchtbare Böden, riesige Wälder und die Jagd auf Tiere mit wertvollen Pelzen zogen die Menschen an. Neue Siedlungen entstanden. Die Entdeckung von Gold-, Edelstein-, Erz- und Kohlevorkommen förderte später die Entwicklung des Bergbaus.

M3 *Sibirische Bauernfamilie in einem Goldwäscherdorf. Foto, 1905.*

Russland entwickelt sich zur Weltmacht

Außenpolitisch wurde Russland unter Katharina II. zur Weltmacht. Von den Türken eroberten ihre Soldaten die Halbinsel Krim, wodurch das Zarenreich Zugang zum Schwarzen Meer erhielt und sich die ungehinderte Passage der Meerengen, vor allem des Bosporus, sicherte. Außerdem begann die Zarin mit der Unterwerfung des Kaukasusgebietes und teilte im Bunde mit Österreich und Preußen ab 1772 Polen auf.

Arbeitsaufträge

1. Nenne die Versprechungen, die Katharina II. ausländischen Einwanderern machte. Erläutere die Beweggründe der Zarin.
2. Berichte über die Lage der russischen Bauern unter Katharina II.
3. Vergleiche die Ziele und die Politik von Katharina II. Wie trug sie zur Modernisierung Russlands bei?
4. Beschreibe die Ausdehnung Russlands nach Sibirien mit Hilfe der Karte auf S. 40.
5. Sammele Informationen über die Bedeutung Sibiriens damals und heute. Nutze dafür Bibliotheken und das Internet.

Das englische Weltreich

Der Weg zur konstitutionellen Monarchie

i

Angelsachsen: germanisches Mischvolk aus Sachsen, Angeln, Jüten, Friesen und Niederfranken, das nach dem Ende des Römischen Reiches in England entstand. Die Angelsachsen sind die Vorfahren der heutigen Bewohner Englands.
Lehen: Land, das der König an seine Gefolgsmänner verlieh. Dafür waren ihm die Treue, Gefolgschaft und Waffendienste seiner Lehensleute sicher.

Wilhelm der Eroberer (ca. 1027–1087), Herzog der Normandie, besiegte 1066 mit seinem Heer die *Angelsachsen* und eroberte England. Nach seiner Krönung begann er, seine Macht zu sichern. Die englischen Fürsten leisteten ihm einen Treueeid, denn sonst hätten sie ihr Land und ihren Besitz verloren.

Um das Land zu beherrschen und zu kontrollieren, ließ Wilhelm I. es vermessen und alle materiellen Güter wie Vieh, Mühlen und selbst Menschen zählen. Beamte halfen ihm, Steuern festzusetzen, Abgaben einzutreiben und seine königliche Machtstellung zu festigen. *Lehen* verteilte Wilhelm nur in geringem Umfang, sodass der Adel im Land keine eigene Machtstellung aufbauen konnte. Das englische Königshaus herrschte daraufhin 150 Jahre mit uneingeschränkter Macht.

Die Magna Charta

Nach einer militärischen Niederlage des englischen Königs Johann I. gegen Frankreich ertrotzten sich Bischöfe und adlige Fürsten im Jahre 1215 vom König grundlegende Rechte. Das Schriftstück, in dem diese neuen Freiheiten niedergeschrieben wurden, hieß wegen seiner Form und seiner Bedeutung die „Große Urkunde" (Magna Charta). Es ist die älteste Verfassungsurkunde Englands und enthält 63 Bestimmungen. Die Magna Charta bildet damit die Grundlage des Gesetzes in Großbritannien. Zu den wichtigsten Bestimmungen zählen folgende Punkte:

- Kein freier Mann durfte nach Belieben des Königs verhaftet, ins Gefängnis gesperrt und seines Besitzes beraubt oder verbannt werden.
- Die Rechte und Freiheiten der Kirche wurden bestätigt.
- Steuern und Steuererhöhungen durften nur mit Zustimmung des Parlaments, der Versammlung von Vertretern des Adels und der Städte, festgelegt und bewilligt werden.

Außerdem legte die Magna Charta gerichtliche Verfahren und Strafen fest, garantierte die Freiheit des Handels und den Schutz der Bauern.

Diese Bestimmungen galten jedoch nur für die Adligen, die Bürger von London und für Freie, obwohl die Urkunde für das ganze Land beschlossen wurde. Insgesamt schränkte die Magna Charta die Macht des englischen Königs deutlich ein.

Der Sieg des Parlaments

Als die englischen Könige im 17. Jahrhundert dennoch versuchten, die absolutistische Herrschaftsform durchzusetzen, stießen sie auf den harten Widerstand des Volkes. Der steigerte sich von 1642–1648 zum blutigen Bürgerkrieg und endete mit der öffentlichen Hinrichtung des englischen Königs Karl I. am 30. Januar 1649.

Der König wurde verurteilt, weil er die Freiheit und Unabhängigkeit des Parlaments nicht respektiert und damit den Bürgerkrieg hervorgerufen hatte. Diese Hinrichtung, die die Anhänger des Parlaments beschlossen hatten, war etwas Ungeheuerliches, das es in der europäischen Geschichte bis dahin noch nicht gegeben hatte.

M1 *Oliver Cromwell (1599–1658). Gemälde von Robert Walker, 1650.*

Der Kampf um die Macht

Oliver Cromwell, der im Bürgerkrieg die Parlamentsarmee angeführt hatte, stellte sich an die Spitze des Staates und errichtete mit Hilfe seiner Soldaten eine Diktatur. Diese endete mit seinem Tod 1658.

Anschließend riefen die Mitglieder des Parlaments 1660 den Sohn des hingerichteten Königs, Karl II., auf den Königsthron zurück. Dieser wollte allerdings wie Ludwig XIV., der französische „Sonnenkönig“, absolutistisch herrschen. Das Parlament war gegen diese Form der Monarchie, bei der es alle seine Rechte und Macht verloren hätte. Es schaltete daher den niederländischen Fürsten Wilhelm von Oranien ein, einen Schwager des englischen Königs. Wilhelm von Oranien sollte die Situation zugunsten des Parlaments klären.

Das Kalkül der Parlamentsabgeordneten ging auf. Im November 1688 landete Wilhelm von Oranien in England und ergriff die Macht. Vor seiner Thronbesteigung unterzeichnete er die „Bill of Rights“, die die Thronfolge regelte und die Rechte des Parlaments festlegte.

Die „Bill of Rights“

Die englischen Könige waren künftig weitgehend vom Parlament abhängig, denn die „Bill of Rights“ sicherte den Einfluss des Parlaments. Sie teilte die Macht zwischen dem Parlament und dem König auf und verhinderte so die Alleinherrschaft eines Königs. In England entstand damit die erste konstitutionelle Monarchie.

Folgende Regelungen enthielt die „Bill of Rights“:
- Das Parlament legt per Abstimmung die Gesetze fest.
- Das Parlament bewilligt die Steuern.
- Das Parlament muss zustimmen, wenn der König ein Heer aufstellt.
- Das Parlament wacht darüber, dass jeder Verhaftete spätestens nach drei Tagen vor einen Richter geführt wird.
- Das Parlament darf frei diskutieren. Niemand darf wegen seiner Reden im Parlament vom König zur Rechenschaft gezogen werden.

Auf die Parlamentswahlen hatte der König keinen Einfluss mehr. Wahlberechtigt waren nur der Adel und das Bürgertum. Das Parlament bestand aus einem Oberhaus, dem „House of Lords“, und dem Unterhaus, dem „House of Commons“. Im Oberhaus berieten die Bischöfe, Erzbischöfe, Grafen und Barone, im Unterhaus tagten die Ritter, reiche Bauern und Bürger. Kleinbauern, Handwerker und Manufakturarbeiter waren im Parlament nicht vertreten. Ein Sprecher (der Speaker) teilte dem König regelmäßig die Parlamentsbeschlüsse mit.

M2 *Das Siegel von 1651 zeigt eine Parlamentssitzung ohne den König. Den Platz des Königs hat der Sprecher (Speaker) eingenommen.*

Arbeitsaufträge

1. Schildere die Ursachen und den Verlauf der Machtkämpfe in England.
2. Nenne die Folgen der Machtkämpfe.
3. Erkläre den Inhalt und die Bedeutung der Magna Charta.
4. Gib den Inhalt der „Bill of Rights“ wieder und erkläre ihre Bedeutung für die Entwicklung Englands.
5. Erkläre den Begriff konstitutionelle Monarchie.
6. Erläutere den Unterschied zwischen der konstitutionellen Monarchie und dem Absolutismus.

Die Arbeit des englischen Parlaments

Die Rechte und Pflichten des englischen Parlaments waren in der „Bill of Rights“ festgelegt. Ohne die Zustimmung des Parlaments konnte der König nicht regieren. Wie aber führten die Parlamentarier ihre Arbeit aus?

1782 reiste der deutsche Gelehrte Karl Philipp Moritz nach England, für das er ebenso wie viele seiner gebildeten Zeitgenossen schwärmte. Moritz besuchte mehrere Sitzungen des Unterhauses, die er von der Zuschauergalerie aus miterlebte.

M1 *Karl Philipp Moritz (1756–1793) verfasste Romane, kunsttheoretische Abhandlungen sowie Schriften über Grammatik, Psychologie und Pädagogik. Sein erster literarischer Erfolg waren „Die Reisen eines Deutschen in England“. Gemälde von Friedrich Rehberg, 1790.*

Q1 *Karl Philipp Moritz berichtet als Augenzeuge über das Geschehen im englischen Unterhaus:*

Und nun sah ich also zum ersten Male in einem ziemlich unansehnlichen Gebäude, das einer Kapelle sehr ähnlich sieht, die ganze englische Nation in ihren Vertretern versammelt. Der Sprecher, der Vorsitzende, ein ältlicher Mann mit einer ungeheueren Perücke, in einem schwarzen Mantel den Hut auf dem Kopfe, [sitzt] mir gerade gegenüber auf einem erhabenen Stuhle, der wie ein Altar aussieht, vor welchem wiederum zwei Männer ... sitzen.

An den Seiten des Hauses rund umher sind die Bänke für die Parlamentsglieder mit grünem Tuch ausgeschlagen, immer höher als die andere, wie unsere Chöre in den Kirchen, damit derjenige, welcher redet, immer über die vor ihm Sitzenden wegsehen kann ... die Parlamentsmitglieder behalten ihre Hüte auf, aber die Zuschauer auf der Galerie sind unbedeckt.

Die Parlamentsmitglieder des Unterhauses haben nichts Unterscheidendes in ihrer Kleidung; sie kommen im Überrock und mit Stiefeln herein. Es ist nichts Ungewöhnliches, ein Parlamentsglied auf einer von den Bänken ausgestreckt liegen zu sehen, indes die anderen debattieren. Einige knacken Nüsse, andere essen Apfelsinen oder was sonst die Jahreszeit mit sich bringt. Das Ein- und Ausgehen dauert fast beständig ...

Das Reden geschieht ohne alle Feierlichkeit: Einer steht bloß von seinem Sitze auf, wendet sich zum Sprecher ..., behält Hut und Stock in einer Hand, mit der anderen macht er seine Gesten. Redet einer schlecht oder hat er das, was er sagt, für die meisten nicht Interesse genug, so ist oft ein solches Lärmen und Gelächter, dass der Redende kaum sein eigenes Wort hören kann ... und dann hat es sehr viel Komisches, wenn der Sprecher auf seinem Stuhle wie ein Präzeptor [Lehrer] zum wiederholten Male Ordnung bietet, indem er ausruft „to order, to order“, ohne dass eben viel darauf geachtet wird.

Sobald hingegen einer gut und zweckmäßig redet, so herrscht die äußerste Stille, und einer nach dem anderen gibt seinen Beifall dadurch zu erkennen, dass er „hear him! hört ihn!“ ruft ...

Ich habe oft bemerkt, dass einer, der mit einer Furchtsamkeit oder Kälte zu reden anfängt, dadurch in ein solches Feuer gesetzt wird, dass er mit einem Strome von Beredsamkeit spricht ...

Sehr auffallend waren mir die offenen Beleidigungen und Grobheiten, welche sich oft die Parlamentsmitglieder einander sagten, indem der eine zum Beispiel aufhörte zu reden und der andere unmittelbar darauf anfing: „It is quite absurd usw., es ist höchst ungereimt, was der right honourable Gentleman (mit diesem Titel beehren sich die Parlamentsglieder) eben ... vorgetragen hat ..."

Ich bin nachher fast alle Tage im Parlament gewesen und ziehe die Unterhaltung, die ich dort finde, den meisten anderen Vergnügungen vor ...!

Nach: Geschichte in Quellen, Bd. 3, S. 703 ff.

M2 *Die erste Sitzung des englischen Unterhauses. Gemälde, 1808.*

Arbeitsaufträge

1. Schildere den Verlauf der Parlamentssitzungen. Nutze dafür Q1.
2. Stelle gegenüber, was Karl Philip Moritz positiv und negativ bewertet.
3. Erkläre, warum Moritz die Parlamentssitzungen besuchte.
4. Beurteile das Verhalten der Parlamentsmitglieder.
5. Informiere dich über das heutige Geschehen in Parlamentssitzungen (zum Beispiel im Landtag oder Bundestag). Nutze dabei Informationen aus verschiedenen Medien.
6. Stelle deine Ergebnisse zusammen und vergleiche sie mit dem Bericht in Q1.

England wird Kolonialmacht

England unter Königin Elisabeth I.

England wollte im 16. Jahrhundert am wachsenden überseeischen Handel und den daraus entstehenden Gewinnen teilhaben, aber die alten See- und Kolonialmächte Spanien und Portugal waren noch zu mächtig. Um die fremden Güter und Rohstoffe zu erhalten, beschlossen die Engländer, als „wagende Kaufleute" (Merchant Adventures) auf den Weltmeeren zu segeln. Sie wurden Seeräuber und überfielen bzw. plünderten spanische sowie portugiesische Schiffe. Königin Elisabeth I., die das Land von 1558 bis 1603 regierte, stellte die Seeräuber unter den Schutz der englischen Krone. Daraufhin teilten diese die Gewinne ihrer Beutezüge mit ihr.

Erste Schritte zum britischen Kolonialreich

Nach dem Tod Königin Elisabeths I. unternahmen die Engländer die ersten Schritte, um ein Kolonialreich zu gründen. Vor allem englische Kaufleute errichteten überall ihre Stützpunkte und Niederlassungen: auf den Inseln vor Mittelamerika, in Indien sowie an den Küsten Afrikas. An der Ostküste Nordamerikas entstanden ausgedehnte Siedlungskolonien. Immer stärker verdrängten die Engländer die Spanier und Portugiesen von den Weltmeeren. Sie überrundeten auch die Niederländer, die in Amerika, Afrika und in Indonesien Kolonien gründeten.

Die erste Siedlungskolonie in Nordamerika

M1 *Jamestown um 1622. Kolorierter Holzschnitt aus dem 19. Jahrhundert.*

Die Besiedlung Nordamerikas durch die Engländer begann 1607 mit der Gründung der ersten dauerhaften Siedlung im heutigen Virginia. Mit drei englischen Schiffen kamen ca. 100 Menschen in das unbekannte Land, die dort ansässig werden und zu Wohlstand gelangen wollten. Auf einer Halbinsel errichteten die Ankömmlinge Hütten und eine Kapelle und schützten sie mit Palisaden. Ihre kleine Stadt nannten sie Jamestown.

Das Land war den Europäern fremd und barg viele Gefahren. Der Wald, die Tiere und die Pflanzen waren ihnen unbekannt, ebenso die Sommerhitze und die Ureinwohner, die Indianer. Das alles aber schreckte die Wagemutigen nicht ab. Zudem hatten sie vom englischen König einen „Freibrief" erhalten, der ihnen die englischen Bürgerrechte zusicherte.

Nach ihrer Ankunft begannen die Siedler, ihre Stadt aufzubauen und Gold zu suchen. Doch statt auf die erhofften reichen Goldvorkommen zu stoßen, mussten sie ihren Lebensunterhalt durch harte Arbeit sichern. Jeder neue Tag war ein Kampf gegen die Natur und die widrigen Lebensumstände, ein Kampf ums Überleben.

Zunächst hatten die Indianer die Fremden freudig begrüßt und boten sich als Führer im unbekannten Land an. Später erkannten die Ureinwohner, dass die Neuankömmlinge nur ihre Ackerflächen und Jagdgebiete einnehmen und die Indianer aus ihren traditionellen Siedlungsgebieten vertreiben wollten. Daher kam es wiederholt zu blutigen Auseinandersetzungen mit den Indianern, sodass die Zahl der Siedler immer weiter abnahm. Nur der Zuzug neuer Siedler sicherte den Bestand der Siedlungen. Nach zwölf Jahren zählte Jamestown lediglich 1 000 Einwohner.

Die wirtschaftliche Grundlage der Siedler bildete der Tabakanbau. Europäer zahlten für Tabak, den sie schnupften oder aus langstieligen, holländischen Pfeifen rauchten, viel Geld.

Die Landung der Mayflower in Massachusetts

Im Jahre 1620 landeten im heutigen Massachusetts 102 strenggläubige Protestanten, sogenannte Puritaner. Um ihren Glauben frei ausüben zu können, hatten sie ihre Heimat England verlassen. In Amerika hofften sie auf ein besseres Leben ohne religiöse Verfolgung. Ihren Lebensunterhalt hatten sie bisher als Handwerker und Händler verdient und verstanden wenig von der Landwirtschaft. Auch von diesen neuen Einwanderern starben mehr als die Hälfte an Hunger und Seuchen.

Um zu überleben, mussten die Puritaner das Land der Indianer kaufen oder erkämpfen. Sie verachteten die Indianer als Ungläubige, die nicht an den Gott der Christen glaubten, sondern an verschiedene Götter und an die *„ewigen Jagdgründe"*. Dennoch ergaben sich Kontakte zu den Indianern. Sie erklärten den neuen Siedlern, denen landwirtschaftliche Kenntnisse fehlten, zum Beispiel den Anbau von Mais oder Bohnen.

Nach einer guten Ernte im Jahre 1621 feierten die Puritaner ein Erntedankfest, das „Thanksgiving". Sie waren überzeugt, dass ihnen ihr Glaube geholfen hätte, alle Schwierigkeiten zu bewältigen. Dabei hätten sie ohne die Hilfestellungen der Indianer nicht überleben können.

i

ewige Jagdgründe: Die Indianer glaubten, dass ihre Toten in den „ewigen Jagdgründen" weiterleben.

M2 *Am 11. Dezember 1620 landeten die Puritaner mit dem Schiff „Mayflower" vor der nordamerikanischen Küste. Gemälde aus dem frühen 20. Jahrhundert.*

Arbeitsaufträge

1. Nenne Gründe, warum die Engländer andere Kontinente erschließen wollten.
2. Erkläre, warum die Europäer sich in Nordamerika ansiedelten.
3. Schildere die Probleme und die Schwierigkeiten bei der Besiedelung Nordamerikas.
4. Berichte, wie sich das Verhältnis zwischen den Siedlern und den Indianer entwickelte.

Die Ureinwohner Amerikas

Wer entdeckte Amerika?

Die meisten Menschen beantworten die Frage nach dem Entdecker Amerikas mit Christoph Kolumbus. Aber war Kolumbus wirklich der Erste, der nach Amerika kam?

Es gibt keinen Zweifel, dass lange vor ihm asiatische Vorfahren der Indianer, der Ureinwohner Amerikas, diesen Kontinent erreicht haben. Vermutlich gelangten umherziehende Jäger während der Eiszeit über die zugefrorene *Beringstraße* von Asien nach Amerika. In zahlreichen Stämmen verteilten sie sich als Jäger und Ackerbauern auf dem gesamten Kontinent. Viele indianische Völker haben eigene Legenden über die frühe Besiedelung Amerikas.

Die am häufigsten benannte Alternative zu Kolumbus sind die *Wikinger*. In den Sagen Skandinaviens wird berichtet, dass der Wikinger Leif Ericson um 985 westlich von Grönland eine Siedlung gründete, die er Vinland (Weinland) nannte. Um 1960 fanden Archäologen Spuren, welche diese Legende belegen könnten.

i

Beringstraße: Meerenge zwischen Asien und Nordamerika.
Wikinger: Skandinavier, die im frühen Mittelalter (ca. 800 – 1100 n. Chr.) ihre Länder vorübergehend oder dauerhaft verließen.
Totempfahl: Pfahl mit eingeschnitzten Wappen einer indianischen Familie und Malereien. Er dient als Schutz vor bösen Geistern.

M1 *Nachbau eines Handelsschiffes der Wikinger. Foto, 2001.*

M2 *So stellten sich die Amerikaner in einem Holzschnitt des 19. Jahrhunderts die Landung der Wikinger in Nordamerika vor.*

Unklarheiten gibt es auch über die Herkunft der ersten amerikanischen Hochkultur, der Kultur der Olmec-Indianer auf dem Gebiet des heutigen Mexiko. Funde von Porzellanscherben lassen vermuten, dass es hier schon vor 3 000 bis 4 000 Jahren Kontakt mit chinesischen Kulturen gab.
Pflanzen wie Baumwolle, welche auf beiden Seiten des Atlantiks vorkommen, sowie der Fund von Pyramiden in Mittelamerika lassen andere Wissenschaftler annehmen, dass vor etwa 5 000 Jahren die Ägypter bereits in Amerika waren.

Bislang konnte keine Theorie über die erste Entdeckung des amerikanischen Kontinents eindeutig bewiesen werden.

Indianer, die Ureinwohner Amerikas

M3 *Totempfahl der Nordwestküstenindianer.*

Die Ureinwohner Amerikas wurden nach einem Irrtum von Christoph Kolumbus als Indianer bezeichnet, denn der Seefahrer glaubte bis zu seinem Tod, Indien entdeckt zu haben. Bis zur Einwanderung der Europäer lebten in Amerika etwa eine Million Indianer in mehr als 500 Stämmen mit ganz verschiedenen Sprachen.

Im Osten des Landes lebten „Waldlandindianer“, die in Wäldern jagten und in Flüssen und Seen fischten. Sie bauten Mais an, lebten in Dörfern mit Langhäusern aus Holz und schützten diese oft durch Palisaden.

Im Inneren des Landes gab es „Prärieindianer“, die von der Jagd in den weiten Gras- und Steppengebieten lebten. Sie wohnten in Zelten (Tipis) aus Tierhäuten.

Die Indianer, die im Nordwesten an der Küste zum Pazifik lebten, passten sich in ihrer Lebensweise den natürlichen Bedingungen an. Sie ernährten sich vorrangig vom Fischfang in Flüssen, Seen und Meeren. Sie bauten feste Holzhäuser am Strand, vor denen *Totempfähle* standen.

Die „Puebloindianer“ aus dem Gebiet an der heutigen Grenze zwischen den USA und Mexiko betrieben entweder Ackerbau und Schafzucht oder Jagd. Sie lebten in Lehmhäusern oder in Unterkünften, die sie in die hohen Felswände gehauen hatten.

M4 *Palisadendorf der Pomeiok.*

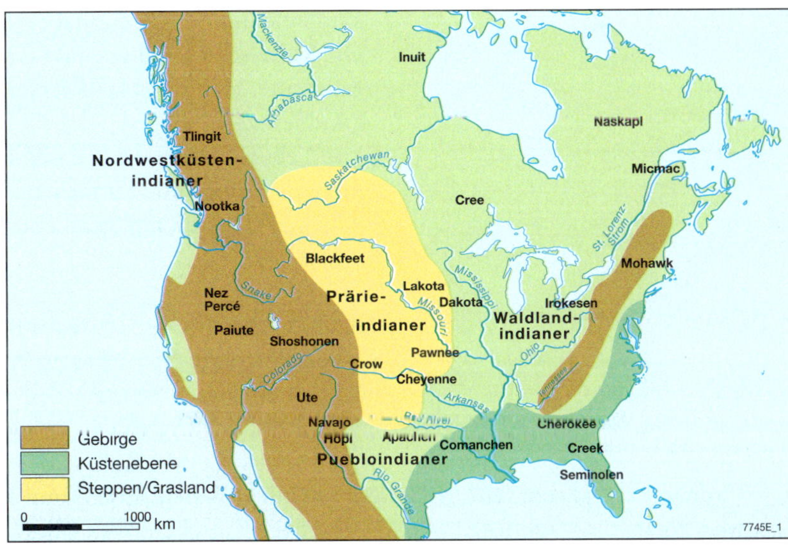

M5 *Siedlungsgebiete der Indianer auf dem Gebiet der heutigen USA.*

M6 *Siedlung der Puebloindianer.*

Arbeitsaufträge

1. Nutze eine Weltkarte und zeige, aus welchen Gebieten der Erde Verbindungen zu Amerika bestanden, bevor Kolumbus es „entdeckte“.
2. Begründe, warum 1492 als das Entdeckungsjahr Amerikas gilt.
3. Ordne den unterschiedlichen Lebensformen der Indianer jeweils zwei Indianerstämme zu. Nutze dafür die Karte M5.
4. Informiere dich über einen Indianerstamm deiner Wahl und stelle der Klasse die Besonderheiten seiner Lebensform und seiner Geschichte vor.
5. Gestalte eine Mindmap zum Thema Indianer. Diskutiert anschließend in der Klasse, wodurch euer persönliches Bild von Indianern geprägt wurde.

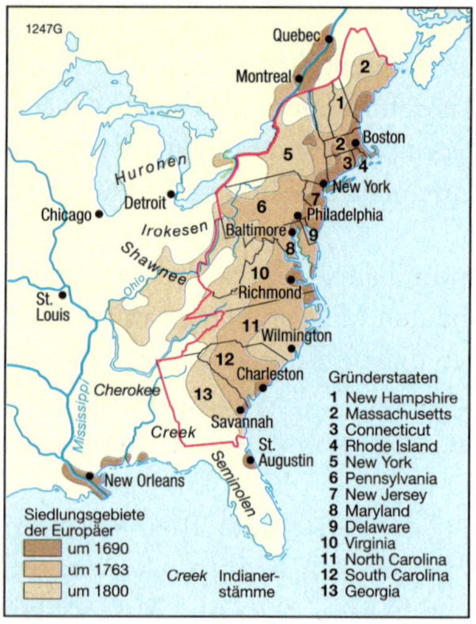

M1 *Die englischen Kolonien in Nordamerika.*

– Virginia:	um 1607
– New York:	um 1612
– Massachusetts:	um 1620
– Delaware:	um 1630
– Pennsylvania:	um 1630
– New Jersey:	um 1630
– Maryland:	um 1634
– Connecticut:	um 1635
– Rhode Island:	um 1635
– New Hampshire:	um 1635
– North Carolina:	um 1653
– South Carolina:	um 1660
– Georgia:	um 1732

M2 *Die 13 Kolonien und der Beginn ihrer Besiedelung.*

Das Leben in den englischen Kolonien

Die 13 Kolonien

Nach 1620 setzte eine förmliche Auswanderungswelle von Europa in die neue Welt ein. Ins Land kamen religiöse Schwärmer, Gottesstreiter, religiös Verfolgte, politische Flüchtlinge, Arbeitssuchende, Landhungrige, Goldsucher und natürlich auch Abenteuerlustige. Menschen aus allen europäischen Ländern gründeten in Nordamerika nach dem Vorbild ihrer Heimatländer Siedlungen. 1756, 150 Jahre nach der Gründung der ersten englischen Siedlung, wohnten bereits über eine Million Europäer an der Ostküste Nordamerikas. Ihr Gebiet erstreckte sich bis zu den Appalachen und an den St. Lorenz Strom. Die neuen Einwohner lebten in Dörfern, Siedlungen, Kleinstädten, aber auch in Städten mit bis zu 15000 Einwohnern.

Die Indianer, die Ureinwohner Amerikas, hatten sie aus deren Gebieten westwärts verdrängt.

Die Bevölkerung

In den Kolonien bildeten sich drei verschiedene Schichten heraus, die sich nach Besitz und beruflichen Tätigkeiten unterschieden.

- Eine kleine, sehr vermögende Schicht stand an der Spitze der Bevölkerung. Im Süden waren es die Plantagenbesitzer, im Norden die Großkaufleute und Reedereiinhaber (Schiffsbesitzer).
- Die Mittelschicht bildete den Großteil der Bevölkerung. Zu ihr zählten Kaufleute, Händler, Handwerker, Ärzte, Pfarrer, Lehrer und Farm- bzw. Landbesitzer.
- Das Leben der dritten, relativ kleinen Unterschicht war gekennzeichnet vom Kampf um das tägliche Überleben. Zu dieser Schicht gehörten Arbeiter, Tagelöhner, gescheiterte Goldsucher, Seeleute, Obdachlose und Arme.

Die wirtschaftliche Grundlage

Nachdem sich die Menschen in Amerika angesiedelt hatten und die ersten Schwierigkeiten überwunden waren, entwickelte sich vor allem mit dem Mutterland England ein intensiver Handel.

Aus England und seinen anderen Kolonien kamen neben neuen Siedlern vor allem Waren: Eisen- und Stahlwaren (Messer, Rasierklingen oder Werkzeuge), Kutschen, Waren des täglichen Bedarfs und Luxusgüter (Rum, Wein, Tee …). Später transportierten die Schiffe Sklaven aus Afrika nach Amerika. Die Zufuhr dieser dringend benötigten Arbeitskräfte trieb den wirtschaftlichen Aufschwung an. Die Kolonien ihrerseits lieferten Tabak, Reis, Kaffee, Baumwolle, Mehl, Weizen, Holz und Felle nach England.

England schützte diesen sehr einträglichen Handel mit den Kolonien durch hohe Einfuhrzölle auf Produkte aus anderen Ländern und durch die Vorschrift, Waren nur auf englischen Schiffen zu transportieren. Die englische Krone kontrollierte auch den Handel zwischen den einzelnen nordamerikanischen Kolonien, um ausländische Konkurrenz auszuschalten.

In den südlichen Kolonien bauten die Siedler auf Großplantagen Tabak, Reis und vor allem Baumwolle an. Wegen der schwierigen klimatischen Verhältnisse setzten sie afrikanische Sklaven ein. Europäern war die harte Arbeit, aber auch das feucht-warme Klima in den Südstaaten zu ungewohnt. In den nördlichen Kolonien spielte dagegen der Weizen-, Roggen- und

Maisanbau eine große Rolle. Abgesehen von der Landwirtschaft waren hier der Schiffbau und das Handwerk (Tischlerei, Seilerei, Tuchmacherei) die Lebensgrundlage für viele Bewohner.

M3 *Baumwollpflanze mit Blüten, Fruchtkapseln und Insekten. Kolorierter Kupferstich, 1705.*

M4 *Sklaven in den amerikanischen Südstaaten bei der Baumwollernte. Holzstich, um 1860.*

Die Verwaltung

Obwohl die Siedler weit weg von der englischen Krone lebten und arbeiteten, waren sie englische Untertanen. Das englische Recht und Gesetz behielt in allen nordamerikanischen Kolonien seine Gültigkeit.

Am Anfang gestalteten und regelten die Siedler ihr Zusammenleben nach den Glaubensgrundsätzen und Regeln ihrer Kirche. Später setzte die englische Krone Gouverneure ein, die die Kolonien ohne Zustimmung der Siedler regierten und verwalteten. Sie hatten dafür Sorge zu tragen, dass die Kolonien Steuern und andere Einnahmen an die englische Krone abführten. Den Gouverneuren stellten die Siedler jedoch Abgeordnete zur Seite, die die Gouverneure kontrollieren sollten. Darüber hinaus wählten die Bewohner der Kolonien Gemeindevorsteher, Bürgermeister und Richter und verwalteten sich in hohem Maße eigenständig.

M5 *Tabakpflanze. Kolorierter Kupferstich, 1821.*

Arbeitsaufträge

1. Nenne die Bevölkerungsgruppen, die nach Amerika auswanderten, und ihre Auswanderungsgründe.
2. Berichte über das Leben in den Kolonien.
3. Beschreibe die Arbeit auf einer Baumwollplantage.
4. Nenne die Verbindungen, die es zwischen den Kolonien und dem Mutterland gab.
5. Beschreibe das Verhältnis der Kolonien zu England.
6. Vergleiche die geografische Lage der einzelnen Kolonien in Nordamerika. Was stellst du fest?

Der Kampf um die Unabhängigkeit

Der Kampf um die Vormachtstellung in der Neuen Welt

Auf dem amerikanischen Kontinent prallten die Interessen der Großmächte England und Frankreich aufeinander. Im Norden der Ostküste Nordamerikas erstreckte sich das weit ausgedehnte französische Kolonialgebiet Neufrankreich, im Westen die französische Kolonie Louisiana. Diese Gebiete waren keine Siedlungskolonien, sondern Handelsstützpunkte französischer Kaufleute und Pelzjäger. Militärische Anlagen (Forts) sicherten sie gegen die englischen Siedler, die weiter nach Westen drängten.

Immer wieder gab es zwischen Engländern und Franzosen Auseinandersetzungen um die Verteilung und Ausbeutung des Landes. Der Entscheidungskampf fand von 1756 bis 1763 im *Siebenjährigen Krieg* statt. Da Frankreich auf dem europäischen Festland in Kämpfe eingebunden war, konnte es seine Stützpunkte in Nordamerika nicht behaupten. England drängte Frankreich zurück. Im Frieden von Paris musste Frankreich seine Kolonie Neufrankreich im heutigen Kanada und das linke Mississippiufer an England abtreten sowie wichtige Stützpunkte in Indien räumen. Spanien trat gezwungenermaßen Florida ab. England war um 1800 somit zu einer bedeutenden Weltmacht geworden. Im 19. Jahrhundert begann es, in Afrika ein neues, umfangreiches Kolonialreich aufbauen.

i

Siebenjähriger Krieg: Krieg zwischen Preußen und England auf der einen sowie Österreich, Frankreich und Russland auf der anderen Seite um die Vormachtstellung in Europa und den Kolonien (1756–1763). Kriegsschauplätze waren Mitteleuropa, Nordamerika, Indien und die Karibik.

Der Unabhängigkeitskampf der englischen Kolonien

Der Krieg mit Frankreich hatte das englische Königreich viel Geld gekostet. Um das neu gegründete Weltreich zu verwalten und zu sichern, wurden das Heer und die Flotte, Häfen und Stützpunkte sowie Festungen ausgebaut. Auch dafür benötigte England viel Geld.

Das Parlament in London beschloss daher, von den Kolonien in Neuengland, wie die englischen Kolonien in Nordamerika genannt wurden, Steuern einzutreiben. Darüber entbrannten bei den Bürgern Zorn und Empörung. Vor dem Krieg hatten die Siedler ihre Angelegenheiten weitgehend selbst bestimmt, jetzt aber wollte die englische Krone über sie verfügen. Die Bürger Neuenglands waren nur bereit Steuern zu zahlen, über die sie selbst mit abgestimmt hatten. Im englischen Parlament waren sie jedoch nicht vertreten. Am meisten ärgerten sie sich über die Teesteuer, mit der indischer Tee bei der Einfuhr belegt wurde.

Der Tea Party von Boston

Als im Dezember 1773 im Hafen von Boston wieder einmal Teeschiffe angelegt hatten, glitten plötzlich Boote über das Wasser und legten an den Schiffen an. Als Indianer verkleidete Siedler enterten die Schiffe. Sie sperrten die Wachen ein, brachen die Laderäume auf, holten mehr als 300 Teekisten hervor und warfen diese über Bord. Dann verschwanden sie wieder. Ganz Boston lachte über diesen kühnen Streich, der als „Tea Party" (Bostoner Teesturm) bezeichnet wurde.

Der englische König war über die offene Auflehnung empört und verhängte Strafmaßnahmen. Kriegsschiffe besetzten den Bostoner Hafen und die Selbstverwaltung der Kolonien wurde aufgehoben. Die Bürger sollten die Schuldigen ausliefern und Schadenersatz leisten. Die abtrünnigen Untertanen waren dazu jedoch nicht bereit. Bei Zusammenstößen mit den englischen Truppen gab es Tote und Verwundete.

M1 *Bostoner Tea Party, 1773. Zeitgenössische Darstellung.*

M2 *Treffen der 13 Kolonien. Dem Präsidenten des Generalkongresses John Hacock (4) wurde von Thomas Jefferson (2), Benjamin Franklin (3) und John Adams (1) der Entwurf der Unabhängigkeitsurkunde überreicht. Gemälde von John Trumbull, 1787.*

Q1 *Die Unabhängigkeitserklärung (Auszug):*

Wir, die Vertreter der Vereinigten Staaten von Amerika, ... geben feierlich bekannt und erklären,

- dass diese Vereinigten Kolonien sind und von Rechts wegen frei sein sollen und unabhängige Staaten,
- dass sie von jeder Untertanenpflicht gegen die britische Krone befreit sind und
- dass sie als freie und unabhängige Staaten die volle Macht besitzen: Kriege zu führen, Frieden zu schließen, Bündnisse einzugehen, Handelsbeziehungen anzuknüpfen und
- alle ... Handlungen und Dinge vorzunehmen, die unabhängige Staaten von Rechts wegen tun dürfen.

Nach: Geschichte in Quellen, Bd. 4, S. 93f.

Die Unabhängigkeitserklärung der englischen Kolonien

Der Bostoner Teesturm und die Londoner Gegenmaßnahmen bildeten das Signal zur offenen Auflehnung der amerikanischen Siedler in Neuengland. Im Januar 1776 wurden 120000 Exemplare einer Flugschrift verkauft, die offen verkündete: „England gehört zu Europa, Amerika jedoch zu sich selbst.“ Es begann ein Kampf um die Unabhängigkeit vom englischen Mutterland.

Auf mehreren Versammlungen und Kongressen kamen Vertreter der 13 Kolonien zusammen und beauftragten den Rechtsanwalt Thomas Jefferson, einen Abgeordneten der ältesten Kolonie Virginia, eine Unabhängigkeitserklärung auszuarbeiten. Darin klagten sie: „Die Regierungszeit des jetzigen Königs von Großbritannien ist von unentwegtem Unrecht und ständigen Übergriffen gekennzeichnet, die auf die Errichtung einer absoluten Tyrannei über diese Staaten abzielten. Er hat seine Zustimmung zu Gesetzen verweigert, die für das Wohl aller äußerst nützlich und notwendig sind ... Er hat seine Zustimmung dazu gegeben, unseren Handel mit allen Teilen der Welt zu unterbinden und uns ohne unsere Einwilligung Steuern aufzuerlegen.“

Die Erklärung wurde am 4. Juli 1776 angenommen und dem englischen König Georg III. übersandt. Eine kriegerische Auseinandersetzung zwischen den Kolonien und dem Mutterland wurde somit unvermeidbar.

Arbeitsaufträge

1. Schildere, wie es zur Bostoner Tea Party kam.
2. Nenne die Ergebnisse und Folgen der Bostoner Tea Party.
3. Fasse den Inhalt der Unabhängigkeitserklärung zusammen.
4. Bewerte diese Erklärung.
5. Beschreibe die Darstellung des Ereignisses in M2.

Die Vereinigten Staaten von Amerika

Unabhängigkeitskrieg und Verfassung

M1 *„Join or Die". Holzschnitt von Benjamin Franklin, 1754.*

Bereits seit 1775 kämpfte die schlecht ausgerüstete Amerikanische Kontinentalarmee unter Führung von George Washington gegen eine Übermacht englischer Truppen, die die Vorherrschaft Englands verteidigen wollten. Erst die Unterstützung durch Franzosen, Spanier und Niederländer ermöglichte es den amerikanischen Truppen, das englische Heer 1781 zur Kapitulation zu zwingen. 1783 wurde ein Friedensvertrag unterzeichnet und der englische König erkannte seine ehemaligen Kolonien als unabhängige Staaten an.

„Join or Die" – Vereinigen oder sterben

Schon 1754 hatte Benjamin Franklin mit seinem Holzschnitt „Join or Die" die Einheit der 13 Kolonien eingefordert. Gleich nach der Unterzeichnung der Unabhängigkeitserklärung schlossen sich die ehemaligen englischen Kolonien 1777 zu einem losen Bund aus 13 Staaten zusammen.

M2 *„We are one." Erste Münze der Vereinigten Staaten von Amerika.*

Gewaltenteilung und Menschenrechte

Ein Jahr später erarbeiteten 55 Abgeordnete eine gemeinsame Verfassung für die 13 Vereinten Staaten. Die Verfassung legte den Aufbau des neuen Staates sowie die Rechte und Pflichten der einzelnen Bundesstaaten fest. Um den Machtmissbrauch durch einen einzelnen Herrscher zu verhindern, teilten die Abgeordneten die Herrschaftsgewalt in die gesetzgebende Gewalt, die ausführende Gewalt und die richterliche Gewalt auf. Zusätzlich bauten sie Möglichkeiten der gegenseitigen Kontrolle der einzelnen Staatsorgane ein („checks and balances").

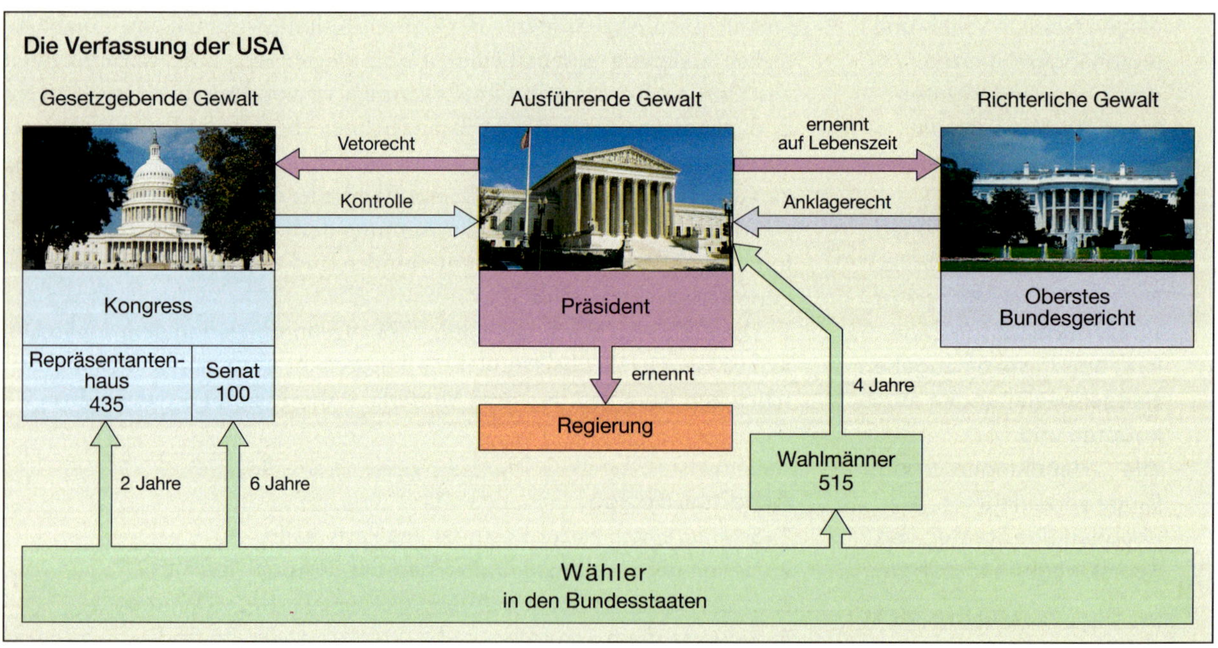

M3 *Die Verfassung der USA.*

Das Parlament, welches aus Kongress und Repräsentantenhaus bestand, hatte als gesetzgebende Gewalt das Recht, Gesetze zu erlassen.

Der für vier Jahre gewählte Präsident musste als Leiter der Regierung dafür sorgen, dass die vom Parlament beschlossenen Gesetze ausgeführt werden. Er übte die ausführende Gewalt aus.

Um sicherzustellen, dass jeder Bürger, auch der Präsident oder die Abgeordneten und Minister, die Gesetze einhielt, wurde der Oberste Gerichtshof als höchste richterliche Gewalt ernannt.

In die Verfassung übernahmen die *Gründerväter* auch die Menschenrechte, die bereits in der „Virginia Bill of Rights" niedergeschrieben worden waren. Für Frauen, Indianer und Sklaven galten die Menschenrechte der Verfassung allerdings nicht. Bei Inkrafttreten der Verfassung waren nur weiße Männer mit Eigentum wahlberechtigt. Seit 1830 durften auch weiße Männer ohne Besitz wählen. Ehemalige Sklaven erhielten 1870, Frauen 1920 das Wahlrecht. Indianer erhielten erst 1924 die Staatsbürgerrechte der *USA*.

i

Gründerväter: Bezeichnung für die Abgeordneten, die an der Erarbeitung der Verfassung beteiligt waren.
USA: Die Vereinigten Staaten von Amerika heißen auf Englisch United States of America. Von der englischen Bezeichnung wird die Abkürzung USA abgeleitet.

M4 *Die amerikanische Nationalflagge von 1777 enthielt 13 Streifen und 13 im Kreis angeordnete Sterne. Jeder Stern stand für eine Kolonie.*
Die Farben Rot, Weiß und Blau haben ihren Ursprung im „Union Jack", der Flagge des englischen Mutterlandes.
Im Sternenbanner ist jede Farbe ein Symbol: Weiß steht für Reinheit und Unschuld, Rot für Tapferkeit und Widerstandsfähigkeit, Blau für Wachsamkeit, Beharrlichkeit und Gerechtigkeit.

Q1 *Der erste Zusatz zur Verfassung bezieht sich auf die Virginia Bill of Rights:*

I. Zusatzartikel:
Der Kongress darf kein Gesetz erlassen, das die Einführung einer Staatsreligion zum Gegenstand hat, die freie Religionsausübung verbietet, die Rede- oder Pressefreiheit oder das Recht des Volkes einschränkt, sich friedlich zu versammeln und die Regierung durch Petition um Abstellung von Missständen zu ersuchen.
II. Zusatzartikel:
Da eine gut ausgebildete Miliz für die Sicherheit eines freien Staates erforderlich ist, darf das Recht des Volkes, Waffen zu besitzen und zu tragen, nicht beeinträchtigt werden …
IV. Zusatzartikel
Das Recht des Volkes auf Sicherheit der Person und der Wohnung, der Urkunden und des Eigentums, vor willkürlicher Durchsuchung, Verhaftung und Beschlagnahme darf nicht verletzt werden, und Haussuchungs- und Haftbefehle dürfen nur bei Vorliegen eines eidlich oder eidesstattlich erhärteten Rechtsgrundes ausgestellt werden und müssen die zu durchsuchende Örtlichkeit und die in Gewahrsam zu nehmenden Personen oder Gegenstände genau bezeichnen …

Arbeitsaufträge

1. Beschreibe das Bild M1 und erkläre, welche Bedeutung die Abkürzungen über der Schlange hatten.
2. Vergleiche die Aussage des Bildes M1 mit der aus M2.
3. Diskutiert die Vor- und Nachteile eines Bundesstaates im Vergleich zu einem losen Staatenbündnis.
4. Erkläre die Gewaltenteilung in der Verfassung der USA.
5. Nenne die bis heute gültigen Bürger- und Menschenrechte aus Q1.
6. Informiere dich, wie viele Sterne heute auf der amerikanischen Flagge zu sehen sind. Wann ist der letzte Bundesstaat zur Union hinzugekommen?

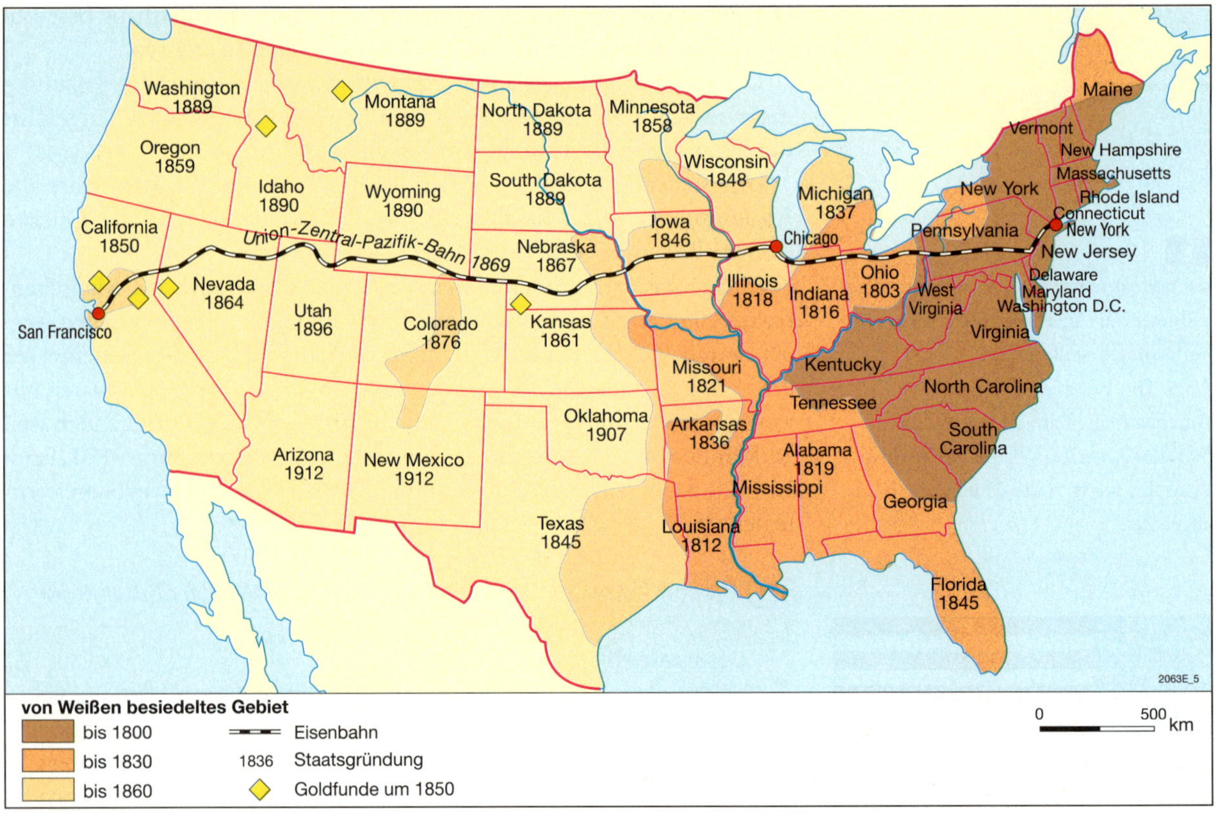

M1 *Die territoriale Ausbreitung der USA.*

Die Ausdehnung der Vereinigten Staaten

Mit der Unabhängigkeit der Kolonien konnte England das erlassene Siedlungsverbot im amerikanischen Westen nicht aufrechterhalten. 1783 trat es das Gebiet von der Westgrenze seiner ehemaligen Kolonien bis zum Mississippi an die Vereinigten Staaten ab. 20 Jahre später, 1803, kaufte Thomas Jefferson als Präsident der Vereinigten Staaten für 15 Millionen Dollar die französische Kolonie Louisiana. Um den „Landhunger" der Einwanderer zu stillen, waren aber weitere Gebietserwerbungen notwendig.

Q1 *Der amerikanische Außenminister Quincy Adams schrieb 1819:*

Die Welt muss sich mit dem Gedanken vertraut machen, dass der uns angemessene Herrschaftsbereich der nordamerikanische Kontinent ist. Seit unserer Unabhängigkeit ist dieser Anspruch ebenso naturgesetzlich begründet wie die Tatsache, dass der Mississippi ins Meer fließt … Wir wollen dies nicht aus expansionistischer Gesinnung oder aus Ehrgeiz erzwingen. Aber es scheint absurd, dass territoriale Bruchstücke, die sich 1 500 Meilen entfernt auf der anderen Seite des Ozeans befinden, wertlos und lästig sind, auf Dauer neben einer großen, mächtigen, wagemutigen und schnell wachsenden Nation bestehen können.

Nach: Keil, H.: Die Vereinigten Staaten von Amerika zwischen kontinentaler Expansion und Imperialismus, S. 70.

M2 *Eisenbahnbau. Foto um 1860.*

i

Am 10. Mai 1869 wurde die erste transkontinentale Eisenbahnverbindung von der Ost- zur Westküste eröffnet. Die Strecke von New York nach San Francisco hatte eine Länge von 5 319 Kilometern.

Auf nach Westen

Die Besiedlung des amerikanischen Westens war beschwerlich und gefährlich. Jäger und Trapper waren die ersten, die in die von Indianern bewohnten Gebiete vordrangen. Farmer, die auf eigenes Land hofften, folgten ihnen in langen Trecks mit Planwagen. Sie nahmen die Wildnis in Besitz, rodeten Wälder, machten es urbar und waren gezwungen, sich selbst mit allen lebensnotwendigen Dingen zu versorgen. In der Wildnis erbaute Stützpunkte der Armee, sogenannte Forts, sollten die Siedler vor Angriffen der Indianer schützen. Als letzte Gruppe machten sich Handwerker, Bankiers, Kaufleute und Ärzte auf den Weg, die sich erst dann niederließen, wenn aus den Siedlungen kleine Städte entstanden waren.

Die Ausweitung der Siedlungsgebiete nach Osten bedeutete für die Indianer die Verdrängung aus ihren traditionellen Gebieten. Mit Gewalt, List und Lügen wurden die Ureinwohner immer weiter aus ihrem natürlichen Lebensraum verdrängt. Die Siedler betrachteten sie als „Wilde“, die das wertvolle Land nicht bewirtschafteten.

Der Bau der *Eisenbahn* erleichterte die Ausdehnung des Siedlungsraumes. Gleichzeitig zerstörten die Bahntrassen die Jagdgebiete der Indianer und nahmen ihnen damit eine weitere Existenzgrundlage.

M3 *Treck nach Westen. Einwanderer überqueren die Plains. Kolorierter Druck von Francis F. Palmer, 1866.*

Arbeitsaufträge

1. Beschreibe anhand der Karte M1 die Ausdehnung des Gebiets der USA. Nenne die natürlichen Grenzen der Siedlungsetappen.
2. Erläutere, wie der amerikanische Außenminister in Q1 die Ausdehnung der Vereinigten Staaten begründete und nimm Stellung dazu.
3. Erkläre, warum die westlichen Siedlungsgebiete als „Wilder Westen“ bekannt wurden.
4. Beschreibe die Darstellung des Trecks in M3 und vergleiche sie mit den historischen Begebenheiten.
5. Erkläre die Bedeutung der Eisenbahn für Siedler und Indianer.
6. Beschreibe und bewerte das Verhalten der Siedler gegenüber den Ureinwohnern.

Von Europa nach Amerika

Das „Land der unbegrenzten Möglichkeiten"

Die Vereinigten Staaten lockten viele Europäer mit dem Versprechen von persönlicher Freiheit, Land und Arbeit. Zwischen 1830 und 1910 wanderten etwa 25,5 Millionen Europäer nach Amerika aus. Oft verkauften sie ihren letzten Besitz, um sich die wochenlange Überfahrt auf Segelschiffen oder den wenigen dampfgetriebenen Seglern leisten zu können. Reichte das Geld nicht für die Familie, wanderte oft nur der Mann aus und hoffte, Frau und Kinder bald nachholen zu können.

Nach der Niederschlagung der Revolution von 1848/49 in Deutschland mussten viele Menschen mit demokratischen Ideen, die sogenannten Forty-Eighters, fliehen. Sie wanderten häufig nach Amerika aus. In den Vereinigten Staaten sahen sie ihre Ideale verwirklicht, sodass viele Flüchtlinge in dem Land blieben und Amerikaner wurden.

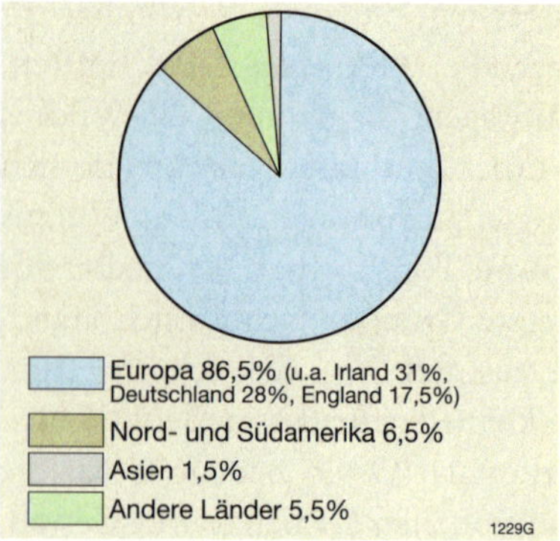

M1 *Die Herkunftsländer der Auswanderer.*

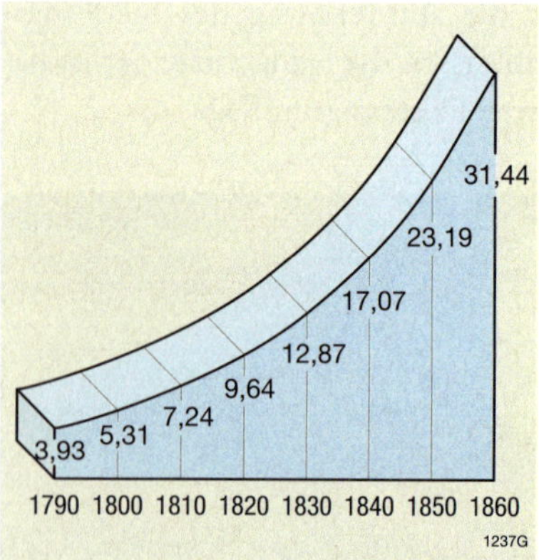

M2 *Die Entwicklung der Einwohnerzahlen der USA.*

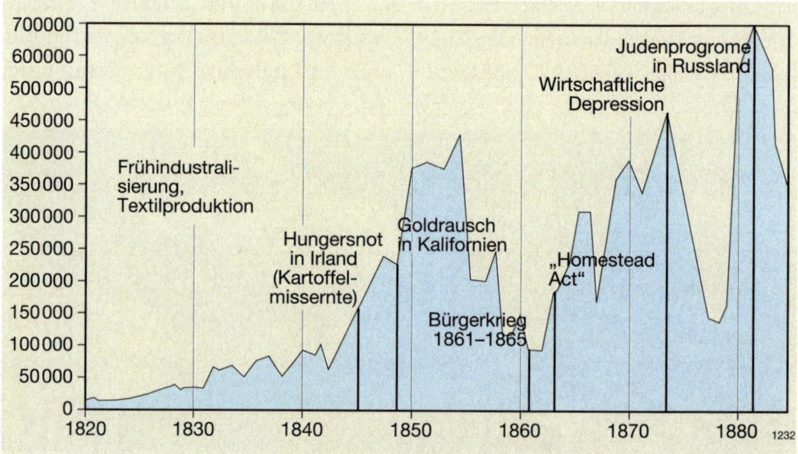

M3 *Einwanderungen in die USA zwischen 1820 und 1880.*

Unter den Einwanderern waren neben Bauern und Handwerkern auch Abenteurer, die als Jäger oder Trapper ihr Glück in der Wildnis suchten. Goldfunde in den neu besiedelten Gebieten lösten einen wahren Goldrausch aus und lockten zusätzlich Tausende Einwanderer nach Amerika.

M4 *Goldgräber in Kalifornien.*

i

Bürgerkrieg: 1861 – 1865 kämpften die Nordstaaten gegen die Südstaaten, die sich von den Vereinigten Staaten abspalten wollten. Ein Streitpunkt war die Abschaffung der besonders in den Südstaaten verbreiteten Sklaverei. 1865 setzten sich die Nordstaaten durch. Die Vereinigten Staaten blieben erhalten und die Sklaverei wurde abgeschafft.

Homestead Act: Um trotz des Bürgerkrieges Siedler in das Land zu holen, konnte sich nach diesem Gesetz von 1862 jeder amerikanische Bürger 65 Morgen ungenutztes Land aneignen.

Q1 *Der Deutsche Theodor Griesinger wanderte nach der Revolution von 1848/49 nach Amerika aus. Er berichtet über das Leben im deutschen Viertel von New York:*

... Wahrhaftig, das Deutschländle verdient seinen Namen, denn es sind zum mindesten 15000 deutsche Familien hier auf einem und demselben Fleck eingebürgert und sesshaft! 15 000 Familien – das macht nicht weniger als 70000 bis 75000 Köpfe! ... New York beherbergt im Ganzen etwa 120000 Deutsche, d.h. eingewanderte Deutsche ... und von diesen ... wohnen gerade zwei Drittel in Kleindeutschland. Man trifft also hier Landsleute aus aller Herren Länder und darf mit Recht behaupten, dass kein einziges deutsches „engeres" Vaterland oder Vaterländchen unvergessen wäre ...
Es war natürlich kein „Muss", dass sich die Deutschen dieses Viertel auslasen. Sie wurden weder von den Stadtbehörden dazu angehalten, noch gab es irgendeine andere dringende Veranlassung ... Das Ding machte sich vielmehr ganz von selbst. Die Gegend des Deutschländles liegt nämlich nicht allzu weit entfernt von der unteren Stadt, in welcher das ganze Geschäft New Yorks konzentriert ist, und – die meisten, ja fast alle Bewohner Kleindeutschlands sind ja Arbeiter, welche entweder in den Shops oder Werkstätten der unteren Stadt beschäftigt sind oder auch die zu Hause fertig gemachte Ware in die dort befindlichen Läden abzuliefern haben. So ist diese Gegend für die Deutschen „die gelegenste" ... Deutsche wohnen ja gerne bei Deutschen! Hier verstehen sie doch einander; hier können sie ihre Muttersprache sprechen und auf althergebrachte Weise leben, ohne ausgelacht zu werden; warum sollten sie sich also nicht zusammentun? ...
Als daher die ersten paar Hundert Familien sich in Kleindeutschland aneinander geschart hatten, fingen die Irländer ... an, den Platz zu räumen, und die Amerikaner folgten ihnen nach, weil sie sich „genierten" oder vielmehr „schämten", unter Eingewanderten ihren Wohnsitz zu haben ... Es geht aber echt deutsch zu im Deutschländle, so deutsch wie in Deutschland selbst! Der Bäcker ist so gut deutsch wie der Metzger und der Metzger so gut wie der Apotheker. Allerdings sind es lauter „Kleingeschäfte", die allda getrieben werden, allein kein einziges befindet sich in andern Händen als in deutschen. Nicht bloß der Schuhmacher und der Schneider, nicht bloß der Rasierer und der Doktor, nicht bloß der Krämer und der Wirt, nein auch der Pfarrer ist hier deutsch ... Wer also in Kleindeutschland wohnt, braucht keine Silbe englisch zu verstehen und kommt doch fort ...

Nach: Griesinger, Theodor: Land und Leute in Amerika, Bd. 2, S. 547–574.

M5 *Deutsche Ortsnamen in Amerika.*

Arbeitsaufträge

1. Erkläre anhand von M1 bis M3 die Einwanderungswellen nach Amerika im 19. Jahrhundert.
2. Stelle die Gründe für die Auswanderung in einer Tabelle dar und nenne die Herkunftsländer der Auswanderer.
3. Werte die Quelle Q1 aus. Berichte als Reporter über das Leben im „Deutschländle".

METHODE

M1 *„Auswanderer in Bremerhaven". Holzstich nach Johannes Gehrts, 1880.*

Auswandererbriefe als Quelle

Briefe sind sehr persönliche Quellen. Da die Verfasser oft Gefühle und Erlebnisse beschreiben, ermöglichen Briefe den Einblick in die Gedanken- und Lebenswelt der Schreiber.

Tausende Deutsche zogen im 19. Jahrhundert nach Amerika, um hier Arbeit zu finden. In Briefen an die Daheimgebliebenen berichteten sie, wie es ihnen in der Fremde erging. Diese Quellen informieren über die Alltagsgeschichte der Auswanderer und des Einwanderungslandes.

i

Robert Prang wurde 1857 in Nikolaiken/Ostpreußen geboren und wohnte später u. a. in Berlin. Er besuchte das Gymnasium. 1887 wanderte er nach Chicago aus. Für ihn war es ein großes Problem, Arbeit zu finden. Nach vier Briefen im Jahr 1887 kamen von ihm in der alten Heimat keine Lebenszeichen mehr an.

Q1 *Robert Prang schrieb am 10. April 1887 an seinen Bruder:*

… Da machte ich vor 10 Tagen die Bekanntschaft eines deutschen Farmers … Bei ihm bin ich jetzt und habe es ganz gut getroffen. Er ist ziemlich wohlhabend und ebenso wie seine Frau sehr freundlich. Ich muss ihm in der Wirtschaft behilflich sein und lehre seine 8 Jahre alte Tochter lesen, schreiben und rechnen … Von 5 Uhr morgens bis 7 Uhr abends muss ich ununterbrochen arbeiten. … Ob ich hier außer der freien Beköstigung … und der freien Logis … noch etwas verdiene, weiß ich nicht; der Farmer hat es bereits mehrfach zu mir geäußert, dass er geglaubt, ich verstände mehr von landwirtschaftlichen … Angelegenheiten. Jedenfalls kann ich hier bleiben und darf nicht befürchten, die Stellung zu verlieren. Nach dem, was ich hier in Amerika gesehen, und erfahren, ist es gewiss nicht schwer, sich hier in einigen Jahren mit gutem Willen eine Existenz zu gründen; es ist hier noch viel Geld zu verdienen, wenn ich kann, d. h. wenn mich der Farmer behält, will ich den ganzen Sommer bis zum Spätherbst hier bleiben , da mir die landwirtschaftlichen Kenntnisse, die ich hier sammle, gewiss später zu Statten kommen werden, wenn ich selbst Geschäfte treiben will …

www.auswandererbriefe.de

Q2 Philipp Lepine aus Gartz (Brandenburg) wurde 1856 geboren, war Eisenbahner und wanderte 1884 nach Amerika aus. Am 2. Februar 1890 schrieb er an seinen Bruder:

... Nun lieber Bruder, Du schreibst in Deinem Brief, das Du des Abends sehr müde bist, das habe ich alles erlebt im Eisenbahn Dinst 9 Jahre, ich sehne mich nicht wieder zurück, und dann, wenn der Monat um war gab es 18 Thaler und wenn ich viele Nachtstunden dazu hatte, wurden es 20; Hier ist das anders, wir bekommen hier in unserer Fabrik auch Monatlich ich bekomme im Monat Januar 40 Dollar 50 Cent (gleich 164 Mark) was sagst Du dazu? 27 Arbeitstage. Also hier wird bezahlt was einer arbeitet, wenn ich noch so jung wäre wie Du, dann wollte ich wohl mehr verdienen, ich werde 45 Jahre aber müde werde ich gar nicht ...

www.auswandererbriefe.de

Q3 Der Farmer Michael Probstfeld kam aus der Gegend um Koblenz und ließ sich in Moorhead/Minnesota nieder. Am 20. Januar 1894 schrieb er seinem Neffen:

Die finanziellen Umstände hier sind jetzt schlechter wie sie je der älteste Mann am Leben gesehen hat ... Die Arbeitslosigkeit, Elend und Hunger sind groß, und wenn das nicht ein Beweis von verkehrtem Finanzsystem ist – Fruchtkammer, Fleischhäuser, Kleider, Waarenlager voll zum verbersten – und Tausende von Leuten – brodlos, spärlich mit Lumpen bedeckt und – arbeitslos. Die Furcht in den Städten ist so groß daß die Leute wetteifern die Hungrigen mit Suppe zu speisen ...

Der Bauer verschwindet von der Bühne des Lebens am geräuschlosesten; da sind keine Bankerottsprozesse, kein abfertigen mit 25, 30 oder 50 Prozent mit den Gläubigern. Alles ist Hypotheke und er wird ausgelöscht wie man ein Licht ausbläset, dann fällt derselbe ebenso geräuschlos mit seiner Familie in eine große Stadt, um die Armee der Proletarier zu vermehren ... Es ist jammervoll!

Helbich, W. u. a. (Hrsg.): Briefe aus Amerika, Deutsche Auswanderer schreiben aus der Neuen Welt 1830–1930. München 1988, S. 241 f.

Arbeitsaufträge

1. Analysiere die Quellen Q1–Q3 nach folgenden Schritten:
   a) „Übersetze" die Briefe in unsere heutige Sprache und ggf. in die aktuelle Rechtschreibung.
   b) Kläre unbekannte Begriffe.
   c) Ordne den Brief zeitlich in die Geschichte der Vereinigten Staaten ein.
   d) Fasse den Inhalt des Briefes zusammen.
   e) Überprüfe, ob sich die Hoffnungen der Einwanderer erfüllt haben.
   f) Schätze den Wahrheitsgehalt der Briefe ein.
2. Wähle einen Brief aus und beantworte diesen.

PROJEKT

Typisch amerikanisch!?

Melting pot oder Multikulti

Es gab und gibt verschiedene Gründe für Menschen, nach Amerika auszuwandern. Ihre Ziele, die Suche nach Erfolg, Wohlstand und Glück, waren fast immer die gleichen und ließen in den Anfangsjahren der Vereinigten Staaten aus Menschen verschiedener Länder eine Nation werden.

Trotzdem behielten viele Menschen ihre Traditionen bei und prägten damit das Leben in Amerika. Ortsnamen, Worte des täglichen Sprachgebrauchs, Nationalitätenrestaurants und vieles mehr führen in amerikanischen Großstädten zu einer bunten kulturellen Vielfalt. Der Gelehrte Thomas Paine, der nach Amerika auswanderte und dort für die Unabhängigkeit der Kolonien kämpfte, sagte bereits 1776: „Europa und nicht England ist das Mutterland Amerikas“.

i

Melting pot: Schmelztiegel. Menschen aus verschiedenen Herkunftsländern schmelzen zu einer Nation zusammen.

Arbeitsaufträge

1. Tragt als Klasse im Brainstorming zusammen, aus welchen Ländern der Erde bis heute Einwanderer in die USA gekommen sind. Veranschaulicht das Ergebnis auf einer Weltkarte.
2. Arbeitet in Gruppen weiter. Jede Gruppe wählt ein Auswanderungsland aus.
   a) Sammelt Informationen darüber, was aus diesen Ländern zum Alltag der USA gehört. Das kann von einem typischen Gericht über einen Feiertag, eine Sportart oder einen Musikstil bis zur Sprache gehen. Welche Prominente kommen aus Einwanderfamilien? (Leonardo di Caprio hat zum Beispiel eine deutsche Großmutter.)
   b) Präsentiert die Ergebnisse in der Klasse gemeinsam in einer von euch gewählten Form (Karneval der Nationen, Modenschau, „typisch amerikanisches“ Festmahl …).
3. Gestaltet ein Streitgespräch zum Thema „USA – Melting pot oder Multikulti?“.

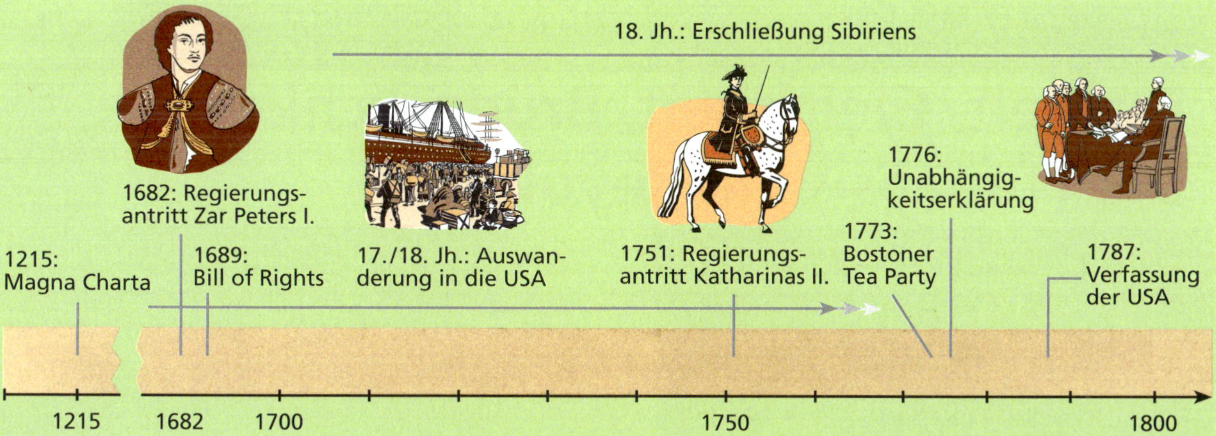

IN KÜRZE

Wichtige Begriffe:

Zar
Sibirien
Konstitutionelle Monarchie
Parlament
Bill of Rights
Bostoner Tea Party
Unabhängigkeitserklärung
Unabhängigkeitskrieg
Verfassung
Gewaltenteilung

Jahrhunderte lang lag Russland hinter der Entwicklung in Westeuropa zurück. Unter *Zar* Peter I. nahm es einen wirtschaftlichen Aufschwung. Das Zarenreich wurde eine europäische Großmacht. Katharina II. setzte diese Entwicklung fort. Mit der Erschließung *Sibiriens* entstanden die Bedingungen für die spätere Weltmachtstellung Russlands.

Die Bürger von England erreichten 1688/1689 das Ende des Absolutismus. Durch die Festschreibung der *„Bill of Rights"* wurde der König vom Parlament abhängig und es entstand eine *konstitutionelle Monarchie*. Im 17. Jahrhundert entwickelte sich England zu einer Kolonialmacht.

Die Siedler in Nordamerika wehrten sich gegen die Unterdrückung durch das Mutterland England und erklärten am 4. Juli 1776 die *Unabhängigkeit* von der englischen Krone.

Im Unabhängigkeitskrieg von 1776–1783 erkämpften die Vereinigten Staaten von Amerika ihre Selbstständigkeit. In ihrer Verfassung verwirklichten sie die *Gewaltenteilung*. Die ausführende Gewalt erhielt für vier Jahre der gewählte *Präsident*. Die gesetzgebende Gewalt bekam der *Kongress*. Die höchste richterliche Gewalt übte der Oberste Gerichtshof aus.

Millionen von Einwanderern aus ganz Europa besiedelten ab 1820 Amerika. Sie verließen Europa aus wirtschaftlichen, religiösen oder politischen Gründen und wollten in den Kolonien ihren Traum von einem besseren Leben verwirklichen.

Freiheit, Gleichheit, Brüderlichkeit – Die Französische Revolution

Die Erstürmung der Bastille am 14. Juli 1789. Gemälde eines unbekannten Künstlers.

M1 *Ludwig XVI. (1774–1792), Porträtgemälde von J.-S. Duplessis, 1770.*

Die Französische Revolution

Die Lage in Frankreich

Staatsverschuldung und Wirtschaftskrise

Frankreich war im 18. Jahrhundert eines der wohlhabendsten Länder Europas. Seit 1770 aber erlebte das Land eine Wirtschaftskrise, unter der die Menschen in den Städten und auf dem Land litten. Aufgrund einer starken Bevölkerungszunahme und gleichzeitiger Missernten kam es zu Versorgungsengpässen. Diese führten zur Verteuerung der Lebensmittel und zu Hungerunruhen. Viele Menschen verloren ihre Arbeit und zogen als Bettler durch das Land.

Als König Ludwig XVI. im Jahre 1774 den Thron bestieg, übernahm er ein stark verschuldetes Land. Bedingt durch die Wirtschaftskrise konnte Ludwig nur über geringe Steuereinnahmen verfügen. Darüber hinaus hatten seine Vorgänger die Staatseinnahmen aufgebraucht, denn die Kosten für die königliche Armee und die Hofhaltung verschlangen ungeheuere Summen. Die Menschen, die gehofft hatten, unter Ludwig XVI. könnten sich die Verhältnisse ändern, wurden enttäuscht. Auch Ludwig XVI. ging lieber zur Jagd und gab das Geld weiter mit vollen Händen aus, anstatt die Staatsverschuldung zu stoppen.

Einnahmen:	503 Mio. Livres (französische Pfund)
Ausgaben:	629 Mio. Livres

Die Ausgaben verteilen sich auf folgende Bereiche:

Schuldendienst	318 Mio. Livres
Militär	165 Mio. Livres
Hof und Privilegierte	36 Mio. Livres
Wirtschaft	25 Mio. Livres
Öffentliche Bildung und Armenfürsorge	12 Mio. Livres
Weitere Ausgaben (Verwaltung, Straßen …)	73 Mio. Livres

Nach: Soboul, A.: Die große Französische Revolution, S. 75.

M2 *Der Staatshaushalt Ludwigs XVI. 1788.*

i

Philosoph: Mensch, der über das Zusammenleben der Menschen in der Gesellschaft nachdenkt.

Der Ruf nach Reformen wird laut

Vor allem *Philosophen*, Gelehrte, Rechtsanwälte und Schriftsteller begannen, über das Zusammenleben der Menschen nachzudenken. Sie fragten sich: Was ist eigentlich der Staat? Worauf beruhen die Herrschaft und die Macht des Adels?

Bei der Suche nach Antworten kamen sie zu der Überzeugung, dass alle Menschen frei und gleich geschaffen seien. Ihrer Ansicht nach mussten für alle Menschen gleiche „natürliche" Rechte gelten: die Menschenrechte. Der Staat war in ihren Augen lediglich ein Mittel, das Zusammenleben der Menschen zu regeln. Damit nicht ein Einzelner die anderen bevormunden und ausnutzen konnte, sollten die „Gewalten" geteilt werden.

Immer mehr Flugblätter griffen diese Gedanken auf und verbreiteten sie in der Bevölkerung.

Vertreter des ersten und zweiten Standes:
600 000 Menschen
Vertreter des dritten Standes:
24 Millionen Menschen
Einwohner in Paris:
500 000 Menschen

M3 *Die französische Bevölkerung um 1780.*

i

Direkte und indirekte Steuern: Direkte Steuern müssen als Abgaben direkt an den Staat gezahlt werden. Indirekte Steuern werden z. B. auf die Preise von Lebensmitteln o. Ä. aufgeschlagen und beim Kauf dieser Waren gezahlt.

Die Ständegesellschaft

Die Bevölkerung Frankreichs gliederte sich im 18. Jahrhundert in drei Stände: die *Geistlichkeit* bildete den ersten, der *Adel* den zweiten und Bürger sowie Bauern den *dritten Stand.* Der erste und zweite Stand wurden bei der Vergabe von Ämtern am Hofe, in der Armee, Verwaltung oder Kirche bevorzugt. Einkünfte aus ihrem Grundbesitz und aus den Diensten in Staat und Kirche waren ihre Einnahmequellen. Die ersten beiden Stände profitierten außerdem von vielen Vorrechten: Sie zahlten zum Beispiel keine *direkten Steuern* und besaßen das alleinige Jagd- und Fischereirecht. Auf dem dritten Stand lagen fast ausschließlich die Lasten der Abgaben und Dienste für die ersten zwei Stände.

Alle drei Stände gliederten sich allerdings in höchst unterschiedliche Gruppen auf. Sie reichten bei der Geistlichkeit vom adligen Erzbischof bis zum Landpfarrer, der aus dem Bauern- oder Kleinbürgertum stammte. Zum Adel zählten die reichen Höflinge in Versailles ebenso wie die verarmten Landadligen. Die Mitglieder des dritten Standes reichten vom Staatsbeamten oder Großkaufmann über Handwerker und selbstständige Bauern bis hin zu den Manufakturarbeitern in den Städten oder den Gutsarbeitern auf dem Land. Vor allem reiche Kaufleute, Rechtsanwälte oder Bankiers übertrafen den Adel an Reichtum und Besitz. Diese Gruppen fühlten sich eher zum Adel als zu ihrem rechtlichen Stand hingezogen.

Die Bauern bildeten den größten Anteil des dritten Standes. Sie waren zwar persönlich frei, leisteten neben den Abgaben und Diensten aber noch den Kirchenzehnt und *indirekte Steuern.* Oftmals reichten die Erträge ihres Land deshalb nicht aus, um die Familie zu ernähren.

Q1 *Brief zur Lage in den Provinzen:*

Alle diese Abgaben sind so seltsam, dass ich solche vom vierten bis zum vierzigsten Teil der Ernte kenne. Was soll man zu all den Abgaben sagen, die in Gestalt von Korn, Hülsenfrüchten, Geld, Geflügel, ... Früchten, Kerzen entrichtet werden? ... Es gibt noch eine zahllose Menge anderer herrschaftlicher Rechte. Warum hat man Frankreich nicht von all diesen übertriebenen Abgaben befreit? ...

Nach: Alexis de Tocqueville: Der alte Staat und die Revolution, S. 229–231.

Wachsende Armut in den Städten

Im 18. Jahrhundert lebten bereits 15 % aller Franzosen in einer Stadt. Wie in Paris gab es auch in Lyon, Marseille oder Bordeaux Viertel, in denen die Arbeiter in kleinen Wohnungen ohne Toiletten und Kochstellen hausten. Die Schar der Armen wurde durch die Landflüchtlinge noch vergrößert, die glaubten, in den Städten Arbeit zu finden.

Arbeitsvorschläge

1. Beschreibe die Lage in Frankreich um 1774.
2. Vergleiche die Staatseinnahmen und -ausgaben in M2 sowie die Verteilung der Ausgaben. Was fällt dir auf?
3. Nenne die Rechte und Pflichten des dritten Standes.
4. Bewerte die unterschiedliche Verteilung der Rechte und Pflichten.
5. Diskutiert mögliche Folgen der Lage in Frankreich.

METHODE

Eine Karikatur interpretieren

Karikaturen gestern und heute

Karikaturen begegnen dir nicht nur im Geschichtsunterricht oder in anderen Schulfächern, sondern auch im Alltag. Das kann beim Lesen der Tageszeitung sein, in Zeitschriften, im Internet oder auf Plakaten. Karikaturen stellen politische Ereignisse oder Personen einer Zeit übertrieben dar. Sie kritisieren zum Beispiel politische Entscheidungen, zeigen gesellschaftliche Probleme auf oder machen sich über die dafür verantwortlichen Personen lustig.

Trotz der überspitzten Darstellung stecken in Karikaturen immer viele Informationen über die jeweilige Zeit – und meist viel Wahrheit. Diese Doppelseite gibt dir Tipps, wie sich Karikaturen allgemein erschließen lassen.

M1 *Karikatur aus dem Jahre 1789. Die Bildunterschrift lautet: „Man muss hoffen, dass dies Spiel bald ein Ende hat.“*
Weitere Inschriften: In der Hacke steht: „Von Tränen getränkt“, im Degen: „Gerötet von Blut“ und auf dem Papier, das aus der Hose der untersten Person heraushängt, werden „Salzsteuer, Tabaksteuer, Grundsteuer, Kirchenzehnt, Fron- und Militärdienst“ genannt.

i

Karikaturist: Zeichner einer Karikatur.

Schritte für die Erschließung einer Karikatur

1. Wie wurde die Karikatur benannt?
2. Wer war der Zeichner/*Karikaturist*?
3. Aus welcher Zeit stammt die Karikatur?
4. Was genau ist auf der Karikatur abgebildet?
5. Welche Zeichen oder Symbole werden verwendet? Wofür könnten sie stehen?
6. Was stellte der Zeichner übertrieben dar?
7. Welches Ereignis oder welche Person stellt die Karikatur dar?
8. Zu welchem Zweck zeichnete der Karikaturist diese Karikatur? Was wollte er aussagen?

Und so könnte eine Lösung aussehen

1. Unter der Abbildung heißt es: „Man muss hoffen, dass dies Spiel bald ein Ende hat."
2. Der Name des Karikaturisten ist unbekannt. Vielleicht wollte er sich vor einer möglichen Verfolgung schützen.
3. Die Karikatur entstand im Jahre 1789, also in dem Jahr, in dem die Französische Revolution ausbrach.
4. Die Karikatur zeigt einen alten Bauern, der sich auf seine Hacke stützt. Auf seinem Rücken sitzen ein Geistlicher und ein Adliger, die sich von ihm tragen lassen. Im Hintergrund sind Vögel und Kaninchen zu sehen, die Saatkörner und Feldfrüchte fressen. Auf der Hacke des Bauern steht geschrieben „Mit Tränen getränkt" und auf dem Schwert des Adligen „Gerötet von Blut". Die Zettel, die aus den Hosentaschen des Bauern hängen, verweisen auf Steuern, Dienste und Abgaben, die er leisten muss.
5. Die drei Männer symbolisieren den ersten, zweiten und dritten Stand und sind deutlich an ihrer Kleidung zu identifizieren. Der Adlige ist am Degen und an seiner prachtvollen Kleidung zu erkennen, der Geistliche an dem Kreuz, das er an einer Kette trägt. Die Kleidung des Bauern ist im Gegensatz zu der der anderen beiden Ständevertreter sehr einfach. Die Tiere schädigen die spätere Ernte des Bauern, weil der sie nicht jagen darf. Sie weisen darauf hin, dass die Jagd zur Zeit des Absolutismus ein Privileg des Adels war.
6. Sehr übertrieben ist besonders die Darstellung der drei Personen, denn in der Wirklichkeit ist diese Szene so nicht vorstellbar.
7. Die Karikatur zeigt beispielhafte Vertreter der drei Stände. Sie macht auf die Mühen und Leiden des dritten Standes aufmerksam. Der dritte Stand wird von der Last der Abgaben für den ersten und zweiten Stand erdrückt.
8. Der Karikaturist wollte mit seiner Darstellung zeigen, dass sich der erste und zweite Stand auf der Arbeit, den Steuern, den Diensten und den Abgaben des dritten Standes ausruhen. Der dritte Stand dagegen arbeitet hart und muss die gesamten Steuerlasten des Staates tragen. Der Karikaturist kritisiert die Verhältnisse in der französischen Gesellschaft und ergreift Partei für den dritten Stand.

Die Generalstände werden einberufen

Wahlverfahren für die Generalständeversammlung:
Jeder Stand wählte seine Vertreter.

Erster Stand:	300 Abgeordnete
Zweiter Stand:	300 Abgeordnete
Dritter Stand:	600 Abgeordnete

M1 *Die Generalständeversammlung.*

Das Zusammentreten der Generalstände

Die Kassen des französischen Staates waren leer. Da die Versuche gescheitert waren, vom ersten und zweiten Stand Geldzahlungen zu verlangen, berief der König die *Generalstände* für den 1. Mai 1789 nach Versailles ein. Die Generalstände waren eine Versammlung von Vertretern aller drei Stände. Nur mit ihrer Hilfe konnte der König neue Steuern oder Steuererhöhungen durchsetzen.

Seit 165 Jahren, seitdem die französischen Könige mit absoluter Macht über das Land herrschten, hatte die Vertretung der Stände nicht mehr getagt. Nun, in der finanziellen Notlage, bemühte sich der König um ihre Unterstützung. Ursprünglich war in den Generalständen jeder Stand mit 300 Abgeordneten vertreten. Auf Drängen seines Finanzministers ließ Ludwig XVI. dem dritten Stand 600 Abgeordnete zubilligen. Das Abstimmungsverfahren sollte jedoch gleich bleiben: Jeder Stand sollte eine einzige Stimme abgeben.

Durch die Städte und Dörfer, die Schlösser und Abteien Frankreichs ging eine ungeheure Aufregung, als überall Plakate des Königs zur Wahl der Generalstände aufriefen. Wählen durften allerdings nur die Männer, die ein Amt ausübten oder dem Staat jährlich hohe Steuern zahlten. Mehr als die Hälfte der französischen Bevölkerung blieb so im Frühjahr 1789 von der Wahl der Abgeordneten für die Generalstände ausgeschlossen. Zu den gewählten Vertretern der Stände gehörten Adlige, Geistliche, Schriftsteller, Rechtsanwälte und Gelehrte. Unter den Gewählten gab es keinen einzigen Bauern, Handwerker oder Manufakturarbeiter.

M2 *Die Generalständeversammlung am 5. Mai 1789. Zeichnung von Charles Monnet, 1789.*

Der dritte Stand klagt und fordert

Die Vertreter des dritten Standes setzten große Hoffnungen in die Generalständeversammlung. Endlich konnten sie ihre Wünsche, Beschwerden und Forderungen zur Sprache bringen. In mehr als 40 000 Heften waren diese im Vorfeld während der Wahl der Ständevertreter erfasst worden.

Arbeitsaufträge

1. Erkläre, warum der König die Generalstände einberufen hat.
2. Erkläre das Wahlverfahren zur Generalständeversammlung.
3. Bewerte das Wahlverfahren zur Generalständeversammlung aus der Sicht eines Vertreters des ersten, zweiten oder dritten Standes.
4. Fasse die Sorgen des dritten Standes in einem Beschwerdebrief zusammen. Formuliere darin Forderungen an den König.

Die Zusammenkunft in Versailles

Am 4. Mai 1789 traten die Generalstände zum ersten Mal in Versailles zusammen: die Geistlichen und der Adel in leuchtenden und prächtigen Gewändern, die Abgeordneten des dritten Standes in schlichtem Schwarz. Während der erste und der zweite Stand den Versammlungssaal durch die prächtige Flügeltür betreten durften, wurde der dritte Stand durch eine kleine Seitentür eingelassen. Vor allem die Vertreter des dritten Standes waren mit großen Hoffnungen angereist. Sie glaubten fest, der König wolle ihre Lage verbessern. Um zu zeigen, dass die Zeit der vollkommenen Unterwürfigkeit vorbei war, begrüßten die Bürger den König stehend und behielten ihre Kopfbedeckung auf.

König Ludwig XVI. hielt eine kurze Begrüßungsrede. In seiner Ansprache wies er die Forderungen nach Reformen zurück, tadelte den Geist des Ungehorsams und hob die Bedeutung des Gottesgnadentums hervor. Dann sprach der Finanzminister Necker drei Stunden lang über seinen Haushaltplan, über die Finanzen des Staates. Die Höhe des Staatsdefizites nannte er dabei aber nicht. In den Gesichtern des dritten Standes, der zuerst gespannt zugehört hatte, zeichnete sich immer größere Enttäuschung ab. Weder König Ludwig XVI. noch sein Finanzminister Necker ging auf ihre Forderungen und Wünsche ein. Es fiel kein Wort über einen Anteil der Stände an der Regierung des Landes, kein Wort über Hilfen für das hungernde Volk, ganz zu schweigen von einer gleichmäßigen Verteilung der Rechte und Pflichten auf alle drei Stände.

Den König interessierten lediglich neue Steuergelder, die Vertreter von Adel und Geistlichkeit dagegen die Erhaltung ihrer Vorrechte. Diese Forderung hatten sie Ludwig XVI. in Briefen mitgeteilt. Eine Änderung der politischen Verhältnisse in Frankreich stand offensichtlich nicht auf der Tagesordnung: Anstatt über eine Abschaffung der Vorrechte von Geistlichkeit und Adel nachzudenken, sollte nach Ansicht des Monarchen alles so bleiben wie bisher.

Die Generalstände tagen weiter

Dies ließen sich die Vertreter des dritten Standes nicht gefallen. Die Abgeordneten hatten alle Probleme und Hoffnungen ihres Standes zusammengetragen und wollten diese durchsetzen. Sie forderten, gemeinsam über die Reformen zu beraten, also nicht nach Ständen getrennt und an verschiedenen Orten. Außerdem riefen sie dazu auf, die abgegebenen Stimmen nach Köpfen abzuzählen. Sonst wäre der dritte Stand wohl immer im Verhältnis 2 : 1 überstimmt worden.

Als sich der König und die meisten Vertreter der anderen zwei Stände dagegen verwehrten, schritten die Abgeordneten des dritten Standes zur Tat. Am 17. Juni 1789 erklärten sie: „Wir sind die Vertreter von 24 Millionen Franzosen. Wir sind die einzigen Vertreter des gesamten französischen Volkes. Wir sind die versammelte Nation, die *Nationalversammlung*!"

Sie forderten die anderen zwei Stände auf, sich ihnen anzuschließen. Viele Landpfarrer, die die Lage des dritten Standes gut kannten und auf der Seite des Volkes standen, liefen zu ihnen über. Auch einige Adelige schlossen sich dem dritten Stand an.

Dies war ein erster Schritt, gegen die Macht des Königs, des Adels und der Geistlichkeit vorzugehen – *ein erster großer Schritt* auf dem Weg zur Revolution.

Der Ballhausschwur

Als Antwort auf die Erklärung des dritten Standes und seiner Anhänger ließ der König drei Tage später den Sitzungssaal sperren. Die Abgeordneten des dritten Standes warteten vor verschlossenen Türen. Daraufhin zogen alle in die nahe gelegene Halle des Ballhauses, wo sich sonst der Adel beim Ballspielen vergnügte. Hier leisteten die Abgeordneten am 20. Juni 1789 feierlich den sogenannten Ballhausschwur. Den Eid sprach stellvertretend für alle Versammelten der Astronom Bailly. Dies war *der zweite Schritt* auf dem Weg zur Revolution.

Q1 *Der Ballhausschwur:*

Die Nationalversammlung beschließt, dass es ihr Auftrag ist, die Verfassung des Königreiches festzulegen, die öffentliche Ordnung wieder herzustellen und die wahren Grundsätze der Monarchie aufrechtzuerhalten, und dass sie nichts hindern kann, ihre Beratungen fortzusetzen, wo auch immer man sie zu tagen zwingt. Ferner beschließt die Nationalversammlung, dass überall dort, wo ihre Mitglieder versammelt sind, die Nationalversammlung ist:
(Sie schwört) Dass alle ihre Mitglieder auf der Stelle einen feierlichen Eid leisten, sich niemals zu trennen und sich überall, wo die Umstände es notwendig machen, zu versammeln, solange bis die Verfassung des Königreiches geschaffen und auf feste Grundlagen gestellt worden ist …

Nach: Geschichte in Quellen, Bd. 4, S. 177 f.

M1 *Der Ballhausschwur am 20. Juni 1789. Zeichnung von Jacques Louis David, 1791, koloriert.*

Arbeitsaufträge

1. Beschreibe den Verlauf der Generalständeversammlung.
2. Gib die Erklärung der Generalstände mit eigenen Worten wieder und schildere ihre Folgen.
3. Analysiere den Ballhausschwur. Wofür setzen sich die Vertreter des dritten Standes ein?
4. Nenne mögliche Folgen des Ballhausschwures.

(M1) *Graf Mirabeau (1749–1791). Er hatte trotz seiner Zugehörigkeit zum ersten Stand für den dritten kandidiert.*

i

Nationalversammlung: verfassungsgebende Versammlung von Abgeordneten, die die ganze Nation repräsentiert.

Der König versucht, seine Macht zu retten

Die Ständeversammlung wird eine Nationalversammlung

Noch einmal versuchte Ludwig XVI., den Verlauf der Ereignisse zu steuern. Er befahl eine gemeinsame Sitzung aller drei Stände am 23. Juni 1789. An diesem Tag sprach er selbst zu den Abgeordneten und verkündete ihnen, dass alles, was seit dem 17. Juni erklärt und vereinbart wurde, ungültig sei. Er beendete seine Rede mit den Worten: „Ich befehle Ihnen, sich sofort zu trennen und sich morgen früh in den für jeden Stand bestimmten Saal zu begeben und dort Ihre Sitzungen wieder aufzunehmen." Dann verließ er den Saal.

Nur ein Teil der Vertreter des ersten und zweiten Standes folgte diesem Befehl, die übrigen blieben zusammen. Der Graf Mirabeau verkündete: „Wir werden nur der Macht der Bajonette weichen!" Begeistert stimmten die anderen Abgeordneten zu: „Das ist der Wille der Versammlung!". Diese offene Auflehnung gegen den Befehl des Königs war *der dritte Schritt* auf dem Weg zur Revolution.

Rings um Versailles standen die Truppen des Königs bereit, um einzugreifen. Die Entschlossenheit des dritten Standes beeindruckte Ludwig XVI. und er sagte nur: „Sie wollen bleiben? Nun gut, lasse man sie dort." Der Monarch war zu schwach, um Widerstand zu leisten. Er forderte die Vertreter des ersten und zweiten Standes am 27. Juni 1789 auf, sich mit dem dritten Stand und seinen Anhängern zu vereinigen. Aus der Ständeversammlung wurde jetzt eine wirkliche *Nationalversammlung* – *der vierte Schritt* zur Revolution.

Versorgungsprobleme führen zu Aufruhr

Es dauerte nicht lange, bis die Ereignisse von Versailles in Paris bekannt wurden. Der Revolutionsfunke sprang auf die nahe gelegene Hauptstadt über. Dort litt die Bevölkerung seit Wochen unter Hunger, da die Missernten die Versorgung in den Städten noch verschlimmert hatten.

(Q1) *Ein Augenzeuge über die Brotversorgung in Paris:*

Je näher man dem 14. Juli kam, desto größer wurde der Mangel; jeder Bäckerladen war von der Menge umlagert, der das Brot mit der größten Knauserigkeit zugeteilt wurde, und jede Zuteilung war begleitet von Ängsten für die Versorgung von morgen ... Oft war der Platz vor dem Brotladen blutig; die Leute rissen sich die Nahrung aus den Händen und schlugen sich darum, die Werkstätten standen leer: Arbeiter und Handwerker verloren ihre Zeit mit Streitereien, mit dem Kampf um ein wenig Nahrung ... Dieses Brot, ... war bei Weitem kein gesundes Nahrungsmittel; meistens war es schwärzlich, erdig und bitter, brannte im Halse und rief Leibschmerzen hervor ... Da ich auf dem Höhepunkt der Not nach Versailles reisen ... musste, wollte ich das Brot sehen, das man am Hofe aß, das man am Tische der Minister und der Abgeordneten servierte ... Ich sah überall erlesen gutes Brot von schönster und vorzüglichster Qualität ...

Geschichte in Quellen, Bd. 4, S. 183f.

Die ersten Hungertoten hatten die Pariser schon begraben, die Mehlvorräte wurden immer knapper und es gab Gerüchte, die Adligen würden Getreide zurückhalten, um den dritten Stand zu erpressen. Vor den Toren der Stadt Paris waren fast 20 000 Soldaten des stehenden Heeres zusammengezogen worden. Die Pariser fühlten sich bedroht. Als sie erfuhren, dass die Generalständeversammlung keine der gewünschten Ergebnisse brachte, trafen sich immer mehr erregte Menschen auf den Straßen von Paris. Der Ruf: „Zu den Waffen, Volk von Paris! In den Kampf für Freiheit, Gleichheit und Brüderlichkeit!“ wurde immer lauter.

i

Bastille: französisches Staatsgefängnis in Paris. Der 14. Juli ist der französische Nationalfeiertag – zum Gedenken an den Sturm auf die Bastille.

Der 14. Juli 1789: Die Bastille wird gestürmt

Tausende stürmten zu den Waffenhäusern des Heeres in der Stadt, bewaffneten sich mit Gewehren und sogar mit Kanonen. Es erscholl der Ruf: „Zur *Bastille*!“. Die Bastille war das verhasste alte Staatsgefängnis, ein festigungsartiger Bau mit Türmen, Wassergräben und rund 30 Meter hohen Mauern. Sie galt als ausbruchs- und einnahmesicher. Nun zogen die Pariser gegen dieses Sinnbild königlicher Herrschaft und Unterdrückung.

Es gab nur geringen Widerstand. Nach einem kurzen Schusswechsel kapitulierte der Kommandant der Bastille und die Aufständischen nahmen das Gebäude ein. Im Gefängnis befanden sich lediglich sieben Gefangene, die nun befreit wurden. Der Kommandant wurde geköpft. Die Aufständischen trugen seinen Kopf durch Paris. Es war der 14. Juli 1789, der offene Ausbruch der Revolution – *der fünfte Schritt*. Daraufhin zog Ludwig XVI. seine Truppen vollständig aus Paris ab. Am 17. Juli kam er selbst nach Paris. Im Rathaus steckte er sich das Abzeichen der Revolutionäre an, die blau-weiß-rote Kokarde. So wollte er seine Verbundenheit mit den Revolutionären ausdrücken.

M2 *Die Kokarde, das Abzeichen der Revolutionäre.*

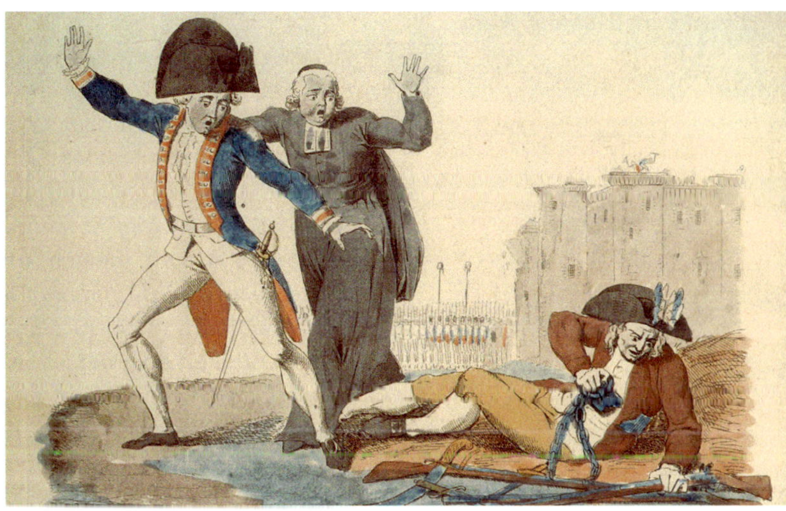

M3 *„Das Erwachen des dritten Standes“. Zeitgenössische Radierung, koloriert.*

Arbeitsaufträge

1. Beschreibe die Stimmung der Bevölkerung im Juli 1789.
2. Erkläre, inwiefern der König zur Verschärfung der Situation beitrug.
3. Interpretiere die Karikatur M3.
4. Erläutere, warum der 14. Juli bis heute französischer Nationalfeiertag ist.

Die Revolution breitet sich aus

i

Dreschflegel: hölzerner Stiel, an dem ein Knüppel mit einem Riemen beweglich befestigt ist. Mit diesem Knüppel wurden die Getreidekörner aus den Ähren geschlagen.

Adelssitze werden gestürmt

Die Revolution ergriff ganz Frankreich. Von überall her strömten Bauern zusammen, die sich mit *Dreschflegeln*, Mistgabeln und Jagdgewehren bewaffnet hatten. Sie stürmten Herrensitze, holten die Besitzpapiere für Grund und Boden aus den Ämtern und verbrannten diese. Sie jagten die Steuerbeamten davon und stellten die Steuerzahlungen ein. In den Städten vertrieben die Anhänger der Revolution die Beamten ebenso. Viele französische Adlige flohen aus Angst um ihr Leben vor den Revolutionären ins Ausland.

Der Sturm auf die Bastille wurde zum Sinnbild der Revolution in Frankreich. Bereits ein Jahr später wurden in vielen Ländern Europas Mauersteine der Bastille als Zeichen der Freiheit verkauft.

Währendessen tagte in Versailles die Nationalversammlung mit dem Ziel, für das Land eine Verfassung auszuarbeiten. In der Nachtsitzung vom 3. bis 4. August verabschiedete sie wichtige Beschlüsse. Folgende Punkte der alten Ordnung sollten abgeschafft werden:

- die adligen Steuerprivilegien,
- die Frondienste,
- die gutsherrliche Gerichtsbarkeit,
- das alleinige Jagd- und Fischereirecht des ersten und zweiten Standes,
- die Käuflichkeit der Staats- und Kirchenämter.

Aufgrund der Ereignisse in Paris beantragten der erste und zweite Stand selbst die Aufhebung ihrer Vorrechte. Die Ständegesellschaft und die Vorrechte des ersten und zweiten Standes waren in Frankreich somit endgültig beseitigt. Dies waren *der sechste und siebte Schritt* der Revolution. Der König wollte diese Beschlüsse jedoch nicht unterzeichnen.

M1 *Französische Bauern im Sommer 1789.*

Q1 *Ludwig XVI. in einem Brief an den Bischof von Arles:*

Ich bin mit diesem edlen und großmütigen Schritt der beiden ersten Klassen des Staates zufrieden. Sie haben der allgemeinen Verständigung, ihrem Vaterlande, dem König bedeutende Opfer gebracht... Das Opfer ist schön, aber ... ich werde nie einwilligen, meine Geistlichkeit, meinen Adel um ihr Vermögen zu bringen ... Ich werde meine Zustimmung Dekreten verweigern, welche sie berauben würden; sonst würde mich einst das französische Volk der Ungerechtigkeit oder der Schwäche bezichtigen können.
Ich werde alles, was nur in meinen Kräften steht, aufbieten, um meinen Klerus, meinen Adel aufrechtzuerhalten ... Wenn mich Gewalt nötigte, meine Zustimmung zu geben, dann würde ich nachgeben, aber dann würde es auch in Frankreich weder eine Monarchie noch einen Monarchen geben ... Die Zeiten sind ernst ...

Nach: Histoire parlementaire, Bd. 2, S. 248 f.

Im Volk schwanden die Sympathien für Ludwig XVI. Immer wieder gab es Nachrichten über Maßnahmen des Adels gegen die Revolution. Beeinflusst vom Adel und von anderen europäischen Monarchen, ließ der König Truppen zusammenziehen.

Der Zug der Frauen nach Versailles

Die Versorgung mit Lebensmitteln war in Paris weiterhin schwierig. Die Frauen, die für die Versorgung ihrer Familien verantwortlich waren, entschlossen sich zu handeln. Am Morgen des 5. Oktober begaben sich 6 000 Frauen, darunter Marktfrauen, Arbeiterinnen, aber auch Bürgerliche, nach Versailles, um der Nationalversammlung ihre Forderungen zu übergeben. Am Abend stürmten einige hundert Frauen die Nationalversammlung und forderten eine Debatte über die Versorgungsschwierigkeiten in Paris. Vom König verlangten sie Brot, die Unterschrift unter die Beschlüsse der Nationalversammlung sowie seinen Umzug in das Pariser Stadtschloss.

Wenig später hob der König sein Veto gegen die Menschenrechte und die Aufhebung der Feudalrechte auf. Außerdem versprach er Maßnahmen zur Verbesserung der Versorgung der Hauptstadt. Am folgenden Tag musste die königliche Familie gemeinsam mit den Frauen und einer Getreidelieferung nach Paris umziehen. Daraufhin verlegte die Nationalversammlung ihren Sitz ebenfalls nach Paris.

M2 *Zug der Pariser Frauen nach Versailles am 5. Oktober 1789 (oben) und Rückkehr nach Paris am darauffolgenden Tag. Zeitgenössische Darstellungen.*

Arbeitsaufträge

1. Stelle in einer Tabelle (Datum, Ereignis, Ergebnis) wichtige Schritte im Verlauf der Revolution zusammen. Ergänze diese Tabelle im Laufe der folgenden Unterrichtsstunden.
2. Nenne die Vorrechte des ersten und zweiten Standes, die von der Nationalversammlung abgeschafft wurden.
3. Erkläre, warum die Abschaffung der Vorrechte wichtig war.
4. Erkläre, warum sich die Situation in Frankreich verschärfte.
5. Diskutiert, warum der Umzug des Königs den Bürgern wichtig war.
6. Erläutere die Haltung des Königs. Nenne mögliche Beweggründe für die Änderung seines Verhaltens.

Die Erklärung der Menschenrechte

i

Vereinigte Staaten von Amerika: Am 4. Juli 1776 erklärten die englischen Kolonien in Nordamerika ihre Unabhängigkeit vom Mutterland und die Gründung eines souveränen Staatenbundes, der Vereinigten Staaten von Amerika. Der Wortlaut der französischen Erklärung der Menschenrechte vom 27.8.1789 stimmt überein mit dem Text zu den Menschenrechten in der amerikanischen Unabhängigkeitserklärung.

Am 27. August 1789 fand in Versailles eine weitere bedeutende Tagung statt. Nach vielen Diskussionen verabschiedeten die Vertreter der Nationalversammlung eine allgemeine Erklärung der Menschenrechte. Diese Menschenrechte wurden – wie in den *Vereinigten Staaten von Amerika* – die Grundlage der französischen Verfassung.

M1 *Ausschnitt aus einem Gemälde zur Erklärung der Menschenrechte, 1789.*

Q1 *Aus der Erklärung der Menschenrechte:*

1. Die Menschen werden frei und gleich an Rechten geboren und bleiben es.
2. Der Zweck jeder staatlichen Vereinigung ist die Erhaltung der natürlichen und unverjährbaren Menschenrechte. Das sind die Rechte auf Freiheit, Eigentum, Sicherheit und Widerstand gegen Unterdrückung.
3. Der Ursprung jeder Herrschaft liegt im Volk.
4. Die Freiheit besteht darin, alles tun zu können, was einem anderen nicht schadet ...
5. Alle Bürger haben das Recht, beim Zustandekommen des Gesetzes entweder persönlich oder durch ihre Vertreter mitzuwirken. Das Gesetz muss dasselbe für alle sein ... Alle Bürger sind vor dem Gesetz gleich.
6. Niemand darf außer in den durch das Gesetz bestimmten Fällen angeklagt, verhaftet oder gefangen gehalten werden ...; aber jeder Bürger, der Kraft des Gesetzes vorgeladen oder ergriffen wird, muss auf der Stelle gehorchen; durch Widerstand macht er sich strafbar.
7. Jeder Mensch ist als schuldlos anzusehen, solange kein Schuldspruch erfolgt ist.
8. Niemand darf wegen seiner Überzeugung, auch nicht wegen seiner religiösen, belangt werden.
9. Die freie Äußerung der Gedanken und Meinungen ist eines der wertvollsten Rechte der Menschen; daher darf jeder Bürger frei sprechen, schreiben, denken.
10. Die allgemeine Steuer muss auf alle Bürger nach ihrem Vermögen gleich verteilt werden.

Nach: Quellen zur Geschichte der Neuesten Zeit, Zürich 1966, S. 12ff.

Die Verfassung von 1791

Die 17 Artikel der Menschenrechte leiteten die Verfassung ein, die im September 1791 von der Nationalversammlung verabschiedet wurde. Darin war – wie in der Verfassung der Vereinigten Staaten von Amerika (s. S. 58) – die Teilung der Gewalten festgelegt. Dieser Gewaltenteilung war von nun an auch der König unterworfen.

Die ausführende Gewalt (Exekutive) wurde dem König sowie den von ihm ernannten Ministern und Beamten übertragen.

Die gesetzgebende Gewalt (Legislative) lag allein bei dem Parlament, der Nationalversammlung. Es setzte sich aus Abgeordneten zusammen, die von Wahlmännern bestimmt wurden.

Die richterliche Gewalt (Judikative) erhielten die Richter der Gerichtshöfe, die ebenfalls durch Wahlmänner gewählt wurden.

Nach der bereits 1789 festgelegten Wahlordnung gab es allerdings kein allgemeines Wahlrecht, sondern das Wahlrecht war an den Besitz gebunden. Wählen durften nur circa vier Millionen Aktivbürger, die eine bestimmte Steuersumme entrichteten. Dazu zählten zum Beispiel Bürger mit Grundbesitz und hohen Einkünften. Von der politischen Mitbestimmung ausgeschlossen blieben rund drei Millionen Passivbürger sowie alle Männer unter 25 Jahren und Frauen.

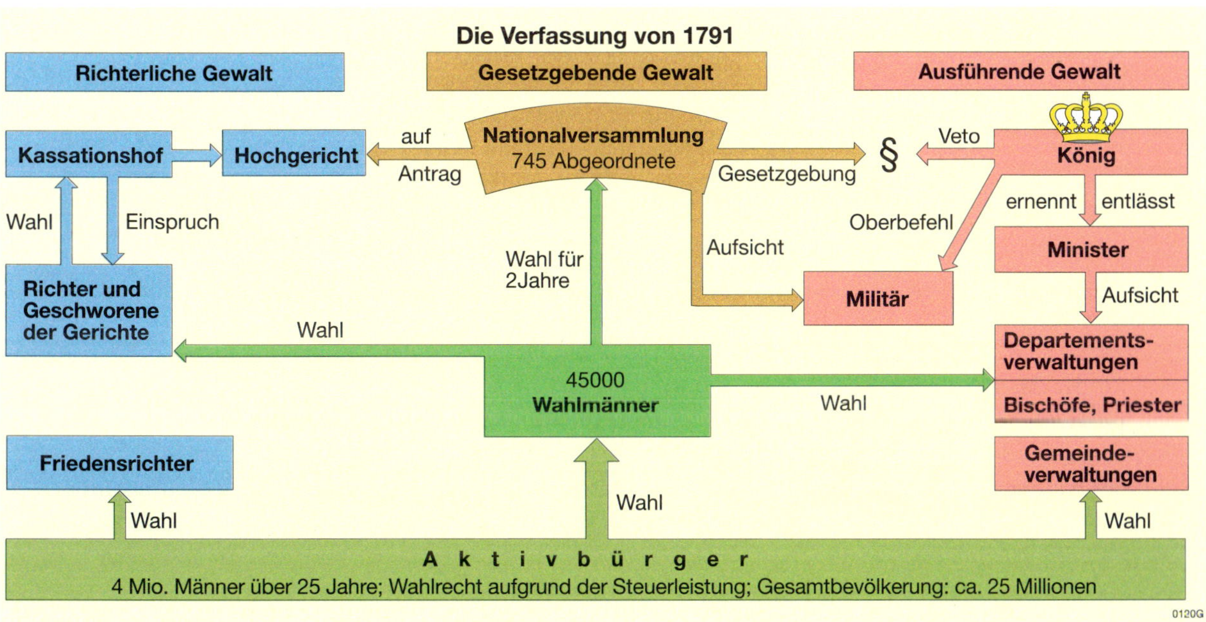

M2 *Die französische Verfassung von 1791 verwirklichte die Idee der Gewaltenteilung und machte sie zu ihrem Grundsatz. Aus diesem Grund wurde sie zum Vorbild für viele Verfassungen in Europa.*

Arbeitsaufträge

1. Erkläre die einzelnen Menschenrechte und ihre Bedeutung.
2. Vergleiche die Menschenrechte der Erklärung mit den Grundrechten im Grundgesetz der Bundesrepublik Deutschland.
3. Erkläre die Wahlordnung und nimm Stellung dazu.
4. Beschreibe das Schaubild M2 und erkläre die Verfassung von 1791.
5. Beurteile das System der Gewaltenteilung.

Die Flucht Ludwigs XVI.

Das Ansehen des Königs sinkt

Mit der Erklärung der Menschenrechte und der Verabschiedung der Verfassung waren Hunger und Not in Frankreich längst nicht gebannt. Das Ansehen König Ludwigs XVI. war gesunken. Obwohl der Monarch jetzt in Paris lebte, hoffte er auf eine Veränderung der Verhältnisse zu seinen Gunsten. Heimlich sandte er Hilferufe an die europäischen Königshöfe, vor allem an den deutschen Kaiser, den Bruder der Königin Marie Antoinette. Im Juni 1791 wagte die Königsfamilie schließlich die Flucht. Aber der König wurde in einem kleinen Dorf in Lothringen erkannt und von der Nationalgarde nach Paris zurückgebracht. Von nun an lebte er in seinem Stadtschloss wie ein Gefangener.

i

konstitutionelle Monarchie: Königsherrschaft, die durch eine Verfassung begrenzt wird.
Jakobiner: Mitglieder eines radikalen politischen Vereins während der Französischen Revolution, die sich nach ihrem ersten Treffpunkt, dem Kloster Sankt Jakob in Paris, benannten.

Abkehr von der konstitutionellen Monarchie

Die Nationalversammlung wollte mit der Verfassung eine ähnliche Staatsform wie in England, eine *konstitutionelle Monarchie*, einführen. Der König sollte in dieser Staatsform an der Spitze des Staates stehen, seine Macht jedoch durch die Verfassung und die Nationalversammlung stark eingeschränkt werden.

Die Stimmung im Land wurde nach dem Fluchtversuch des Monarchen allerdings radikaler. Immer mehr Franzosen forderten einen Staat ohne König. Die Volksmassen stürmten schließlich das Schloss und bedrohten Ludwig XVI. Auch in der Nationalversammlung gab es erregte Diskussionen. Ein Rechtsanwalt namens Robespierre forderte offen die Beseitigung der Monarchie und fand viele Anhänger. Für ihn war klar: Der Feind sitzt im eigenen Land, im Pariser Stadtschloss, den Tuilerien.

Q1 *Die Marseillaise (Lied der Freiwilligen, heute die Nationalhymne Frankreichs):*

Auf, Kinder des Vaterlandes,
der Tag des Ruhmes ist da!
Gegen uns wurde der Tyrannei
blutiges Banner erhoben.
Hört ihr im Land das Brüllen
der grausamen Soldaten?
Sie rücken uns auf den Leib,
Eure Söhne, Eure Frauen zu
erwürgen. Zu den Waffen,
Bürger! Schließt die Reihen,
Lasst uns marschieren, marschieren, damit das unreine
(feindliche) Blut die Furchen
unserer Äcker tränke!

Die Freiheit ist in Gefahr

Im Sommer 1792 rückten die Heere aus Österreich und Preußen in Frankreich ein, um die „schändliche Volksherrschaft" zu beseitigen und das Königspaar zu retten. Da erfasste die Franzosen eine neue Begeisterung. Jetzt galt es, das Land nach außen gegen die verhassten Fürsten zu verteidigen. „Freiheit oder Tod" hieß nun der Ruf. Ganz Frankreich wurde ein Heerlager. Die Freiwilligen sangen die Marseillaise, die spätere französische Nationalhymne. Bei Valmy schlugen die Revolutionstruppen die Feinde in die Flucht. Dies war *der achte Schritt* der Revolution.

Frankreich wird Republik

Am 10. August 1792 gelang es den radikalen *Jakobinern*, die Oberhand in der Nationalversammlung zu gewinnen. Sie setzten den König ab. Als „Bürger Louis Capet" (Ludwig XVI. stammte aus dem Haus der Capetinger) wurde er gemeinsam mit seiner Gemahlin Marie Antoinette und seinen Kindern eingekerkert. Damit wurde Frankreich zur Republik: Ein Staat ohne einen König an der Spitze, ein Staat, in dem die Teilung der Gewalten durchgeführt war. Die Ausrufung der Republik am 21. September 1792 war *der neunte Schritt* der Revolution.

Die Vertreter der Nationalversammlung berieten im Dezember 1792 über das Schicksal Ludwigs XVI. und seiner Familie. Die Meinungen, wie mit dem König verfahren werden solle, waren sehr unterschiedlich. In einem Staatsprozess wurde der König wegen Staatsverrates angeklagt.

Q2 *Der Jakobiner Maximilien de Robespierre in seiner Anklagerede:*

Hier ist kein Prozess zu führen. Ludwig ist kein Angeklagter, Ihr seid keine Richter. Ihr seid nun Staatsmänner und Vertreter der Nation. Ihr habt kein Urteil für oder gegen einen Menschen zu fällen, sondern eine Maßnahme der öffentlichen Wohlfahrt zu treffen, einen Akt nationaler Vorsehung zu vollziehen. Was schreibt eine gesunde Politik vor, um die werdende Republik zu stärken? Den Herzen einen tiefen Abscheu vor dem Königtum einzuflößen ...

Hartig, I. und P.: Die Französische Revolution, Stuttgart 1980, S. 75.

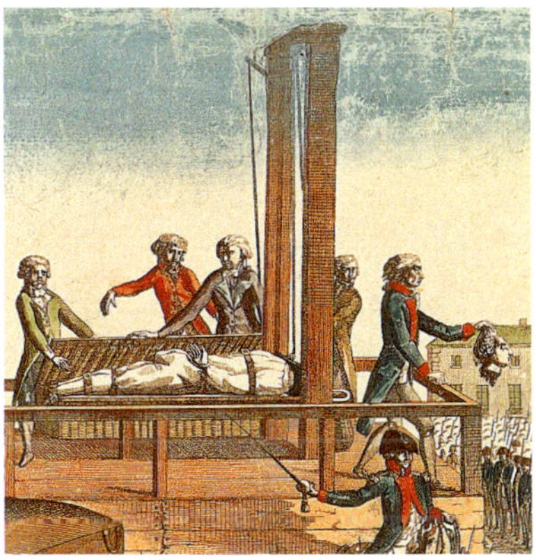

M1 *Hinrichtung des Königs am 21.1.1793. Zeitgenössischer Stich.*

Das Schicksal des Königspaares

Nach sechswöchiger Verhandlung und scharfen Auseinandersetzungen zwischen königstreuen Abgeordneten und den radikalen Anhängern der Revolution wurde Ludwig XVI. zum Tode durch das Fallbeil (Guillotine) verurteilt. Am 21. Januar 1793 vollstreckte der Henker das Urteil und der Kopf des Königs fiel vor den Augen der Pariser Bevölkerung. Damit schien die Gefahr einer Gegenrevolution durch Anhänger des Königs beseitigt.

Q3 *Ein Augenzeuge über die Hinrichtung Ludwigs XVI.:*

Die Stufen zum Schafott waren äußerst steil. Dem König bereitete das Steigen Mühe. Oben angekommen, brachte er mit einem einzigen Blick die zwanzig Trommler, die ihm gegenüberstanden, zum Schweigen und sprach: „Ich bin unschuldig an den Verbrechen, die man mir vorwirft. Ich bitte Gott, das Blut, das Sie vergießen werden, möge niemals über Frankreich kommen."

Paschold, Chris E. u. a.: Die Französische Revolution, Stuttgart 1989, S. 262.

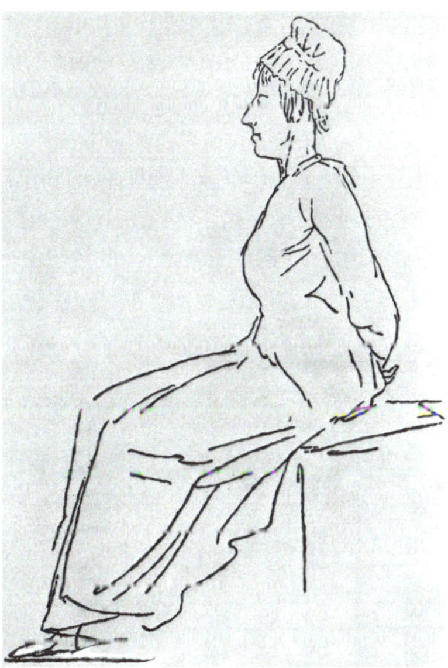

M2 *Marie Antoinette auf dem Weg zur Hinrichtung. Zeichnung von Jacques Louis David, 1793.*

Königin Marie Antoinette, die Tochter der österreichischen Kaiserin Maria Theresia, wurde am 16. Oktober 1793 hingerichtet. Die Franzosen weinten ihr keine Träne nach. Sie hatten sie immer als Ausländerin, nie als französische Königin, betrachtet. Die Königin hatte im Volk den Ruf, oberflächlich und hochmütig zu sein. Ihre verschwenderische Hofhaltung selbst in Zeiten, in denen große Teile der Bevölkerung hungerten, steigerte ihre Unbeliebtheit beim Volk.

Arbeitsaufträge:

1. Fasse zusammen, was in Frankreich nach der Erklärung der Menschenrechte passierte.
2. Lest die Marseillaise und hört sie euch an. Erklärt, warum sie heute die Nationalhymne Frankreichs ist.
3. Gib den Standpunkt Robespierres in seiner Anklagerede (Q2) wieder. Überlege Gründe für diese Haltung und nimm Stellung dazu.
4. Gib die Haltung des Königs vor seiner Hinrichtung wieder (Q3) und nimm Stellung dazu.
5. Diskutiert, ob die Hinrichtung des Königs und der Königin die einzige Lösungsmöglichkeit war. Entwickelt dazu ein Rollenspiel.

Die Schreckensherrschaft der Jakobiner

Die Jakobiner setzen sich durch

Mit der Hinrichtung des Königspaares war die Revolution keinesfalls beendet. Trotz des Rückzuges der feindlichen Truppen blieb die Republik in Gefahr. Noch immer herrschten in Frankreich Not und Elend, Hunger und Arbeitslosigkeit. Lebensmittelkarten wurden eingeführt. Die Papiergeldscheine wiesen immer größere Summen aus, doch die Menschen konnten dafür kaum etwas kaufen, denn das Geld war immer weniger wert. Das ganze Land litt unter dieser *Inflation*.

i

Inflation: Geldentwertung.

Hinzu kam, dass das Volk über den politischen Kurs nicht einig war. Es gab Königstreue und Anhänger der Republik. Letztere zerfielen jedoch in viele verschiedene Parteien und bekämpften sich heftig. Schließlich setzten sich die radikalen Jakobiner unter der Führung des Rechtsanwaltes Robespierre durch. Ihr Grundsatz lautete: „Wer nicht für uns ist, ist gegen uns!"

M1 *Der Sänger Chenard auf dem Fest der Freiheit in der langen Hose der Revolutionäre. Zeitgenössisches Gemälde von L. L. Bailly.*

Die Umgestaltung der Lebensverhältnisse

Die Jakobiner vertraten den Standpunkt, dass alles, was an die Königszeit erinnere, ausgemerzt und das Leben der Franzosen völlig neu gestaltet werden solle. Sie teilten das Land in neue Bezirke ein und führten eine neue Zeitrechnung ein. Fortan zählten sie die Jahre der Republik nicht mehr „... nach Christi Geburt", sondern ersetzten die bisherigen Monatsnamen durch „natürliche" Bezeichnungen wie zum Beispiel „Regenmonat", „Keimmonat" etc. Jeder zehnte Tag galt als freier „Ruhetag".

Eine neue Kleidermode verdrängte den Reifrock und die Kniehose der Adligen. Zur „Revolutionsmode" wurde die lange Hose.

Für Kinder veränderte sich vieles. So führten die Jakobiner zum Beispiel die Schulpflicht ein. Dies hatten die Menschen schon zu Zeiten Ludwigs XVI. in Beschwerdebriefen gefordert. Die Väter hatten von jetzt an dafür Sorge zu tragen, dass die Kinder ab dem fünften Lebensjahr die Schule besuchten. Wenn jedoch bei der Feldarbeit viele fleißige Hände gebraucht wurden oder der Schulweg verschneit war, blieb so manches Klassenzimmer leer. Dann erinnerte ein Überwachungskomitee die Väter an ihre Pflicht, die Kinder in die Schule zu schicken.

Häufig lernten Schüler im Alter von fünf bis fünfzehn Jahren zusammen und zwängten sich in überfüllte Räume. Diese Kinder konnten sich jedoch glücklich schätzen. Da sich die Republik im Krieg befand, konnte das Parlament nicht viele zusätzliche Schulen einrichten. Im November 1794 wurde die allgemeine Schulpflicht wieder aufgehoben.

Vendémiaire	Brumaire	Frimaire	Nivôse	Pluviôse	Ventôse
„Weinlese"	„Nebel"	„Frost"	„Schnee"	„Regen"	„Wind"
22.9. – 21.10.	22.10. – 20.11.	21.11. – 20.12.	21.12. – 19.01.	20.01. – 18.02.	19.02. – 20.03.

Germinal	Floréal	Prairial	Messidor	Thermidor	Fructidor
„Saat"	„Blüten"	„Wiesen"	„Ernte"	„Hitze"	„Früchte"
21.03. – 19.04.	20.04. – 19.05.	20.05. – 18.06.	19.06. – 18.07.	19.07. – 17.08.	18.08. – 16.09.

1 Monat = 30 Tage = 3 Dekaden zu 10 Tagen – letzter Tag einer Dekade: Ruhetag;

Feiertage 17.– 21.09.

1201G

M2 *Der Revolutionskalender: Er galt bis zu seiner Aufhebung am 31.12.1805.*

Im Mittelpunkt der Veränderungen stand die Erziehung der Jugend, welche nach strengen Regeln erfolgen sollte.

Q1 *Die Erziehung der Kinder:*

Die Kinder gehören der Mutter bis zum 5. Lebensjahr, danach gehören sie bis zum Tode der Republik ... Die Disziplin der Kinder muss streng sein ... Die Kinder ... brauchen ... nicht zu spielen, sondern sollen Übungen machen.
Die Jungen werden vom 5. bis zum 16. Lebensjahr vom Staat erzogen ... die Kinder von 5 bis 10 lernen Lesen, Schreiben und Schwimmen. Man darf die Kinder weder schlagen noch liebkosen ... Sie schlafen auf Matten ... Sie essen gemeinschaftlich. Ihre Nahrung besteht aus Wurzeln, Früchten, Gemüsen, Milchspeisen, Brot und Wasser ... Die Erziehung der Kinder zwischen 10 und 16 Jahren liegt auf militärischem landwirtschaftlichem Gebiet ...
Von 16 bis 20 Jahren lernen sie ein Gewerbe und erwählen einen Beruf. Sie werden bei den Bauern, in den Manufakturen oder im Handel und Verkehr ausgebildet.
Alle Kinder behalten die gleiche Uniform bis zum 16. Lebensjahr; zwischen 16 und 20 tragen sie die Uniform der Arbeitenden, zwischen 21 und 25 die des Soldaten ...
Die Mädchen werden von ihren Müttern erzogen.

Nach: Schmid, H. D.: Fragen an die Geschichte 3, S. 144.

Die Befreiung der Bauern

Die Bauerngesetze des Jahres 1793 machten die Bauern zu freien Eigentümern des von ihnen bebauten Bodens, ohne dass sie den Kaufpreis zahlen mussten. Jeder Kleinbauer oder Tagelöhner konnte Land aus dem enteigneten Adels- und Kirchenbesitz dazukaufen. So wurden die Bauern unabhängig und abgabenfrei. Dies war ein bedeutender Fortschritt gegenüber der Situation der Bauern in anderen europäischen Ländern.

Unterdrückung, Verfolgung und Tod

Die Probleme, die in Frankreich schon vor der Revolution bestanden haben, mussten nun gelöst werden. Daher richteten die Jakobiner zwei Ausschüsse ein: den Wohlfahrts- und den Sicherheitsausschuss.

Der *Wohlfahrtsausschuss* war für die Versorgung der Bevölkerung sowie für die Organisation des Militärs und der Polizei zuständig. Der *Sicherheitsausschuss* verfolgte die Feinde der Republik und sorgte für deren Verhaftung und Bestrafung. Die Kleinbürger unterstützten die Ausschüsse, die unter dem Einfluss der Jakobiner standen. So kam es, dass sich von 1793 bis 1794 die Gefängnisse mit Adligen und Geistlichen füllten, aber auch mit reichen und armen Bürgern, die anders als die Jakobiner dachten.

Arbeitsaufträge:

1. Berichte über die Erziehung der Kinder und Jugendlichen (Q1).
2. Beurteile diese Erziehung aus heutiger Sicht.
3. Beschreibe, wie sich die Lage der Bauern veränderte, und nimm Stellung dazu.

M1 *Revolutionsgericht. Zeitgenössische Zeichnung.*

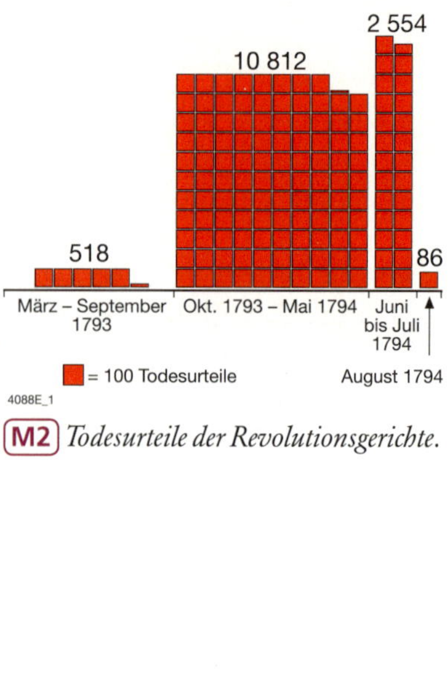

M2 *Todesurteile der Revolutionsgerichte.*

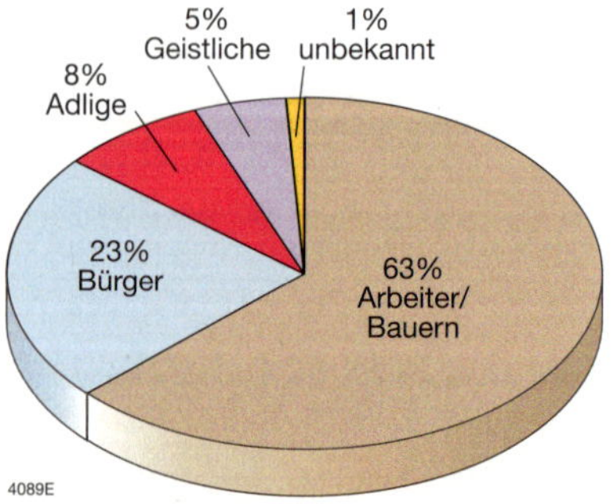

M3 *Hingerichtete zur Zeit des Terrors.*

Revolutionsgerichte werden eingerichtet

Der Wohlfahrtsausschuss, der ursprünglich zum Wohle des Volkes eingerichtet worden war, entwickelte sich zum zentralen Machtorgan der Jakobiner. Zur Bekämpfung der Republikfeinde erließ der Ausschuss im Sommer 1793 ein „Gesetz gegen die Verdächtigen", mit dem wahlloses Verdächtigen und Beschuldigen seinen freien Lauf nahm.

Das neu gebildete Revolutionsgericht verurteilte die Beschuldigten als sogenannte Feinde der Republik, ohne dass ein Einspruch gegen das Urteil möglich war. Zeugen und Verteidiger waren vor dem Revolutionsgericht nicht zugelassen. Die Angeklagten waren vor dem Tribunal ganz auf sich allein gestellt. Das System des revolutionären Terrors stellt *den zehnten Schritt* im Verlauf der Revolution dar.

Ein Spitzelsystem entsteht

Die Spitzel der Jakobiner waren überall: in allen Häuserblocks, Manufakturen und auf den Straßen. Ein Verdacht oder eine andere Meinung reichten aus, um verhaftet und zum Tode verurteilt zu werden. Die Guillotine arbeitete Tag für Tag. In dieser Zeit wurden ca. 500 000 Menschen verhaftet und 40 000 von ihnen hingerichtet. In den Gefängnissen wurden weitere Tausende ermordet, darunter auch Kinder im Alter von zehn bis zwölf Jahren. Hinter vorgehaltener Hand sagten die Menschen: „Die Revolution frisst ihre Kinder".

So kam es, dass keiner dem anderen traute. Jeder beschuldigte jeden, ein Feind der Revolution zu sein. Die Herrschaft der Jakobiner wurde eine wahre Zeit des Schreckens. So war es nicht verwunderlich, dass einer der bedeutenden Köpfe der Jakobiner, Robespierre, verhaftet und schon einen Tag später, am 28. Juli 1794, durch die Guillotine hingerichtet wurde. Die Abgeordneten der Nationalversammlung fassten diesen Entschluss, weil sie keinen Sinn mehr in der Fortsetzung der Macht der Jakobiner sahen. Anschließend beruhigten sich die Verhältnisse in Frankreich. Die Schreckensherrschaft hatte ein Ende – dies war *der elfte Schritt* der Revolution.

M4 *Spielzeugguillotine von 1792, mit der man Püppchen, die Adlige darstellten, köpfen und so Revolution spielen konnte.*

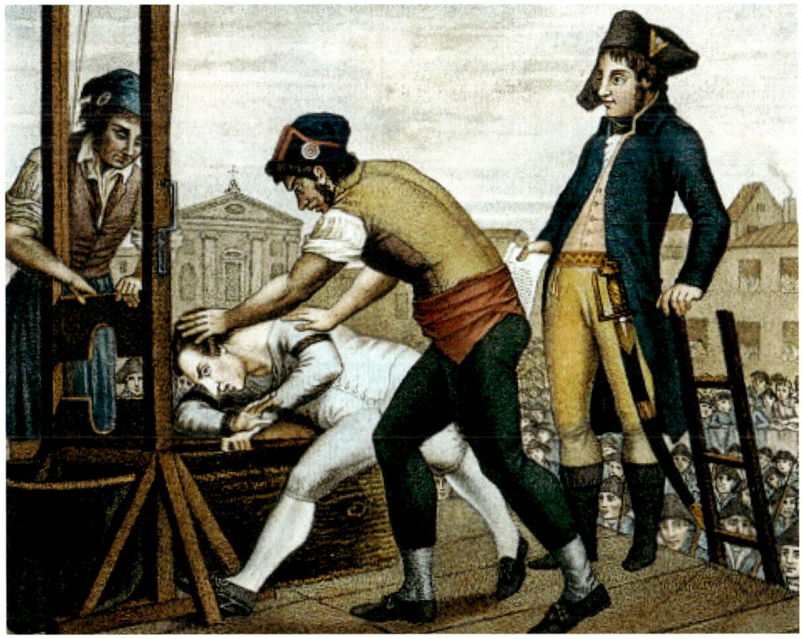

M5 *Hinrichtung Maximilien de Robespierres am 28. Juli 1794. Zeitgenössischer Kupferstich, koloriert. Am Tag zuvor sagte er vor dem Revolutionstribunal: „Die Revolution ist verloren, die Räuber triumphieren."*

Frankreich nach dem Tod von Robespierre

Ein Jahr nach dem Tod von Robespierre verabschiedeten die Abgeordneten der Nationalversammlung 1795 die dritte Verfassung der Revolution. Sie führten die Gewaltenteilung wieder ein. Die reicheren Bürger bekamen bei den Wahlen zur Nationalversammlung wieder mehr Rechte.

Ein Direktorium übernahm die Regierungsgeschäfte. Um den Machtmissbrauch durch eine einzige Person zu verhindern, standen jetzt fünf Männer an der Spitze des Staates. Die Mitglieder des Direktoriums ernannten Minister, die Generäle und die Spitzen der Verwaltung. Kurzfristig beruhigte sich die Lage in Frankreich und die Bürger atmeten auf, dass der Schrecken der Jakobinerherrschaft beendet war.

Langfristig war aber auch das Direktorium nicht in der Lage, die Verhältnisse in Frankreich zu verbessern. Seit dem Frühjahr 1797 litt das Land unter einer schweren Finanz- und Wirtschaftskrise. Es gab Unruhen, und immer häufiger wurde das Militär zur Aufrechterhaltung der staatlichen Ordnung herangezogen. Es zeichnete sich ab, dass sich auch die Regierung des Direktoriums immer mehr zu einer Diktatur entwickelte.

Arbeitsaufträge

1. Schildere, wie die Jakobiner die Menschen kontrollierten und unterdrückten.
2. Beschreibe das Revolutionsgericht mithilfe von M1. Verfasse einen inneren Monolog des Angeklagten.
3. Vergleiche das Gerichtsverfahren mit dem an einem heutigen Gericht.
4. Werte die Schaubilder M2 und M3 aus. Was fällt dir besonders auf?
5. Erkläre, warum Robespierre hingerichtet wurde.
6. Nenne Gründe, warum die Jakobiner scheiterten.

Die Herrschaft Napoleons

Napoleons Aufstieg zum Kaiser

Die Menschen in Frankreich sehnten sich nach Ruhe und Ordnung, doch das Gegenteil war der Fall. Deshalb zogen sich die Menschen immer mehr ins Privatleben zurück. Ihr Interesse an der Politik sank. Fast unbemerkt begann das Direktorium, *diktatorisch* zu herrschen. Die einzige Kraft, die eingreifen konnte, war das Militär. Seine Macht und sein Ansehen in der Bevölkerung waren während der Revolution kontinuierlich gestiegen. Im Jahr 1799 gelang ein Staatsstreich von Generälen, der die Regierungszeit des Direktoriums beendete. Einer dieser Generäle war Napoleon Bonaparte.

i
diktatorisch: ohne Machteinschränkungen.

Aufstieg durch Bildung und Militär

Napoleon Bonaparte wurde 1769 als Sohn eines Rechtanwaltes auf Korsika geboren. Seine Eltern waren verarmte Adlige. Nur durch ein königliches Stipendium konnten sie ihren Sohn ausbilden lassen. Wegen seiner armseligen Kleidung wurde Napoleon von Mitschülern oft verspottet. Bereits als Kind träumte er von einer Karriere beim Militär. Der Wechsel an die Militärschule von Brienne in der Champagne brachte ihn seinem Traum 1779 ein Stück näher. An der Militärschule beschäftigte er sich besonders gern mit Geschichte, Mathematik und Geografie und war ein guter Schüler. Aufgrund seiner Leistungen kam er an die Artillerieschule in Paris, wo er 1785 Artillerieleutnant wurde.

M1 *Napoleon Bonaparte (1769–1821). Gemälde von J.-A.-D. Ingres, 1804.*

Napoleon lebte während der Revolution in Paris. Er verfolgte die politischen Ereignisse genau und begeisterte sich für die Revolution. Als Mitglied der Jakobiner kämpfte er für die Revolution.

Die Heirat mit der Adligen Josephine de Beauharnais 1796 ermöglichte ihm den Zutritt zur einflussreichen Pariser Gesellschaft. Mit knapp 27 Jahren wurde er zum General und Führer der Italienarmee ernannt. Es gelang ihm, seine Soldaten zu motivieren und erfolgreich schnelle Feldzüge zu führen. Er besiegte die Österreicher in Italien. Danach zog er in Ägypten gegen die Engländer, um ihre Vormachtstellung im Mittelmeer zu brechen. Dies misslang jedoch im Jahre 1798. Noch in Ägypten erfuhr Napoleon von den Machtbestrebungen des Direktoriums. Er eilte zurück nach Paris, wo er versuchte, der Lage Herr zu werden.

M2 *Der Druck von Horace Vernet (1789–1863) zeigt den etwa 14-jährigen Kadetten Napoleon bei einer Schneeballschlacht in der Militärschule von Brienne.*

M3 *Die Kaiserkrönung von Napoleon Bonaparte 1804. Das Gemälde von Jacques Louis David von 1806 ist 9,30 m breit und 6,10 m hoch.*

Vom General zum Kaiser der Franzosen

Am 9. November 1799 stürzte Napoleon das Direktorium und vertrieb die Volksversammlung mithilfe des Militärs. Damit hatte er ehrgeizig sein Ziel erreicht. Napoleon stand an der Spitze des französischen Staates. Aufgrund seiner militärischen Erfolge vertrauten ihm die Franzosen. Sie hofften, mit ihm würden Ruhe, Stabilität und Ordnung eintreten.

Napoleon verkündete die neue Verfassung, die keine Menschen- und Bürgerrechte mehr enthielt. Er selbst wurde erster Konsul und stand somit an der Spitze der Republik. Das reichte ihm aber nicht.

Der Titel eines Kaisers sollte Napoleons Stellung den äußeren Glanz verleihen. 1804 fand in der Pariser Kathedrale Notre Dame schließlich die prunkvolle Kaiserkrönung statt. Als die Kaiserkrone zum ehemaligen Feldherrn getragen wurde, hielten die Anwesenden den Atem an. Nicht der extra angereiste Papst setzte Napoleon und seiner Frau Josephine die Krone auf, sondern Napoleon tat es selbst. Mit dieser Geste setzte er sich eindeutig über die Macht der Kirche hinweg.

Arbeitsaufträge

1. Fertige einen Steckbrief zu Napoleon an (Name, Geburtstag, Todestag, Schulbildung, Karriere, Interessen ...). Gestalte ihn mit Skizzen oder Abbildungen.
2. Nenne die Gründe für den Aufstieg Napoleons.
3. Erkläre, warum die Mehrheit der französischen Bevölkerung den Staatsstreich akzeptierte.
4. Beschreibe das Bild M2. Wie wird Napoleon dargestellt? Stelle Vermutungen über die Entstehungszeit des Bildes und die Absicht des Künstlers an.
5. Erläutere, warum sich Napoleon nicht vom Papst krönen ließ.

Frankreich unter Napoleon

Der Code Civil

Seinen Traum, auch nach dem Tod nicht in Vergessenheit zu geraten, verwirklichte Napoleon 1804 mit der Schaffung eines neuen Gesetzeswerkes, dem Code Civil. Mit 2281 Artikeln bildete es die Grundlage für viele weitere europäische Gesetzeswerke im 19. Jahrhundert, u. a. für das Bürgerliche Gesetzbuch, nach dem bis heute die Rechtssprechung in Deutschland erfolgt.

Der Code Civil garantierte den Bürgern Frankreichs den Bestand des Eigentums als Privateigentum. Darüber hinaus schrieb er die Gleichheit aller Menschen vor dem Gesetz fest und sicherte die Freiheit des Einzelnen zu.

Neu war die gesetzlich festgeschriebene Trennung von Staat und Kirche. Künftig durften nur Bürgermeister Eheschließungen durchführen. In einem neuen staatlichen Geburts- und Sterberegister, das die Kirchenbücher ersetzte, wurden alle Geburten und Todesfälle vermerkt.

M1 *Trauung vor dem Bürgermeister. Zeitgenössische Darstellung.*

i

Emigranten: Auswanderer. Hier: Menschen, die vor der Revolution ins Ausland geflohen sind.

Der Staat, die Verwaltung und die Wirtschaft

Napoleon bot allen *Emigranten* die Möglichkeit, nach Frankreich zurückzukehren. Dadurch erhielten sie ihre Adelstitel zurück, nicht aber ihren Besitz. Menschen mit besonderen, vor allem militärischen Verdiensten, ernannte er zu Adligen. Adlige Vorrechte und Privilegien blieben bestehen, aber die Steuern wurden auf alle Franzosen gleichmäßig verteilt. Die Bauern blieben Besitzer des Landes der Adligen.

Napoleon organisierte den Staat straff. Mit einer Währungsreform und der Gründung der Bank von Frankreich unterstützte er die Wirtschaft und den Handel. Heeresaufträge, Straßenbau und Kredite beförderten das Wachstum der Wirtschaft ebenso. Zudem schützte Napoleon die französische Wirtschaft durch hohe Einfuhrzölle auf ausländische Produkte.

M2 *Napoleon im Krönungsgewand. Gemälde von F. Gérard, 1805.*

M3 *Der Triumphbogen in Paris am 14. Juli.*

Die Festigung der Macht

Die Machtstellung der katholischen Kirche war während der Revolution stark beeinträchtigt worden. Deshalb bemühte sich Napoleon um die Wiederherstellung ihres Ansehens. Er war der Meinung, dass ein Volk eine Religion brauche. Das Konkordat von 1801 mit Pius VII. bestätigte die Stellung der Religion und erkannte den Papst als Oberhaupt der katholischen Kirche an. Da der Papst und die Kirche nachträglich die Enteignung des Kirchengutes während der Revolution und den französischen Staat anerkannten, erhielten die Geistlichen künftig Gehälter vom Staat.

Es gelang Napoleon, die Ordnung im Staat wiederherzustellen. Der Kaiser lenkte und leitete alles, was im Staat geschah. Beamte sorgten für die Umsetzung seiner Befehle und Gesetze. Spitzel, Spione und das Militär überwachten die innere Ordnung. Neben der Zensur der Presse (Kontrolle von Zeitungen, Zeitschriften, Büchern) wurden selbst Theateraufführungen kontrolliert. Dadurch unterdrückte Napoleon seine Gegner.

Kunst und Propaganda

Napoleon nutzte die Kunst, um seine Herrschaft möglichst positiv darzustellen. Überall im Land entstanden prachtvolle Bauwerke, die dauerhaft an seine Herrschaft erinnern und den Aufschwung und den Reichtum des Landes zeigen sollten.

1806 gab Napoleon zum Beispiel den Bau des Triumphbogens in Paris in Auftrag. Das 49 Meter hohe Gebäude mit vielen Reliefs und Figuren erinnert an die Siege des Feldherrn und zählt heute zu den bekanntesten Wahrzeichen der französischen Hauptstadt.

Das ehemalige Königsschloss, den Louvre im Zentrum der Hauptstadt, gestaltete Napoleon zum Napoleon-Museum um. Es sollte das größte Museum Europas werden. Daher brachte der Feldherr von seinen Kriegszügen zahlreiche Kunstwerke wie Bilder, Statuen und Manuskripte aus allen Teilen Europas mit, die er in Paris ausstellen ließ. Aus seinem Privatbesitz stiftete Napoleon dem Louvre ein Gemälde, das heute weltberühmt ist: die Mona Lisa von Leonardo da Vinci.

Napoleons Hofmaler Jacques-Louis David (1748–1825), ein Anhänger der Revolution und ehemaliger Jakobiner, stellte Napoleon in Gemälden immer wieder als heldenhaften Feldherrn oder erhabenen Kaiser dar. Viele seiner Gemälde hängen heute im Louvre, darunter das monumentale Werk von der Kaiserkrönung Napoleons.

Arbeitsaufträge

1. Stelle eine Liste der Maßnahmen zusammen, mit denen Napoleon seine Macht sicherte.
2. Erläutere, ob die Herrschaft Napoleons im Vergleich zu den Idealen der Revolution „Freiheit, Gleichheit, Brüderlichkeit" ein Fortschritt war. Begründe.
3. Nenne Bestimmungen aus dem Code Civil, die für uns noch heute Gültigkeit haben.
4. Erläutere, welche Bedeutung die Kunst für Napoleon hatte.
5. Beschreibe die Darstellung Napoleons in Gemälden. Was könnte das Ziel dieser Art der Darstellung gewesen sein?
6. Informiere dich über den Künstler Jacques-Louis David. Formuliere deine Erkenntnisse.

Kampf um die Vorherrschaft in Europa

Napoleons Ziele in Europa

Frankreich war unter Napoleons Herrschaft zum bedeutendsten Staat in Europa geworden. Die Macht des Kaisers reichte längst über die Grenzen Frankreichs hinaus. Jetzt kannte der Kaiser nur noch ein Ziel: die Vorherrschaft in Europa.

Q1 *Napoleon umriss seine Ziele so:*

> Europa wird nicht zur Ruhe kommen, bevor es nicht unter einem einzigen Oberhaupt steht, unter einem Kaiser, der Könige als seine Beamten hat und der seinen Generälen Königreiche gibt. Wir brauchen ein europäisches Gesetz, einen europäischen Gerichtshof, eine einheitliche Münze, die gleichen Maße und Gewichte … Aus allen Völkern muss ich ein Volk machen und aus Paris die Hauptstadt der Welt.
>
> Nach: Kircheisen, F. M. „Gespräche Napoleons", Stuttgart 1912, S. 63.

Europa war für Napoleon ein Schachbrett. Er betrachtete die Fürsten als Figuren, die er hin- und herschieben konnte. In Deutschland hatte das Machtspiel bereits 1797 begonnen, als Napoleon den deutschen Kaiser zwang, dessen Militär vom linken Rheinufer abzuziehen.

Drei Millionen Deutsche wechseln die Herrscher

Für ihre Gebiete, die die Fürsten an Frankreich verloren hatten, sollten sie mit rechtsrheinischen Gebieten entschädigt werden. Dies führte zu einer völligen Umgestaltung Deutschlands.

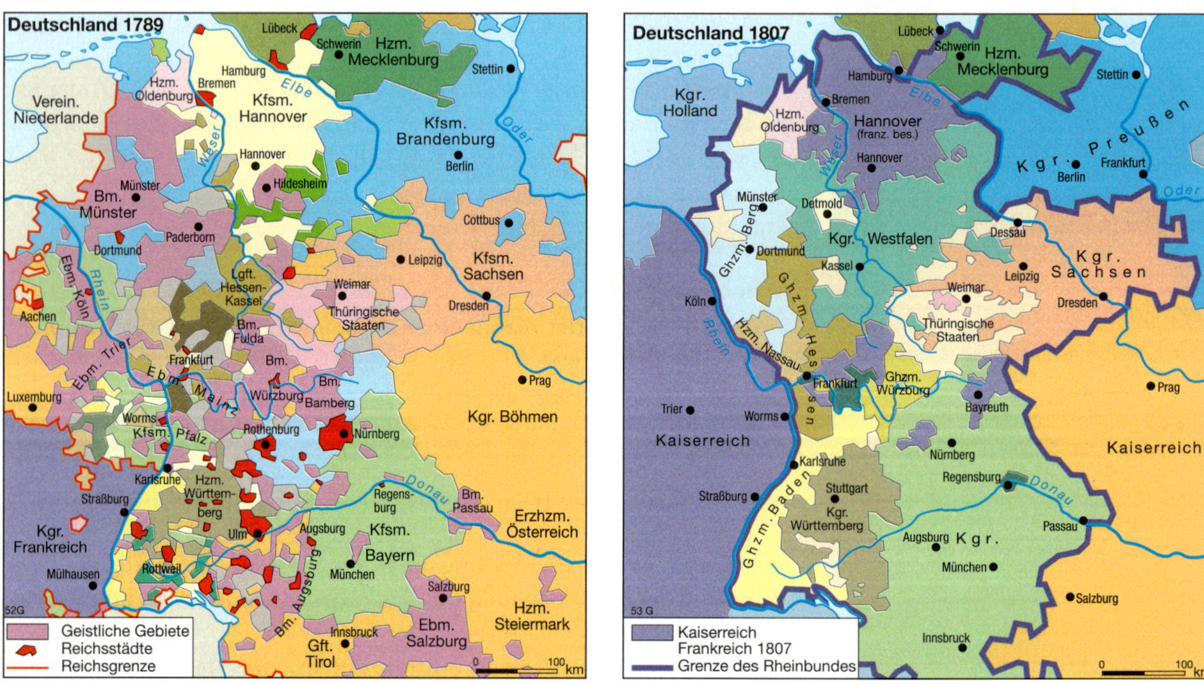

M1 *Die Neuordnung Deutschlands.*

Der Rheinbund

So kam es, dass Fürsten, die zu Napoleon hielten, sich auf Kosten der kleineren und geistlichen Herrschaftsgebiete bereichern konnten. Fast 160 Zwergstaaten verschwanden von der Landkarte, darunter 48 Reichsstädte. Gewinner der Neuordnung waren die neuen Königreiche Bayern und Württemberg sowie das neue Großherzogtum Baden. Damit war ein Gegengewicht zu Österreich und Preußen entstanden.

1806 schlossen sich zunächst 16 Fürsten in Süd- und Westdeutschland mit Frankreich zum Rheinbund zusammen. Sie erklärten feierlich ihren Austritt aus dem *Heiligen Römischen Reich Deutscher Nation.*

i

Heiliges Römisches Reich Deutscher Nation: Seit dem 15. Jahrhundert bis 1806 die Bezeichnung für den Herrschaftsbereich des Kaisers, der sich als Nachfolger des römischen Kaisers verstand. Das Kerngebiet der Territorien des Reiches lag im heutigen Deutschland.
Allianz: Bündnis.

Q2 *Aus den Bestimmungen des Rheinbundes:*

Artikel 1: Folgende Staaten (Aufzählung der 16 vertragsschließenden Staaten) trennen sich für immer vom Deutschen Reich und schließen unter sich einen Sonderbund mit dem Namen Rheinbund.
Artikel 2: Jedes deutsche Reichsgesetz … soll künftig … nichtig und ohne Wirkung sein …
Artikel 3: Jeder der Verbündeten und Fürsten wird auf diejenigen seiner Titel verzichten, die irgendwelche Beziehungen zum deutschen Reich ausdrücken; und er wird am nächsten 1. August seine Trennung vom Reich in der Reichstagssitzung bekanntmachen lassen …
Artikel 12: Seine Majestät, der Kaiser der Franzosen, wird als Beschützer des Rheinbundes proklamiert (ausgerufen).
Artikel 35: Zwischen dem französischen Volk und den Rheinbundstaaten wird … eine *Allianz* geschlossen, in deren Folge jeder Krieg auf dem Kontinent, den eine der vertragsschließenden Mächte führen muss, sofort für alle zur gemeinsamen Sache wird …
Artikel 38: Das Kontingent, das jeder der Verbündeten im Kriegsfalle stellen muss, wird wie folgt festgelegt:
Frankreich stellt 200 000 Mann aller Waffen, das Königreich Bayern: 30 000 Mann, Königreich Württemberg: 12 000 Mann, das Großherzogtum Baden: 8000 Mann, das Großherzogtum Hessen-Darmstadt: 4000 Mann. Ihre Hoheiten und der Fürst von Nassau stellen mit den anderen verbündeten Fürsten ein Kontingent von 4000 Mann …

Nach: Geschichte in Quellen, Bd. 4, S. 549f.

Arbeitsaufträge

1. Nenne die Ziele Napoleons und erläutere sie. Nutze dabei Q1.
2. Zähle mit Hilfe von M1 die Staaten auf, die dem Rheinbund angehörten.
3. Nenne Gründe, warum Napoleon das Heilige Römische Reich Deutscher Nation zerstörte.
4. Erkläre mit Hilfe von Q2 den Inhalt der Bestimmungen des Rheinbundvertrages.
5. Erläutere, welche Folgen die Gründung des Rheinbundes haben könnte.

Frankreichs Gegner Preußen

Die Auflösung des Heiligen Römischen Reiches

Franz II., Kaiser des Heiligen Römischen Reiches Deutscher Nation, hatte sich bereits 1804 zum Kaiser von Österreich ausgerufen. Auf diese Weise wollte er die Ranggleichheit zu Napoleon bewahren, welcher sich noch im selben Jahr zum Kaiser von Frankreich krönte. Auf die Gründung des Rheinbundes 1806 und den Zerfall des Heiligen Römischen Reiches reagierte Franz II. mit folgender Erklärung.

Q1 *Franz II. ließ am 1. August 1806 verkünden:*

> Wir erklären ..., dass wir das Band, das uns bis jetzt mit dem deutschen Staatskörper vereinigt, als aufgelöst und das Amt und die Würde eines Kaisers als erloschen betrachten; dass wir uns dadurch als aller Verbindlichkeiten gegen das Deutsche Reich entledigt ansehen, dass wir hierdurch die Kaiserkrone, die wir bisher getragen haben, niederlegen und auf die Regierung, mit der wir im Namen des Reiches beauftragt waren, verzichten.
>
> Nach: Geschichte in Quellen, Band 4, S. 550f.

Mit dieser Erklärung war das Ende des Heiligen Römischen Reiches Deutscher Nation besiegelt. Auf deutschem Territorium gab es nunmehr das Kaiserreich Österreich, das Königreich Preußen, das dritte Deutschland, zu dem viele kleine Staaten zählten, und die Rheinbundstaaten.

Der preußische König und der französische Kaiser

Bis zum Jahr 1805 hatte sich Preußen aus dem Kampf um die Vorherrschaft in Europa zurückgehalten. Dies war nun nicht mehr möglich. Preußen ging ein Bündnis mit Russland ein, um nicht wie die Rheinbundstaaten von Frankreich abhängig zu werden. Danach forderte Preußen den Abzug aller französischen Truppen rechts des Rheins und die Auflösung des Rheinbundes. Damit war der Krieg zwischen Frankreich und Preußen unvermeidbar.

Am 14. Oktober 1806 kam es zur entscheidenden Doppelschlacht bei Jena und Auerstedt. Die preußischen Truppen verloren, weil sie der französischen Armee zahlenmäßig und in Fragen der Taktik unterlegen waren. Die preußische Armee hielt an ihrer starren Linientaktik fest. Das napoleonische Heer kämpfte dagegen in kleineren flexibleren Gruppen und war auf diese Weise in Schlachten beweglicher. Darüber hinaus war es kriegserfahren und durch vorangegangene Siege hochmotiviert. Es bestand aus jährlich eingezogenen Rekruten, also Wehrpflichtigen.

Überrascht von der schnellen Niederlage, floh der preußische König Friedrich Wilhelm III. nach Ostpreußen und kapitulierte. Napoleon zog in Berlin ein und die preußischen Staatsbeamten erklärten ihre Bereitschaft, mit Napoleon zusammenzuarbeiten. Obwohl Napoleon die Auflösung Preußens forderte, konnte Preußens Bündnispartner Russland dies im *Frieden von Tilsit* (1807) verhindern. Russland blieb so die Grenze zu Frankreich erspart. Preußen sollte 120 Millionen Franken Kriegsentschädigung an Frankreich zahlen.

M1 *Übergabe des Schlüssels der Stadt Berlin an Napoleons am 27. Oktober 1806. Die bronzene Siegesgöttin Quadriga wurde später in Einzelteile zerlegt und nach Paris verschafft. Sie sollte in den Triumphbogen eingebaut werden. Erst 1815 kehrte sie zurück an die Spree. Kupferstich nach einer Zeichnung von Jacques Swebach, 1806, koloriert.*

i

Kontinentalsperre: Wirtschaftsblockade, in der der Handel mit England verboten wurde. Das gesamte europäische Festland wurde für englische Waren gesperrt.

Napoleons Politik gegenüber England

Um England, die bedeutendste Seemacht der Zeit, auszuschalten, verhängte Napoleon die *Kontinentalsperre*. Auf diese Weise wollte er den strategischen Vorteil der Insellage gegen England einsetzen. Hierin sah er die einzige Möglichkeit, den ungeliebten Nachbarn zu unterwerfen.

Q2 *Die Kontinentalsperre:*

§1 Die Britischen Inseln werden zum Blockadegebiet erklärt.
§2 Jeder Handel und Verkehr mit England ist verboten.
§3 Jedes Geschäft, jede Ware und jeder Besitz eines englischen Untertans werden zur Beute erklärt.
§4 Der Handel mit englischen Waren ist verboten. Jede Ware aus England und seinen Kolonien wird zur Beute erklärt.
§7 Kein aus England oder seinen Kolonien kommendes Schiff darf einen unserer Häfen anlaufen.

Nach: Geschichte in Quellen, Bd. 4, S. 591.

Arbeitsvorschlage

1. Erkläre, wie Napoleon seine Macht in Europa ausbaute.
2. Beschreibe M2. Wie hat der Einzug Napoleons in Berlin auf die Zeitgenossen gewirkt?
3. Erläutere den Begriff Kontinentalsperre.
4. Finde heraus, ob Wirtschaftsblockaden und Handelsbeschränkungen heute noch in der Politik angewendet werden.

Eine Geschichtserzählung

Zahl der in Lübeck entladenen Schiffe:

1805:	1 572 Schiffe
1808:	51 Schiffe

Zahl der stillgelegten Schiffe in Hamburg 1808:

300 Schiffe

M1 *Auswirkungen der Kontinentalsperre auf den Schiffsverkehr.*

Hamburg in der Zeit der Kontinentalsperre

In einer kleinen Hamburger Hafenschänke saßen im Spätherbst 1810 ein paar Männer. Vor ihnen lag ein Blatt mit einer Karikatur. Sie zeigte Napoleon, wie er als Bäcker verkleidet lauter kleine Teigfiguren herstellte. „Napoleon als Königsbäcker“ stand in Englisch darunter geschrieben. Die Männer amüsierten sich. Einer rief laut: „Hat er noch immer nicht genug?“. „Die Figuren sehen aus wie seine Verwandtschaft“, sagte ein anderer. „Wenn nur ein deutscher Fürst gut gehorcht“, unterbrach ihn ein anderer, „dann wird auch er schnell zum König gemacht! Seht, da zieht er gerade die Könige von Bayern und Württemberg aus dem Ofen!“

M2 *Napoleon als Pfefferkuchenbäcker. Englische Karikatur, kolorierte Radierung von J. Gillary, 1806.*

Die Zollkontrolle

Plötzlich hörten sie laute, polternde Schritte vor der Tür. „Vorsicht, Polizei!“ rief der Wirt. Zwei Zollbeamte und ein paar bewaffnete Soldaten stürmten herein. Im Nu waren alle Ausgänge besetzt. Schnell riss noch einer der Gäste die Karikatur vom Tisch und steckte sie in seine Tasche. Die Zollbeamten begannen die Räume und Schränke zu durchsuchen. Immer wieder rief der Wirt: „Nix Zoll! Nix Zoll!“ Die Franzosen aber fanden Rum- und *Arrak*flaschen, Kaffeetüten, Zuckerhüte, Uhren, Seide, Spitze … Sie schleppten alles aus der Gastwirtschaft und luden es auf einen bereitstehenden Wagen, auf dem schon ähnliche Dinge lagen. Die Männer beobachteten wütend das Aufladen, aber sie wehrten sich nicht.

i

Arrak: Branntwein aus Reis oder Palmensaft.

Das Leben der Menschen verändert sich

„Diese verfluchte Festlandssperre!“ schimpfte der Wirt. „Jetzt gibt es eine Liste von über hundert Waren, die als englische Produkte gelten. Die sollen abgeliefert und verbrannt werden. Ich möchte wissen, wie es ohne sie gehen soll!“ „Vor allem ohne Zucker und Rum“, ergänzte ein Gast. Während sie schimpften, griff ein anderer unter den Tisch und holte einige Flaschen hervor. „Die haben sie nicht gefunden!“

Plötzlich rückten alle zusammen und begannen zu flüstern. Sie sprachen über den Schmuggel mit den verbotenen Waren. Sie alle hatten nämlich ihre Arbeit verloren. Tagsüber lungerten sie jetzt in den Wirtshäusern am Hafen herum. Nachts aber fuhren die Männer mit ihren Kähnen elbabwärts. In einer Bucht übernahmen sie im Schutz der Dunkelheit die verbotenen Waren von den englischen Schmuggelschiffen. Das war zwar sehr gefährlich für die Männer, aber das Risiko lohnte sich, denn der Warenhunger im Lande war groß.

i

Zichorien: Kaffeeersatz aus Zuckerrübenblättern.

Bohnenkaffee schmeckte besser als die schwarze *Zichorien*brühe, die man als Ersatz trinken musste. Englische Stoffe übertrafen die deutschen oder französischen. Und erst die Stahlwaren – vor allem die Rasiermesser! Am schlimmsten aber war, dass der Tabak fehlte. Getrocknete Kastanien-, Kohl- oder Stachelbeerblätter dienten als scheußlich schmeckender Ersatz. Der Geruch war entsetzlich!

M3 *Verbrennung englischer Waren 1810. Zeitgenössischer Stich, koloriert.*

Der Kampf Napoleons gegen den Schmuggel

So tobte also der Kleinkrieg zwischen den Zöllnern und den Schmugglern. Obwohl jeder Kahn, jeder Wagen und jede Tasche durchsucht wurde. „Ich bin ja gespannt, wer den Sieg der Kontinentalsperre davonträgt, Napoleon oder die Engländer?“ sagte einer der Männer. Die Männer lachten. Aber der Wirt rief: „Glaubt ihr, dass es Napoleon nicht fertigbringt?“ Der Nachmittag belehrte sie eines besseren und zeigte ihnen die Macht Napoleons. Sie sahen wie Hunderte andere Bürger dem Verbrennen der Schmuggelware zu. Diesmal im Wert von mehr als einer Million Mark.

Arbeitsaufträge

1. Beschreibe die Auswirkungen der Kontinentalsperre auf die Menschen in Europa.
2. Notiere Waren, die zu den Schmuggelwaren gehörten. Ergänze gegebenenfalls weitere Produkte aus England und seinen Kolonien.
3. Versetze dich in die Lage eines Zeitzeugen (Matrose, Kind, Händler, Soldat, Zöllner, …), der bei der Warenverbrennung anwesend war. Schreibe seine Gedanken und Gefühle auf. Nutze dazu M3.

M1 *Marsch der „Großen Armee" 1812/1813.*

Der Russlandfeldzug

Spannungen mit Russland

Die Kontinentalsperre wurde durch das russische Eingreifen wirkungslos. Der russische Zar ließ die englischen Waren auf seinen Schiffen oder unter seiner Flagge segeln. Damit gelangten englische Waren und Produkte aus den Kolonien nach Europa. Napoleon beschloss, den Zaren für seine Politik zu bestrafen und plante einen Feldzug gegen Russland.

Der Einfall in Russland

Regiment für Regiment überschritt im Juni 1812 die Grenze zu Russland. Zu der 500 000 Mann starken „Großen Armee" zählten neben den Franzosen verbündete Soldaten aus ganz Europa. Die Sonne brannte, der Staub stand wie eine Wolke über den Marschwegen. Vom Feind war wenig zu sehen. Die Soldaten plünderten Dörfer, schlachteten das Vieh, zündeten die Holzhütten der Menschen an und versorgten ihre Pferde mit dem Nötigsten. Aber als der Herbstregen einsetzte, wurde der Weg beschwerlicher. Die Straßen verwandelten sich in Schlamm und der Zug der Soldaten bewegte sich immer langsamer vorwärts.

Endlich in Moskau

Am 14. September sahen die Soldaten endlich die zahlreichen Kuppeln und Türme Moskaus! Jetzt musste der Zar aufgeben, die alte Hauptstadt war in Gefahr. Die Truppen Napoleons marschierten ungehindert in die Stadt ein. Zu ihrer Überraschung mussten sie feststellen, dass die Stadt menschenleer war. Es gab keinen Proviant für die Soldaten und die Tiere. Die Soldaten konnten nur die leeren Häuser als Schutz gegen die beginnende Kälte nutzen. Plötzlich loderten überall kleine Feuer auf und bald brannte ganz Moskau. Da die russische Hauptstadt hauptsächlich aus Holzhäusern bestand, breitete sich schnell ein riesiges Flammenmeer aus. Napoleon war ratlos, damit hatte er nicht gerechnet. Er wartete einen ganzen Monat auf die Unterwerfung des Zaren, doch dieser antwortete ihm nicht einmal. Schließlich musste der Kaiser mit seiner Armee den Rückzug antreten.

Zur „Großen Armee" Napoleons gehörten verschiedene Nationalitäten:

240 000	Franzosen
70 000	Polen
35 000	Österreicher
30 000	Italiener
30 000	Bayern
30 000	Württemberger
25 000	Sachsen
20 000	Preußen
15 000	Rheinbundstaatler
10 000	Portugiesen, Spanier
10 000	Dänen
7 000	Schweizer
4 000	Sonstige

M2 *Die „Große Armee" Napoleons.*

Der Rückzug der „Großen Armee"

Der Rückzug sollte die Soldaten südwärts durch unzerstörte Gebiete führen. Diesen Weg aber versperrten die russischen Truppen. Nach mehreren Versuchen befahl der Kaiser notgedrungen den Rückzug auf dem alten Weg über Borodino – Smolensk – Wilna. Hier aber hatte er beim Vormarsch Obdach, Lebensmittel und Futtervorräte vernichten lassen. Schon bald begann der gefürchtete russische Winter. Am 6. November gab es den ersten Schneesturm. Dem folgte der harte Frost. Die Lage war aussichtslos. Hunger, Angst und Tod begleiteten die Soldaten. Täglich gab es Hunderte von Erfrorenen. Außerdem bedrängten die Reiterei der Kosaken und russische Bauern immer wieder die Armee. In Smolensk bestand die Armee nur noch aus 50 000 Mann.

Napoleon marschierte auf dem Rückweg über lange Strecken vor seinen Soldaten. Trotz seines persönlichen Einsatzes konnte Napoleon die Niederlage nicht abwenden. Sie wurde am Fluss Beresina besiegelt. Nur 25 000 Mann konnten sich über den Fluss retten, der bereits mit Eisschollen bedeckt war. Am 14. Dezember 1812 verließen lediglich 18 000 Soldaten völlig erschöpft, verletzt, verstümmelt und niedergeschlagen russischen Boden.

M3 *Offizier mit Ehefrau während des Rückzugs der „Großen Armee". Zeichnung des württembergischen Offiziers Wilhelm von Faber du Faur (1780–1857).*

M4 *Der Rückzug der „Großen Armee" aus Russland (Nov./Dez. 1812). Gemälde von Johann Adam Klein, 1812.*

Arbeitsaufträge

1. Nenne Gründe für den Russlandfeldzug.
2. Berichte über den Russlandfeldzug und seine Ergebnisse. Beziehe dabei M1 bis M4 mit ein.
3. Nenne Ursachen, die zum Scheitern des Feldzuges und der Taktik Napoleons führten.
4. Beurteile die Strategie des russischen Zaren.
5. Versetze dich in eine der abgebildeten Personen in M3 oder M4. Was mag sie denken oder fühlen?
6. Formuliere, welche Folgen die Niederlage der „Großen Armee" haben könnte.

Die Freiheitskriege gegen Napoleon

Der Widerstand in Europa wächst

Der Widerstand gegen Napoleon, dessen Familie und die französische Armee in den besetzten Gebieten Europas wuchs ständig. Um die Kontinentalsperre gegen England zu schließen, hatte Napoleon 1808 kurzerhand Spanien besetzt, den spanischen König zur Abdankung gezwungen und seinen eigenen Bruder zum König von Spanien ernannt. Im gleichen Jahr begann der Aufstand der Spanier und Portugiesen gegen die französischen Besatzer. Da dieser Krieg mit einer Guerilla-Taktik aus dem Untergrund geführt wurde, konnte Napoleon ihn nicht beenden.

Auch in Berlin wandelte sich die Stimmung der Bevölkerung gegenüber Napoleon. Ein Lied zeigt dies deutlich.

Q1 *Spottlied von Berliner Jungen von 1812/1813:*

Warte,
Bonaparte;
Warte nur, warte, wir kriegen dich schon.
Ja der Russ`
Hat uns gezeigt, wie man`s machen muss:
Im ganzem Kreml
Nicht eine Semmel
Und auf den Hacken
Immer nur Hunger und Kosaken.

Ja der Russ
Hat uns gezeigt, wie man`s machen muss.
Hin ist der Blitz
Deiner Sonne von Austerlitz,
Unterm Schnee
Liegen all deine Corps de Armée.
Warte,
Bonaparte.
Warte nur, warte, Napoleon
Warte, warte, wir kriegen dich schon.

Aufstände in Preußen

Nach Napoleons schwerer Niederlage in Russland erscholl in Preußen der Aufruf zum Widerstand. Ganz gleich, ob sie Studenten, Bürger, Bauern, Handwerker, Beamte, Bauern oder Bergleute waren – aus allen Schichten der Bevölkerung meldeten sich Freiwillige. Sammelstellen nahmen Spenden für die Ausrüstung der Soldaten entgegen. Die Menschen opferten ihre letzten Habseligkeiten, denn sie wollten die Freiheit für das „ganze Deutschland“ erkämpfen.

Q2 *Brief des 18-jährigen Wilhelm Alberti an seine Mutter:*

In diesen kritischen Zeitläufen kann und darf der Mann von Kopf und Herz nicht verzweifeln ... Dass ich nun wahrscheinlich die Muskete werde ergreifen müssen, freut mich sehr; denn es gilt Freiheit und Existenz (zu verteidigen) ... es ist unser erhabenstes Ziel und muss unser höchstes Ideal sein, fürs Vaterland zu kämpfen und zu siegen – oder das Feld der Freiheit und Ehre zu bedecken helfen.

Kleßmann, E.: Die Befreiungskriege in Augenzeugenberichten, S. 28.

Das Ziel der Freiwilligen war die Gründung eines einheitlichen deutschen Staates. Aufgrund des Drängens der Bevölkerung musste der preußische König im März 1813 Frankreich den Krieg erklären.

Die Völkerschlacht bei Leipzig

Dem Kampf der Russen und Preußen gegen Napoleon schlossen sich Schweden und Österreich an. Es bildete sich eine *„Armee der Verbündeten"*, die durch englische Geldzahlungen unterstützt wurde. Nur in den Rheinbundstaaten fand der Aufruf gegen Napoleon zunächst kein Echo.

Napoleon hatte in Frankreich und den Rheinbundstaaten neue Soldaten geworben und auf den Kampf vorbereitet. Die Entscheidung zwischen der „Armee der Verbündeten" und der *„Großen Armee"* Napoleons fiel vom 14. bis 19. Oktober 1813 in der Völkerschlacht bei Leipzig. 200 000 Soldaten kämpften auf Napoleons Seite gegen die 320 000 Mann starken Truppen seiner Gegner. Die Verbündeten siegten. Als Napoleon am 1. Januar 1814 den Rhein überquerte, verließ er für immer deutschen Boden. Ein halbes Jahr später zogen die siegreichen preußischen und russischen Truppen in Paris ein.

Der Sieg über Napoleon

Am 6. April musste Napoleon als Kaiser abdanken. Er wurde auf die Mittelmeerinsel Elba verbannt, die sein neuer Aufenthaltsort werden sollte. In Frankreich übernahm König Ludwig XVIII. die Macht. Allerdings versuchte Napoleon mit der Unterstützung treuer Anhänger ein Jahr später, die Macht erneut an sich zu reißen. Die Entscheidungsschlacht fiel im Juni 1815 bei Waterloo im heutigen Belgien. Napoleon und sein Heer wurden hier durch die Engländer und Preußen vernichtend geschlagen. Die Engländer verbannten ihn auf die Insel St. Helena im südlichen Atlantischen Ozean. Dort starb er im Jahre 1821. Sein Sarg wurde 1840 nach Paris geholt und mit einem feierlichen Zug unter Anteilnahme der Bevölkerung im Invalidendom beigesetzt.

M1 *Napoleon an Bord eines englischen Schiffes auf den Weg nach St. Helena im Südatlantik im Jahr 1815. Gemälde von Sir William Q. Orchardson, 1880.*

Arbeitsaufträge

1. Erkläre, warum es zum Freiheitskampf gegen Napoleon kam.
2. Nenne Gründe für den Sieg der Verbündeten.
3. Überlege, warum Napoleon in die Verbannung geschickt wurde. Bewerte diese Form der Bestrafung.
4. Nenne andere Möglichkeiten für eine Bestrafung Napoleons.

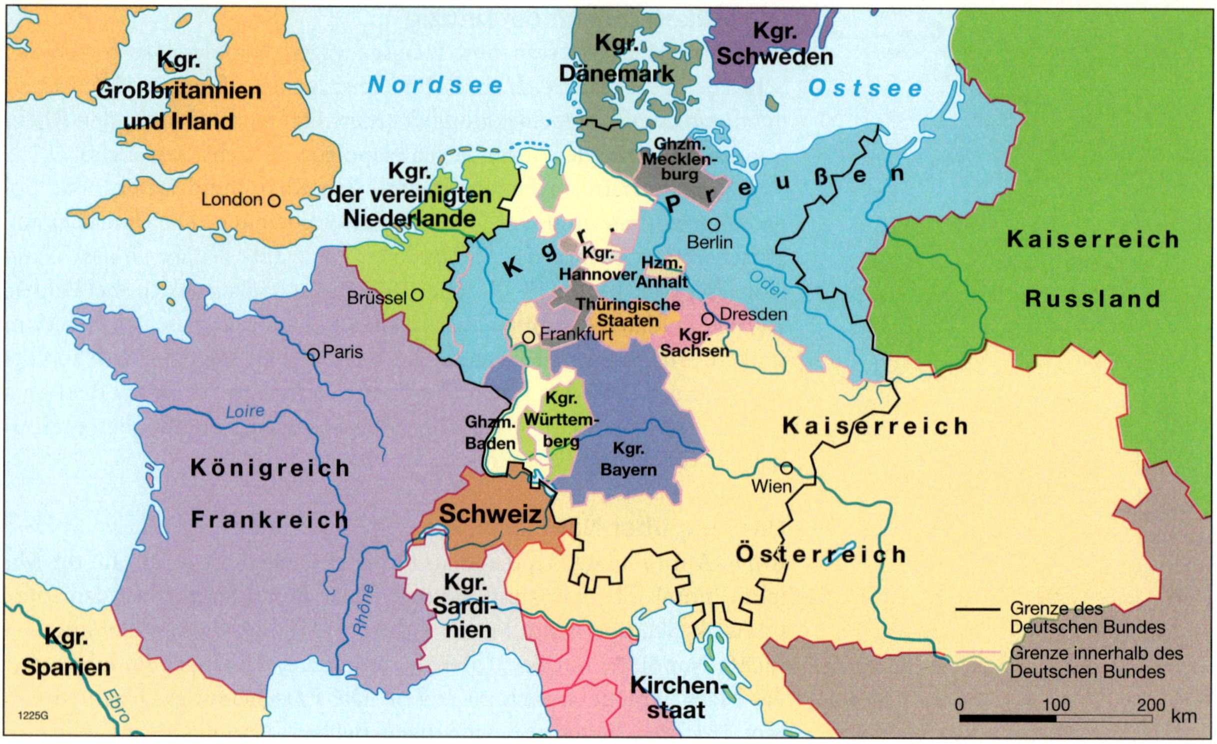

M1 *Europa 1815.*

Der Wiener Kongress und seine Folgen

Europa und Frankreich ohne Napoleon

Napoleon war seiner Macht enthoben. In Wien trafen sich die verbündeten europäischen Fürsten und ihre Minister zu einer prunkvollen Zusammenkunft, dem Wiener Kongress, um die Grenzen der europäischen Länder festzulegen. Napoleons Eingriffe hatten die politische Ordnung schließlich stark beeinflusst. Alles sollte so werden wie vor der Französischen Revolution und vor der Herrschaft Napoleons. Revolutionäre Ideen und Bewegungen sollten eingedämmt werden. Das Ziel hieß *Restauration*, d. h. die Wiederherstellung der alten Ordnung.

Es setzte ein übles Schachern um Länder und Menschen ein. Jeder Machthaber wollte etwas anderes, das Meiste natürlich für sich. Endlich, am 9. Juni 1815, unterzeichneten die Teilnehmer die Abschlussakte feierlich. Frankreich erhielt die Grenzen von 1789 zurück, musste keine Teile seines alten Staatsgebietes abtreten und blieb eine europäische Großmacht. Ludwig XVIII., ein Bruder Ludwigs XVI., wurde neuer französischer König.

Preußen konnte seine Besitzungen im Rheinland und in Westfalen ausbauen und erhielt Gebiete des napoleontreuen Sachsens, was seine Machtposition stärkte. Österreich behielt seine Vormachtstellung auf dem Balkan und in Oberitalien. Es beharrte außerdem auf seinem Führungsanspruch gegenüber Preußen im neu gegründeten Deutschen Bund. Gleichzeitig schlossen der Zar von Russland, der Kaiser von Österreich und der König von Preußen ein Bündnis zum Schutz der wiederhergestellten Ordnung: die *Heilige Allianz*.

Der Aufbau des Deutschen Bundes

Das Heilige Römische Reich Deutscher Nation war durch Napoleons Politik endgültig untergegangen. So entschlossen sich die führenden Mächte 1815, einen lockeren Staatenbund zu gründen. Diesen nannten sie den *Deutschen Bund.*

Ihm gehörten das Kaiserreich Österreich und das Königreich Preußen (mit ihren deutschen Gebieten), die Königreiche Bayern, Württemberg, Sachsen, Hannover sowie die übrigen 29 Kleinstaaten Deutschlands an. Hinzu kamen die letzten vier selbstständigen Städte Frankfurt am Main, Hamburg, Lübeck und Bremen. Die kleinsten dieser „souveränen Staaten" hatten nur etwa 5 000 Einwohner.

Die einzelnen Staaten blieben in diesem Staatenbund politisch selbstständig. Zur gemeinsamen Beratung von politischen Fragen wurde in Frankfurt ein Bundestag geschaffen, auf dem sich die Vertreter der Länder unter Vorsitz von Österreich versammelten.

Ein Traum bleibt: die Einheit Deutschlands

Durch die Befreiungskriege gegen Napoleon war im deutschen Volk das Zusammengehörigkeitsgefühl gewachsen. Nicht nur Preußen, Sachsen oder Bayern wollten sie sein, sondern Deutsche! Aber die Teilnehmer des Wiener Kongresses wollten von diesem neuen Gemeinschaftssinn nichts wissen. Ein geeintes Deutschland mit einer Verfassung oder gar ein Mitbestimmungsrecht des Volkes war für sie unvorstellbar. Sie trennten und zerstückelten die deutschen Länder erneut.

M2 *Sitzung des Bundestages in Frankfurt am Main 1815. Kolorierte Radierung, 1816.*

Arbeitsaufträge

1. Beschreibe die Auswirkungen der Beschlüsse des Wiener Kongresses auf Frankreich.
2. Nenne die Staaten des Deutschen Bundes.
3. Charakterisiere den Aufbau des Deutschen Bundes.
4. Erläutere, warum die Menschen über die Gründung des Deutschen Bundes enttäuscht waren.

PROJEKT

Kleidung in der Zeit der Revolution

Kleidung wird im Laufe der Geschichte immer wieder Veränderungen unterworfen. Nicht immer konnten die Menschen frei über ihre Kleiderwahl entscheiden. Im Zeitalter des Absolutismus legten Kleiderordnungen genau fest, welcher Stand welches Kleidungsstück tragen durfte. Kostbare Stoffe wie Samt oder Seide blieben dem Adel vorbehalten. Stoffe aus Leinen, Flachs oder Wolle deuteten dagegen auf ein Mitglied des dritten Standes hin. Auch die Art der Kleidung unterschied sich je nach Lebensumfeld.

Die neue gesellschaftliche und politische Situation in Frankreich seit der Französischen Revolution spiegelte sich auch in der Kleidung der Bevölkerung wider.

Arbeitsaufträge

1. Erstellt ein Plakat oder eine Collage zu den verschiedenen Kleidungsformen in der Zeit der Französischen Revolution.
2. Informiert euch in der Fachliteratur oder den modernen Medien über Farben, Formen, Stoffe, Schnitte und Materialien der Bekleidung.
3. Vergesst nicht, die Hintergründe der Kleiderwahl zu klären und zu erklären.
4. Wählt ein Kleidungsstück aus und präsentiert die Ergebnisse eurer Klasse.
5. Versucht über einen Kostümverleih oder Karnevalsclub, über Theater oder Oper Nachbildungen zu erhalten und das Tragen dieser Kleidungsstücke auszuprobieren. Oder stellt selbst eigene Entwürfe her. Bittet Erwachsene um Mithilfe.
6. Diskutiert, ob Kleidung heute ein Ausdruck von persönlichen oder politischen Haltungen ist. Begründet eure Meinung.

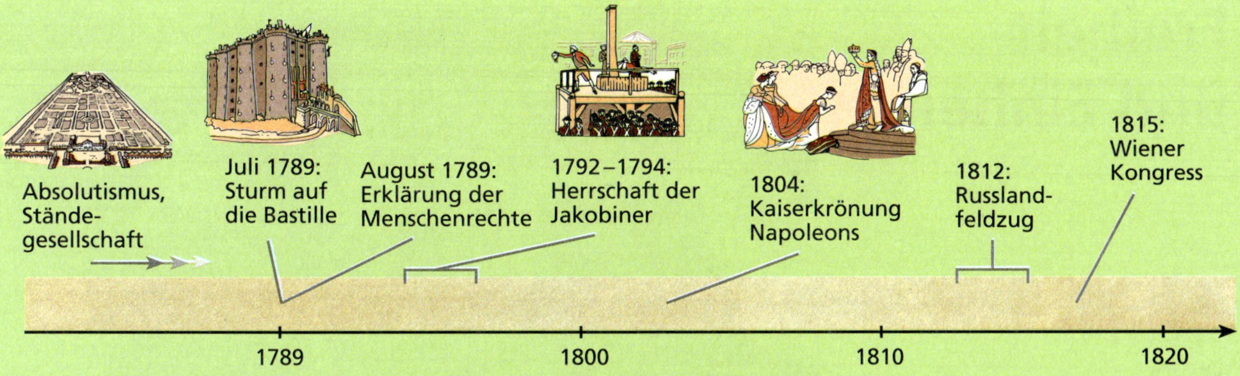

IN KÜRZE

Wichtige Begriffe:
Generalstände
Bastille
Erklärung der Menschen- und Bürgerrechte
Jakobiner
Guillotine
Napoleon
Kontinentalsperre
Rheinbund
Verbündete
Völkerschlacht
Wiener Kongress
Deutscher Bund

Im Jahre 1789 herrschte Ludwig XVI. über die drei *Stände* des Landes: die Geistlichkeit, den Adel und den dritten Stand. Er berief die *Generalstände* ein, um neue Steuergelder bewilligen zu lassen. Der dritte Stand wollte die Steuerlast jedoch nicht länger allein tragen und bildete die *Nationalversammlung*.

Mit dem *Sturm auf die Bastille* am 14. Juli 1789 begann die französische Revolution. *„Freiheit, Gleichheit, Brüderlichkeit!"* lautete die Losung der Revolutionäre. Die Verabschiedung der Menschen- und Bürgerrechte brachte sie diesem Ziel näher. König Ludwig XVI. wurde gestürzt und hingerichtet. Anschließend begann die *Terrorherrschaft* der Jakobiner.

1799 riss *Napoleon* die Macht an sich und krönte sich 1804 selbst zum Kaiser. Unter seiner Herrschaft entstand ein bedeutendes Gesetzeswerk, der *Code Civil*. Durch viele Kriege errang Napoleon die Vorherrschaft Frankreichs in Europa. England konnte er durch die *Kontinentalsperre* allerdings nicht bezwingen. Napoleons Niederlage in Russland 1814 leitete das Ende seiner Herrschaft ein, die 1815 in der Schlacht bei *Waterloo* besiegelt wurde.

Anschließend mussten die Gebiete Europas neu geordnet werden. Der Wiener Kongress beschloss 1814/1815 die Wiederherstellung der alten Ordnung (*Restauration*). In Frankreich bestieg wieder ein König den Thron.

Freiheit und Einheit

„Das merkwürdige Jahr 1848“. Zeitgenössische Bilderzeitung zu den Straßenkämpfen in Berlin am 18./19. März 1848.

Die gute alte Zeit

Biedermeier als Zeitgeist des Bürgertums

i

Biedermeier ist eine Stilbezeichnung für die Dichtkunst, Kleidermode, Wohnkultur und Malerei zwischen 1815 und 1848. Benannt wurde diese Zeit nach einer literarischen Figur, dem schwäbischen Schullehrer Gottlieb Biedermeier. Biedermeier war ein Spießbürger, der eine sehr beschränkte Sichtweise auf das Leben hatte. Er kümmerte sich nur um sein Privatleben und war nicht an Politik interessiert.

Nach dem Ende der napoleonischen Kriege wünschten sich viele Deutsche endlich wieder Ruhe und Sicherheit. Die Ergebnisse des Wiener Kongresses schienen diesen Wünschen gerecht zu werden. Es war Frieden in Europa, die Landesherren saßen wieder fest auf ihren Thronen und der Adel auf seinen Schlössern und Gütern konnte sich bei der Verwaltung seiner Gebiete ganz auf seine Beamten verlassen.

M1 *Die Familie Hauschild. Gemälde von Eduard Gärtner, 1843.*

M2 *Biedermeiereinrichtung.*

Trautes Heim – Glück allein

Nach den unruhigen Zeiten zogen sich besonders bürgerliche Kreise ganz ins Privatleben zurück. Wichtig waren ihnen die Familie, die Wohnung und ein wenig Wohlstand. Zum weit verbreiteten Traum gehörten ein Haus im Grünen, am besten gelb gestrichen und mit grünen Fensterläden, und irgendwo ein luftiges Gartenhaus.

Die Bürger legten sehr viel Wert auf ein geselliges Leben im Familienkreis. Den Sonntag hielten sie sich zum Beispiel für gemeinsame Aktivitäten frei. Wichtig war außerdem ein behagliches Wohnzimmer, in dem sich die Familie sonntags oder bei festlichen Anlässen wie Ostern oder Weihnachten versammelte. Künstler wurden beauftragt, von den Kindern oder der gesamten Familie Porträts zu malen.

Wer wohlhabend war, stellte für seine Kinder Hauslehrer ein. Weiterführende Schulen waren allerdings den Jungen vorbehalten. Sie sollten dort zu rechtschaffenen, tüchtigen Bürgern erzogen werden.

Die Aufgabenteilung zwischen Männern und Frauen war klar festgelegt. Während der Mann als Familienvorstand mit seiner Arbeit das Geld verdiente, war es Aufgabe der Frau, Hausfrau und Mutter zu sein. Der Hausputz, die Erziehung der Kinder, Kochen, Backen, Nähen und Stopfen gehörten zu den Pflichten der Hausfrau. Ihre geringe Freizeit verbrachte sie mit Handarbeiten wie Sticken, Stricken und Weben oder mit Musizieren. Lesen und Studieren galt für Frauen als ebenso unschicklich wie die Stellungnahme zu politischen Fragen.

Es war einmal ...

Auch die Kunst spiegelte den Zeitgeist des Biedermeier wider. Von den politischen Verhältnissen enttäuscht, setzten sich viele Schriftsteller mit der Vergangenheit auseinander. Die Künstler der *Romantik* wollten vor allem Gefühle zum Ausdruck bringen. Dunkle Nacht, Mondschein, Einsamkeit und die Schönheit der Natur waren immer wiederkehrende Themen in Malerei und Literatur.

M3 *Der Sonntagsspaziergang. Gemälde von Carl Spitzweg, 1841.*

Q1 *Das romantische Gedicht „Mondnacht“ von Joseph von Eichendorff, 1835:*

Es war, als hätt der Himmel die Erde still geküsst,
dass sie im Blütenschimmer von ihm nun träumen müsst.
Die Luft ging durch die Felder, die Ähren wogten sacht,
es rauschten leis die Wälder, so sternklar war die Nacht.
Und meine Seele spannte weit ihre Flügel aus,
flog durch die stillen Lande, als flöge sie nach Haus.

Das Gedicht vom Mittelalter bis zum 20. Jahrhundert, S. 296.

i

Romantik war eine von Deutschland ausgehende Stilrichtung der Kunst von 1790 bis 1830. Wesentliche Merkmale der Romantik sind die Beschreibung von Gefühlen oder geheimnisvollen Fantasien sowie die Rückbesinnung auf die Natur und Vergangenheit. Die Kunst schuf auf diese Weise Fluchträume vor der Wirklichkeit.

Die Sprachwissenschaftler Jacob und Wilhelm Grimm, bekannt als die Gebrüder Grimm, meinten, dass Märchen die Seele eines Volkes seien. Sie sammelten daher die deutschen Volksmärchen und veröffentlichten sie.

Arbeitsaufträge

1. Nenne Gründe, warum sich viele Bürger ganz in ihr Privatleben zurückzogen.
2. Beschreibe die Bilder M1 bis M3. Erkläre mit ihrer Hilfe, was typisch für die Biedermeierzeit war.
3. Beschreibe das Familien- und Frauenbild der Biedermeierzeit.
4. Diskutiert, ob sich die damaligen Rollenbilder bis heute erhalten haben. Begründet eure Meinung.

Vormärz – Die Ruhe trügt

Das Wartburgfest 1817

i

Vormärz: politische Bezeichnung für die Zeit zwischen dem Wiener Kongress 1815 und dem Beginn der bürgerlichen Revolution in Deutschland im März 1848.
Burschenschaft: studentische Verbindung mit festen Regeln für das Zusammenleben der Studenten an einer Universität.

Nicht alle Deutschen zogen sich in die Ruhe des Privatlebens zurück. Menschen, die in den Befreiungskriegen gegen Napoleon ihr Leben riskiert und gehofft hatten, dass der Adel ihnen mehr Rechte einräumen würde, waren enttäuscht. Besonders die Studenten waren mit den politischen Verhältnissen unzufrieden. Sie hatten 1815 aus Begeisterung über die Befreiungskriege in Jena eine *Burschenschaft* gegründet. Als Farben dieser Deutschen Burschenschaft wählten sie Schwarz – Rot – Gold.

Im Oktober 1817 lud die Deutsche Burschenschaft gleich gesinnte Studenten aus ganz Deutschland auf die Wartburg ein. Hier sollte ein Fest an die Völkerschlacht von Leipzig und den 300. Jahrestag der Reformation erinnern. Etwa 500 Studenten und einige Professoren reisten aus allen Teilen des Deutschen Bundes an. Sie forderten mehr politische Rechte für das Volk und den Zusammenschluss aller deutschen Länder. Durch patriotische Reden ermutigt, verbrannten sie typische Zeichen der Adelsherrschaft. Dazu zählten Teile preußischer Uniformen und der Perückenzopf als Symbol der preußischen Armee sowie der Feudalherrschaft. Außerdem verbrannten sie sogenannte „undeutsche“ Werke von Autoren, die die Ziele der Burschenschaften nicht unterstützen.

Das Wartburgfest endete mit der Verabschiedung der Grundsätze der Burschenschaften unter der Losung „Ehre – Freiheit – Vaterland“.

M1 *Fahne der Jenaer Burschenschaft: schwarz-rot mit goldenem Eichenlaub und goldenen Fransen. Die Farben leiteten sich aus der Uniform ab, die die Lützower Jäger, eine Freiwilligeneinheit, während der Befreiungskriege gegen Napoleon trugen.*

M2 *Das Wartburgfest. Holzstich, um 1880.*

i

Restauration: Wiederherstellung.

Restauration: Die Adelsordnung soll erhalten bleiben

Der Adel mit seinen Höflingen und Beamten wollte nach den Befreiungskriegen gegen Napoleon seine politische Führung festigen. Die Voraussetzungen dafür schuf der Wiener Kongress. Die Forderungen der Burschenschaften nach Freiheit und einem geeinten Vaterland stellten für den Adel eine Gefahr dar, denn dadurch hätte er einen großen Teil seiner Macht verloren.

Als ein einzelner Theologiestudent den Schriftsteller August von Kotzebue erstach, reagierten die Fürsten. Von Kotzebue war ein Gegner der Burschenschaften gewesen. Der Täter Carl Ludwig Sand hatte als Mitglied einer Burschenschaft am Wartburgfest teilgenommen und war überzeugt, mit der Ermordung von Kotzebues Deutschlands Weg in die Freiheit zu ebnen. Die Minister des deutschen Bundes nutzen diesen Zwischenfall als Anlass, um die Burschenschaften zu verbieten. 1819 erließen sie die Karlsbader Beschlüsse, die folgende Einschränkungen festlegten:

- Verbot der Burschenschaften
- Polizeiaufsicht über Universitäten
- Einführung strenger Zensur
- Unterdrückung und Verfolgung nationaler, freiheitlicher Kräfte.

Zensoren prüften künftig bei Zeitungen, Zeitschriften oder Büchern, ob sie das Gedankengut von Einheit und Freiheit verbreiteten. Hunderte von Professoren, Studenten oder Schriftstellern wurden wegen ihrer politischen Überzeugung vor Gericht gestellt und zu langjährigen Haftstrafen verurteilt. Viele demokratisch gesinnte Deutsche wanderten daher in die Vereinigten Staaten von Amerika aus.

M3 *Der Zeitgeist. Karikatur, 1819. Auf der Fahne steht „XIIIe Artikel; Universitaeten, Pressfreiheit"; die Grenzflüsse auf der Landkarte sind im Osten die Weichsel und im Westen der Rhein. Die Fahneninschrift der Karikatur bezieht sich mit Artikel XIII auf eine Bundesakte von 1815, welche die Einführung von Verfassungen in allen Bundesstaaten vorsah.*

Q1 *Aus den Karlsbader Beschlüssen:*

Es soll bei jeder Universität ein landesherrlicher Bevollmächtigter angestellt werden. Das Amt dieses Bevollmächtigten soll sein, über die strenge Vollziehung der bestehenden Gesetze und Disziplinarvorschriften zu wachen und den Geist, in welchem die akademischen Lehrer bei ihren öffentlichen und Privatvorträgen verfahren, sorgfältig zu beobachten ...

Solange der gegenwärtige Beschluss in Kraft bleibt, dürfen Schriften, die in der Form täglicher Blätter oder heftweise erscheinen, desgleichen solche, die nicht über 20 Bogen stark sind, in keinem deutschen Bundesstaat ohne Vorwissen und vorgängige Genehmigung der Landesbehörde zum Druck befördert werden.

Nach: Das bürgerliche Zeitalter 1815–1914, bearb. v. G. Schönbrunn, S. 86f.

Arbeitsaufträge

1. Nenne Gründe, warum sich die Studenten auf der Wartburg versammelten.
2. Beschreibe die Abbildung M2 .
3. Erkläre, warum die Burschenschaften das Motto „Ehre – Freiheit – Vaterland" wählten.
4. Interpretiere die Karikatur M3.
5. Diskutiert, ob politische Motive einen Mord rechtfertigen.

Q1 *Zwei Strophen aus einem Lied, das zwischen 1820 und 1848 sehr populär war:*

Die Gedanken sind frei,
Wer kann sie erraten.
Sie fliehen vorbei,
Wie nächtliche Schatten.
Kein Mensch kann sie wissen,
Kein Jäger erschießen
Mit Pulver und Blei.
Die Gedanken sind frei!
...

Und sperrt man mich ein
Im finsteren Kerker,
Ich spotte der Pein
Und menschlicher Werke;
Denn meine Gedanken
Zerreißen die Schranken
Und Mauern entzwei
Die Gedanken sind frei.

„Die Gedanken sind frei..."

Der Wiener Kongress 1815 und die Karlsbader Beschlüsse 1819 konnten den mit den Befreiungskriegen erstarkten Wunsch der Bevölkerung nach Freiheit und politischen Rechten nicht unterdrücken. Immer mehr Deutsche lehnten sich gegen die Fürsten auf. Wegen ihres Strebens nach Freiheit wurden sie Liberale und die entstehende politische Bewegung Liberalismus genannt.

Die Liberalen traten für eine freie wirtschaftliche und persönliche Entfaltung der Menschen ein. Eines ihrer Hauptziele war der Schutz der Freiheit und der Rechte der einzelnen Person vor der Macht des Staates. Dazu zählte zum Beispiel das Recht auf Meinungsfreiheit oder Versammlungsfreiheit. Außerdem forderten sie eine Verfassung und damit die Abschaffung der Vorrechte des Adels. Statt der Fürsten sollte ein vom Volk gewähltes Parlament über Gesetze und Steuern entscheiden.

„Frisch, fromm, fröhlich, frei" – die Turnbewegung

Der Lehrer Friedrich Ludwig Jahn war fest davon überzeugt, dass eine national-patriotische, bürgerlich-demokratische Erziehung der Jugend ein „Gleichmaß von Leib und Seele" erfordere. Er führte deshalb Turnen und Leibesübungen als Mittel der Volksbildung ein.

1811 eröffnete er unter dem Motto „Frisch, fromm, fröhlich, frei" bei Berlin den ersten Turnplatz. Zum Turnen der Knaben und jungen Männer zählten Übungen an Geräten, sportliche Aktivitäten wie Laufen und Springen, Stemmen, Klettern, Fechten, Schwimmen und Ringen sowie verschiedene Spiele. Turngeräte wie der Bock, das Pferd oder der Barren wurden zu dieser Zeit erfunden.

Nach Inkrafttreten der Karlsbader Beschlüsse wurde in Preußen das Turnen verboten, da der Adel die Turnbewegung als Bedrohung empfand. Jahn, der „Turnvater", wurde verfolgt und sechs Jahre eingekerkert.

Nach seiner Freilassung lebte er ab 1825 unter Polizeiaufsicht in Freyburg. Erst 1840 rehabilitierte König Friedrich Wilhelm IV. Jahn und hob 1842 das Turnverbot an preußischen Schulen auf.

M1 *Turnplatz in der Hasenheide in Berlin, der 1811 von Friedrich Ludwig Jahn angelegt worden war. Stahlstich, um 1850.*

Das Hambacher Fest 1832

Die durch den Wiener Kongress erzwungene politische Ruhe in Deutschland und Europa hielt nicht lange. Im Juli 1830 wehrte sich das Volk von Paris in blutigen Straßenkämpfen gegen den Versuch, seine verfassungsmäßigen Rechte einzuschränken. Die Revolutionäre forderten die Abschaffung der Monarchie und die Errichtung einer Republik. Schließlich wurde in Frankreich eine *konstitutionelle Monarchie* eingeführt.

Ermutigt durch die revolutionären Erhebungen in verschiedenen Teilen des Landes, versammelten sich im Mai 1832 etwa 25 000 Menschen aus allen Bevölkerungsschichten und allen Landesteilen auf der Burgruine in *Hambach*. Von dem Versammlungsverbot, das die Polizei ausgesprochen hatte, ließen sie sich nicht beeindrucken. In mehr als 20 Reden forderten die Demonstranten einen einheitlichen deutschen Staat, die Aufhebung der Zensur und mehr persönliche Freiheit.

i

konstitutionelle Monarchie: Staatsform, in der die Macht des Monarchen durch die Verfassung eingeschränkt wird.
Hambach: Ort im heutigen Rheinland-Pfalz.

M2 *Diese Fahne wurde an der Spitze des Zuges zum Hambacher Schloss getragen. Sie zeigt die politischen Ziele der Teilnehmer.*

M3 *Hambacher Fest. Stahlstich, Mai 1832, koloriert.*

Q2 *Ein Teilnehmer auf dem Hambacher Fest:*

> ... Es lebe das freie, das einige Deutschland! ... Hoch lebe jedes Volk, das seine Ketten bricht und mit uns den Bund der Freiheit schwört! Vaterland – Volkshoheit – Völkerbund hoch!
> Wir selbst ... müssen vollenden das Werk, und ich ahne, bald, bald muss es geschehen, soll die deutsche, soll die europäische Freiheit nicht erdrosselt werden von den Mörderhänden der Aristokratie ...
>
> Nach: Krieger, H.: Materialien für den Geschichtsunterricht, Bd. 4, S. 263.

Arbeitsaufträge

1. Beschreibe das Bild M1. Vergleiche die dargestellten Sportgeräte mit den Geräten, die du heute im Sportunterricht nutzt.
2. Erläutere die Ziele des Turnvaters Jahn und nimm Stellung dazu.
3. Nenne die politischen Ziele der Teilnehmer des Hambacher Festes und beschreibe die Stimmung, die in Q1 deutlich wird.
4. Beschreibe die Stimmung, die das Bild M3 vom Hambacher Fest widerspiegelt. Beachte, dass die Polizei das Fest verboten hatte.

METHODE

Historische Lieder als Quelle untersuchen

M1 *Hoffmann von Fallersleben (1798–1874). Radierung nach einer Zeichnung von E. Fröhlich, 1841.*

i

Trutz: Gegenwehr, Widerstand.

Hoffmann von Fallersleben: Das Lied der Deutschen, 1841

1. Deutschland, Deutschland über alles,
über alles in der Welt,
Wenn es stets zum Schutz und *Trutze*
Brüderlich zusammenhält,
Von der Maas bis an die Memel,
Von der Etsch bis an den Belt –
Deutschland, Deutschland über alles,
Über alles in der Welt!

2. Deutsche Frauen, deutsche Treue,
Deutscher Wein und deutscher Sang
Sollen in der Welt behalten
Ihren alten schönen Klang,
Uns zu edler Tat begeistern
Unser ganzes Leben lang –
Deutsche Frauen, deutsche Treue,
Deutscher Wein und deutscher Sang!

3. Einigkeit und Recht und Freiheit
Für das deutsche Vaterland!
Danach lasst uns alle streben
Brüderlich mit Herz und Hand!
Einigkeit und Recht und Freiheit
Sind des Glückes Unterpfand –
Blüh im Glanze dieses Glückes,
Blühe, deutsches Vaterland!

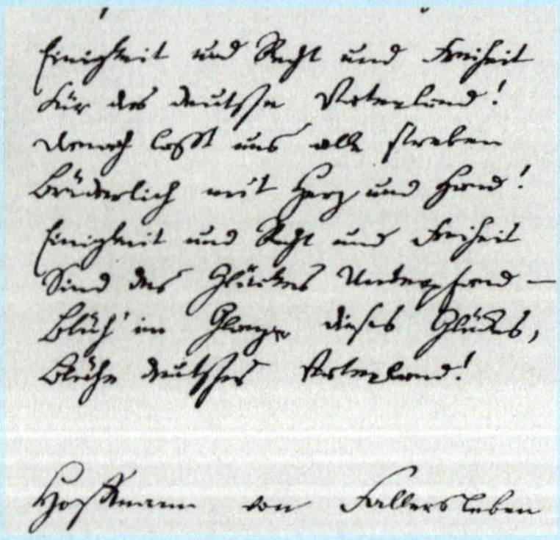

Einigkeit und Recht und Freiheit
Für das deutsche Vaterland!
Danach laßt uns alle streben
Brüderlich mit Herz und Hand!
Einigkeit und Recht und Freiheit
Sind des Glückes Unterpfand –
Blüh' im Glanze dieses Glückes,
Blühe deutsches Vaterland!

Hoffmann von Fallersleben

M2 *Auszug aus dem „Lied der Deutschen". Hoffmann von Fallersleben dichtete das dreistrophige Lied 1841 zu einer Melodie von Joseph Haydn.*

Liedtexte können Auskunft geben, wie Menschen in bestimmten Situationen lebten, fühlten und dachten. Damit sind besonders Lieder, die sich schon bei ihrer Entstehung auf politische Ereignisse bezogen, wichtige Quellen für unser Geschichtswissen.

Im 19. Jahrhundert waren Lieder eine viel genutzte Möglichkeit, die politischen Ideen und Gedanken der Menschen zu beeinflussen. Besonders in der Zeit nach dem Sturz Napoleons verbreiteten Studenten und Handwerker ihre politischen Ideen in Liedern. Musik und das gemeinsame Singen von Liedern weckt das Zusammengehörigkeitsgefühl, drückt Gefühle aus und verbreitet schnell Ideen und Informationen.

Viele der politischen Lieder des Vormärz wurden zu Melodien bekannter traditioneller Volkslieder gesungen. Die Texte wurden jedoch in politischem Sinne verändert. Dichter veröffentlichten mutige Gedanken von Freiheit und Einheit als Liedtexte.

Bei der Analyse eines Liedes ist es wichtig, nicht nur den Text, sondern auch die musikalischen Mittel zu untersuchen, sie nachzuempfinden und in Beziehung zum Text zu setzen. Wende folgende Schritte an, um ein historisches Lied als Quelle auszuwerten:

Schritte für die Analyse eines Liedes

1. Höre dir das Lied an.
2. Welche musikalischen Elemente fallen besonders auf?
3. Zu welcher Liedart gehört das Lied? (Sakrallied, Marschlied, Hymne, Arbeiterlied ...)
4. Wie ist der Text formuliert? (sachlich, anklagend, humorvoll ...)
5. Wie unterstützt die Musik den Text?
6. Was weißt du über die Entstehungszeit des Liedes?
   a) Wann ist es entstanden?
   b) Wer ist Texter, wer ist Komponist?
   c) Welches Ereignis, welche Zeit oder Person wird im Liedtext behandelt?
7. Singt das Lied gemeinsam. Welche Wirkung könnte das Lied bei seiner Entstehung gehabt haben? Welche Wirkung hat es heute?

i

Nationalhymne: Nach 1848 wird das „Lied der Deutschen" als Hymne gesungen. Von 1918 bis 1933 ist das Lied die alleinige Nationalhymne Deutschlands. 1952 bestätigt der Bundespräsident die dritte Strophe des Liedes als Nationalhymne der Bundesrepublik.
Die erste Strophe mit den Zeilen „Deutschland, Deutschland über alles, über alles in der Welt" wird heute nicht mehr gesungen. Auch die zweite Strophe, die sich auf ein Lied aus dem Mittelalter von Walther von der Vogelweide bezieht, wird nicht mehr gesungen. Seit 1991 ist die dritte Strophe des Liedes der Deutschen die Nationalhymne für das gesamte deutsche Volk.

Ergebnisse der Analyse des „Liedes der Deutschen":

1. Beim Hören des Liedes erkennst du dieses Lied. Es ist heute die *Nationalhymne* unseres Landes.
2. Die Melodie ist langsam, feierlich und getragen.
3. Das „Lied der Deutschen" ist eine Hymne.
4. Der Verfasser des Textes beschreibt mit Begeisterung seine Erwartungen und Hoffnungen.
5. Die Musik trägt den Text. Die wachsenden Erwartungen im Text untermalt die Melodie mit höheren Tönen. Durch die Musik wirkt der Text fast wie eine eindringliche Aufforderung.
6. Hoffmann von Fallersleben war Germanist, Schriftsteller und Dichter. Das Lied entstand 1841 auf der Insel Helgoland, die zu dieser Zeit im Besitz Großbritanniens war. Ein politisch einheitliches Deutschland existierte noch nicht. Es gab den Deutschen Bund, der aus 39 eigenständigen Staaten bestand und in dem Österreich eine führende Rolle hatte. Die Macht der Fürsten wurde durch strenge Gesetze und Zensur durchgesetzt. Viele Deutsche forderten ein einheitliches Deutschland und politische Rechte und Freiheiten, die auf einer Verfassung basierten. Das spiegelt sich in der dritten Strophe wider.
7. Als ich das Lied sang, empfand ich ...

Wusstest du, dass weltweit etwa jede dritte Nationalhymne europäischen Ursprungs ist?

Arbeitsaufträge

1. Nennt Anlässe, bei denen die Nationalhymne heute gespielt wird.
2. Erläutert, warum wir heute nur die dritte Strophe des „Liedes der Deutschen" singen. Diskutiert darüber.
3. Diskutiert, ob ein Staat eine Nationalhymne braucht.
4. In den USA ist es üblich, dass bekannte Künstler bei besonderen Sportereignissen die Nationalhymne singen. Auch in der Schule wird morgens teilweise die Nationalhymne gesungen. Soll Deutschland diesem Vorbild folgen? Begründe deine Meinung.

Die deutsche Kleinstaaterei

i

Zoll: Gebühren für die Ein- oder Ausfuhr von Waren in ein anderes Land.

Binnenzoll: Gebühren für den Handel mit Waren innerhalb eines Staates, zum Beispiel zwischen Bundesländern oder Teilstaaten.

Hemmschuh für die Wirtschaft

Die politische Zersplitterung Deutschlands war auch mit der Gründung des Deutschen Bunds 1815 nicht beseitigt.

Der Deutsche Bund war ein loser Staatenbund ohne politisches Oberhaupt. Sein Ziel war die Erhaltung der Unabhängigkeit der Einzelstaaten. Diese anhaltende Zersplitterung Deutschlands behinderte die wirtschaftliche Entwicklung. *Zoll*schranken trennten nicht nur die deutschen Staaten untereinander, sondern auch Provinzen und Städte.

Das Königreich Preußen verfügte beispielsweise nicht über ein zusammenhängendes Staatsgebiet. Waren, die von Berlin nach Köln in den westlichen Teil des Landes transportiert wurden, mussten zwangsläufig fremde Zollgrenzen passieren: zum Beispiel die des Herzogtums Braunschweig oder des Königreichs Hannover. Dadurch verteuerten sie sich.

Die *Binnenzölle* erschwerten aber nicht nur den Handel zwischen deutschen Staaten und Provinzen, sondern behinderten allgemein die Entwicklung der deutschen Industrie.

Europäische Nachbarstaaten wie Frankreich oder England verfügten über ein einheitliches Staatsgebiet. Binnenzölle entfielen hier, lediglich Außenzölle mussten gezahlt werden. England konnte Stoffe oder andere industrielle Erzeugnisse daher auf dem Festland weitaus günstiger anbieten als deutsche Unternehmer. Da der englische Export stieg, mussten die Fabriken mehr produzieren. Das ging nur, indem die Technik der Maschinen ständig verfeinert und die Produktionsabläufe verbessert wurden. In der Textilindustrie und im Bergbau war das Land zu dieser Zeit in Europa die Nummer eins.

Gränzverlegenheit.

„Sie sehen, Herr Gränzwächter, daß ich nix zu verzolle hab', denn was hinte auf'm Wagen ist, hat die Lippi'sche Gränz noch nit überschritten, in der Mitt' ist nix, und was vorn drauf is, ist schon wieder über der Lippischen Gränze drüben."

M1 *Gränzverlegenheit. Die Bildunterschrift zu dieser Karikatur von 1849 lautet: „Sie sehen, Herr Gränzwächter, dass ich nix zu verzollen hab; denn was hinten auf'm Wagen ist, hat die Lippische Gränz noch nit überschritten, in der Mitt' is nix, und was vorn drauf ist, ist schon wieder über die Lippische Gränze drüber."*

Q1 *Aus einer Denkschrift von Friedrich List, 1819:*

Achtunddreißig Zoll- und Mautlinien in Deutschland lähmen den Verkehr im Inneren und bringen ungefähr dieselbe Wirkung hervor, wie wenn jedes Glied des menschlichen Körpers unterbunden wird, damit das Blut ja nicht in ein anderes überfließe. Um von Hamburg nach Österreich, von Berlin in die Schweiz zu handeln, hat man zehn Staaten zu durchschneiden, zehn Zollordnungen zu studieren, zehnmal Durchgangszoll zu bezahlen ...
Trostlos ist dieser Zustand für Männer, welche wirken und handeln möchten; mit neidischen Blicken sehen sie hinüber über den Rhein, wo ein großes Volk vom Kanal bis an das Mittelländische Meer, vom Rhein bis an die Pyrenäen, von der Grenze Hollands bis Italien auf freien Flüssen und offenen Landstraßen Handel treibt, ohne einem Mautner zu begegnen.

Nach: List, Friedrich: Schriften, Reden und Briefe, Bd. 5, S. 50.

i

Friedrich List:
Der Wirtschaftswissenschaftler verfasste 1819 eine Bittschrift an den Bundestag in Frankfurt, alle deutschen Staaten in einem einheitlichen Zollgebiet zu vereinigen. Seine Ideen wurden von den Politikern als gefährlich angesehen. List wurde verfolgt und zu Festungshaft verurteilt. Nach dieser Haftstrafe wanderte er nach Amerika aus.

Die ersten Zollschranken fallen

Einen ersten Schritt zur Vereinheitlichung der Wirtschaft und des Handels machte Preußen. Hier wurden 1818 alle Abgaben an Wegen, Brücken oder Stadttoren im Landesinneren aufgehoben. An allen preußischen Außengrenzen galten einheitliche Zollverordnungen.

Um den wirtschaftliche Aufschwung voranzutreiben, wollte Preußen die Zersplitterung weiter überwinden. 1828 gründet es gemeinsam mit dem Großherzogtum Hessen-Darmstadt den Preußisch-Hessischen Zollverein als einheitliches Wirtschaftsgebiet. Das Ziel Preußens war der freie Warenverkehr von einem Teil des Königreichs zum anderen.

Dem Vorbild Preußens folgten die süddeutschen Staaten, die 1828 den Bayerisch-Württembergischen Zollverein gründeten. Der im selben Jahr ins Leben gerufene Mitteldeutsche Handelsverein vereinte mehrere Kleinstaaten Nord- und Mitteldeutschlands, zum Beispiel Hannover, Braunschweig, Kurhessen, Sachsen und die thüringischen Staaten sowie die freien Reichsstädte Hamburg und Bremen. Dieser Handelsverein zerbrach allerdings, als sich Kurhessen dem Preußisch-Hessischen Zollverein anschloss.

M2 *Friedrich List (1789–1846). Zeitgenössische Darstellung.*

Arbeitsaufträge

1. Nenne Hemmnisse für einen wirtschaftlichen Aufschwung im Deutschen Bund.
2. Interpretiere die Karikatur „Granzverlegenheit" und erkläre, auf welche Missstände die Karikatur aufmerksam machen will.
3. a) Erkläre, welche Handelshindernisse Friedrich List beschreibt und welche Änderungen er fordert.
   b) Erkläre, warum List Deutschland mit dem menschlichen Körper vergleicht.
4. Nenne die Gründe, warum Preußen ein besonderes Interesse an der Abschaffung von Zollgrenzen hatte.
5. Vergleiche die Situation im Deutschen Bund mit der Situation in Frankreich oder England.

Q1 *Heinrich Heine: Deutschland ein Wintermärchen:*

… „Der Zollverein" –
bemerkte er –
„Wird unser Volkstum
begründen, Er wird das
zersplitterte Vaterland zu
einem Ganzen binden.

Er gibt die äußere Einheit uns,
Die sogenannte materielle,
Die geistige Einheit gibt uns
die Zensur, die wahrhaft
ideelle …"

Heinrich Heine: Deutschland – ein Wintermärchen, Caput II.

Vom zersplitterten Vaterland zu einem Ganzen

Der Deutsche Zollverein

Die wirtschaftliche Zersplitterung im Deutschen Bund war auch mit der Abschaffung der Binnenzölle und der Gründung erster Wirtschaftsvereinigungen nicht überwunden.

Die von Friedrich List schon 1819 formulierte Forderung nach einem einheitlichen Zollgebiet in den Grenzen des Deutschen Bundes wurde nach vielen Streitigkeiten erst am 1. Januar 1834 mit der Gründung des „Deutschen Zollvereins" verwirklicht. Mit ihm löste sich ein Teil der bestehenden regionalen Zollvereine auf. Unter der Führung Preußens schlossen sich 18 Staaten mit etwa 23 Millionen Einwohnern zusammen. Rund die Hälfte der deutschen Staaten bildete jetzt eine wirtschaftliche Einheit.

Die Gründung des Deutschen Zollvereins bereitete die spätere Einigung im Deutschen Reich von 1871 vor.

Handel ohne Grenzen auf neuen Wegen

Begeistert jubelten die Menschen, als sich am 1. Januar 1834 um 0.00 Uhr die Schlagbäume an den Grenzen hoben und die wartenden Züge ohne Behinderung über die Grenzen rollen konnten. Die bisherigen Binnenzölle gab es von nun an nicht mehr. Auch die Maße und Gewichte wurden vereinheitlicht.

M1 *Der Deutsche Zollverein.*

i

Bricken: Fischart.
Krapp: pflanzlicher Farbstoff (rot).
Wicken: Pflanze.
Rips: Stoffart.

Q2 *Hoffmann von Fallersleben: Der Deutsche Zollverein:*

Schwefelhölzer, Fenchel,
Bricken, Kühe, Käse, *Krapp*,
Papier, Schinken, Scheren,
Stiefel, *Wicken*, Wolle, Seife,
Garn und Bier; Pfefferku-
chen, Lumpen, Trichter,
Nüsse, Tabak, Gläser, Flachs,
Leder, Salz, Schmalz, Puppen,
Lichter, Rettig, *Rips*, Raps,
Schnaps, Lachs, Wachs!

Und ihr anderen deutschen
Sachen,
Tausend Dank sei euch gebracht!
Was kein Geist je konnte machen,
Ei, das habet ihr gemacht:
Denn ihr habt ein Band gewunden
Um das deutsche Vaterland,
Und die Herzen hat verbunden
Mehr als unser Bund dies band.

Hoffmann von Fallersleben: Unpolitische Lieder, Teil 1, 1840.

Endlich war ein freier Handel möglich. Dafür brauchte man allerdings ein modernes Transportsystem. Bereits unter Napoleons Herrschaft war das Straßennetz ausgebaut worden. Jetzt erlebte der Straßenbau einen weiteren Aufschwung. Zwischen 1817 und 1828 wurden in Preußen viele neue Straßen gebaut. Auch der Bau von Kanälen wurde beschleunigt.

Der Ausbau der Handelswege und der Bau von Eisenbahnen leiteten den wirtschaftlichen Aufschwung ein.

M2 *Eröffnung der Eisenbahnlinie München-Augsburg 1839. Zeitgenössische Darstellung.*

Arbeitsaufträge

1. Informiere dich über Heinrich Heine.
2. Diskutiert Heines Aussage, dass der Zollverein das zersplitterte Deutschland einen kann.
3. Wende die Schritte zur Analyse politischer Lieder auf Q2 an.
4. Stelle in einer Tabelle dar, welche Vor- und Nachteile der Zollverein für die Wirtschaft eines Landes brachte.
5. Werte die Karte M1 aus und untersuche, wie viele Grenzen nach 1828 überwunden werden mussten, um auf dem kürzesten Weg von München nach Lübeck zu reisen.

Die Revolution 1848/1849

(M1) *Paris, 24. Februar 1848, Sturm auf das Palais Royal.*

Frankreich ist Vorbild für Europa

In Paris erhoben sich im Februar 1848 Arbeiter, Bürger und die Nationalgarde gemeinsam gegen den „Bürgerkönig“ Louis Philippe, der weder die Hungersnot noch das Elend der Arbeiter und der Landbevölkerung beseitigen konnte. Die Menschen forderten ein gerechteres Wahlrecht. Bislang war es nur 250 000 wohlhabenden Bürgern erlaubt, ihre Stimme bei Wahlen abzugeben.

Als der König nicht auf die Forderungen reagierte, entwickelten sich aus den Massendemonstrationen gegen den König und seine Regierung Straßenkämpfe. Ähnlich wie im Verlauf der Revolution von 1789 wurde das Pariser Stadtschloss, die Tuilerien, von der aufgebrachten Bevölkerung gestürmt. Der König musste abdanken, floh nach England, und eine *Republik* wurde ausgerufen.

Die Ereignisse in Frankreich gaben in mehreren europäischen Ländern ein Signal zu revolutionären Erhebungen der Bürger. Besonders in den Staaten, in denen nach dem Wiener Kongress die Forderungen der Bürger nach politischer Freiheit und Einheit nicht erfüllt worden waren, gingen die Menschen auf die Straßen.

Wie in Paris errichteten die Aufständischen *Barrikaden*, um in Straßenkämpfen ihren Forderungen Gehör zu verschaffen. In Ungarn, Prag und Mailand kam es zu Erhebungen, bei denen national gesinnte Gruppierungen die Unabhängigkeit von Österreich-Ungarn forderten. Der Vielvölkerstaat drohte auseinanderzubrechen, da verschiedene nationale Kräfte nach staatlicher Eigenständigkeit strebten. Die Stellung und der Fortbestand der habsburgischen Monarchie waren damit in Gefahr.

i

Republik: Staatsform, in der es eine Gewaltenteilung gibt und die Position des Staatsoberhauptes nicht erblich ist.
Barrikaden: Straßensperre.

(M2) *Wien, 13. März 1848, Kämpfe der Bürger gegen Soldaten.*

(M3) *Aufstände in Europa von 1815–1849.*

M4 *Berliner Bürger versammeln sich im Tiergarten. Zeitgenössische Darstellung.*

Ein Kampf mit vielen Zielen

Bei den Aufständen verfolgten die Menschen sehr unterschiedliche Ziele. Bürger, die durch ihre Arbeit Besitz und Bildung erreicht hatten, kämpften für *liberale* Ziele. Sie forderten die Freiheit des Einzelnen in Wirtschaft und Politik. In einer Verfassung sollten die Rechte und Pflichten der Regierung und der Bürger festgeschrieben werden. Die Liberalen forderten ein gewähltes Parlament, das die Regierung kontrollieren sollte.

Noch weiter gingen die *demokratischen* Ziele. Demokratisch gesinnte Gruppen forderten eine vollständige Abschaffung der Adelsherrschaft und die Errichtung einer Republik.

Viele Bürger verfolgten *nationale* Ziele. Deutschland sollte ein einheitlicher Staat werden. Diesen Forderungen schlossen sich insbesondere viele Studenten und Wissenschaftler an.

Ohne Landbesitz oder Vermögen war es für viele Menschen schwierig, als Handwerker, Tagelöhner oder Arbeiter ihre Familien zu ernähren. Arbeiter und Landbevölkerung kämpften für eine gerechtere Verteilung des Reichtums. Ihr Leben sollte nicht mehr von Hungersnöten und Elend bestimmt werden. In Arbeiterkreisen kam sogar die Forderung auf, dass der Privatbesitz abgeschafft und an alle arbeitenden Menschen verteilt werden solle.

i

liberal: freiheitlich.
demokratisch: nach den Prinzipien der Demokratie, d. h. unter Beteiligung der Bürger.
national: vaterländisch, auf die Interessen der eigenen Nation ausgerichtet.

Arbeitsaufträge

1. Beschreibe anhand der Bilder M1 und M2 die Stimmung in den europäischen Hauptstädten.
2. Beschreibe anhand der Karte M3, wie sich die Revolution ausbreitete.
3. Nenne Gründe für die schnelle Ausbreitung der revolutionären Kämpfe in Europa.
4. Nenne die unterschiedlichen politischen Richtungen.
5. Erkläre, warum einzelne Bevölkerungsgruppen für verschiedene Ziele kämpften.

Die Revolution erreicht den Deutschen Bund

M1 *Fürst Metternich (1773–1859). Metternich war seit 1809 Außenminister und führte den Vorsitz beim Wiener Kongress 1814/1815. Er war ein Gegner der Demokratie. Die Zensur und Überwachung politischer Gegner gehörten zum „Metternichschen System". 1821 wurde er zum österreichischen Hof- und Staatskanzler ernannt und war damit der bedeutendste politische Berater des Kaisers von Österreich.*

Unruhen in Wien und Berlin

Die Ereignisse in Frankreich erreichten sehr schnell den Deutschen Bund. Der Forderungen nach Freiheit und Einheit wurden durch die soziale Not, den Hunger und das Elend vieler Menschen immer lauter.

In vielen Bundesstaaten leistete der Adel keinen Widerstand gegen die Revolutionäre. Um den Schaden für ihre Herrschaft möglichst gering zu halten, beriefen die Fürsten Bürger mit nationalen und liberalen Ansichten in die Landesregierungen.

In Wien spitzten sich die Kämpfe zu. Da der österreichische Staatskanzler Fürst Metternich nicht bereit war, den Forderungen der Bürger nachzugeben, kam es am 13. März 1848 zu blutigen Straßenschlachten. Der Kaiser ließ ihn daraufhin fallen und versprach dem Volk eine Verfassung. Fürst Metternich, das Symbol der Restauration, musste nach 40 Jahren an der Macht abdanken und flüchtete nach London.

Auch in Berlin fanden zahlreiche politische Versammlungen und Demonstrationen statt. Als die Nachricht von der Flucht Metternichs Berlin erreichte, versammelten sich am 18. März 1848 schätzungsweise 10 000 Berliner Bürger vor dem Schloss, um dem preußischen König Friedrich Wilhelm IV. ihre Forderungen nach Pressefreiheit, Versammlungsfreiheit und nach Wahlen zu einem Parlament zu überbringen.

Q1 *Forderungen an den König:*

1. Unbedingte Pressefreiheit.
2. Vollständige Redefreiheit.
3. Sofortige und vollständige Begnadigung aller wegen politischer und Pressevergehen Verurteilten und Verfolgten.
4. Freies Versammlungs- und Vereinigungsrecht.
5. Gleiche politische Berechtigung aller, ohne Rücksicht auf religiöses Bekenntnis und Besitz.
6. Geschworenengerichte und Unabhängigkeit des Richterstandes.
7. Verminderung des stehenden Heeres und Volksbewaffnung mit freier Wahl der Führer.
8. Allgemeine deutsche Volksvertretung.
9. Schleunige Einberufung des Vereinigten Landtages ...

Nur die Gewährung dieser Wünsche wird im Stande sein, die Eintracht zwischen König und Volk zu sichern, aus welcher allein die Kraft der Nation nach innen und außen beruht.

Barrikaden gegen den preußischen König

Friedrich Wilhelm IV. gab vom Balkon seines Schlosses aus bekannt, dass die Forderungen angenommen seien. Aber plötzlich fielen Schüsse.

Als die Armee vor dem Schloss auf die Demonstranten schoss, errichteten die Menschen, darunter Bürger, Studenten, Handwerker und Arbeiter, Barrikaden. Die erbittert geführten Straßenkämpfe, bei denen etwa 200 Menschen starben, zwangen den preußischen König Friedrich Wilhelm IV. einzulenken. Um weitere Kämpfe zu verhindern, veröffentlicht der König noch in der Nacht einen Aufruf „An meine lieben Berliner".

Q2 *Erinnerungen an den 18. März 1848:*

Bald waren in allen Richtungen die Straßen mit Barrikaden gesperrt. Die Pflastersteine schienen von selbst aus dem Boden zu springen und sich zu Brustwehren aufzubauen, auf denen dann schwarz-rot-goldene Fahnen flatterten – und hinter ihnen Bürger aus allen Klassen, Studenten, Kaufleute, Künstler, Arbeiter, Doktoren, Advokaten – hastig bewaffnet mit dem, was eben zur Hand war – Kugelbüchsen, Jagdflinten, Pistolen, Spießen, Säbeln, Äxten, Hämmern usw. Es war ein Aufstand ohne Vorbereitung, ohne Planung, ohne System. Jeder schien nur dem allgemeinen Instinkt zu folgen ... Und hinter den Barrikaden waren die Frauen geschäftig, den Verwundeten beizustehen und die Kämpfenden mit Speis und Trank zu stärken, während kleine Knaben eifrig dabei waren, Kugeln zu gießen oder Gewehre zu laden ...

Schurz, Carl: Lebenserinnerungen, Bd. 1, Berlin 1906, S. 123f.

Q3 *Proklamation König Friedrich Wilhelms IV. an die Berliner:*

... An Euch, Einwohner meiner geliebten Vaterstadt, ist es jetzt, größerem Unheil vorzubeugen. Erkennt, Euer König und treuster Freund beschwört Euch darum, bei Allem, was Euch heilig ist, den unseeligen Irrtum. Kehrt zum Frieden zurück, räumt die Barrikaden, die noch stehen, hinweg, und entsendet an mich Männer, voll des echten alten Berliner Geistes mit Worten wie sie sich Eurem König gegenüber geziemen, und ich gebe Euch mein Königliches Wort, dass alle Straßen und Plätze sogleich von den Truppen geräumt werden sollen und die militärische Besetzung nur auf die notwendigen Gebäude, die des Schlosses, des Zeughauses und weniger anderer, und auch da nur auf kurze Zeit beschränkt werden wird. Hört die väterliche Stimme Eures Königs, Bewohner meines treuen und schönen Berlins und vergesset das Geschehene, wie ich es vergessen will und werde in meinem Herzen, um der großen Zukunft Willen, die unter dem Friedensseegen Gottes für Preußen und durch Preußen für Deutschland anbrechen wird ...

Geschichte in Quellen, Bd. 5, S. 153.

Der preußische König wollte aus Angst vor einem Bürgerkrieg weiteres Blutvergießen vermeiden. Er rief seine Truppen zurück und ließ alle begnadigen, die nach den Karlsbader Beschlüssen verurteilt worden waren.

M2 *„Berlins Aufstand: Barrikaden in der neuen Königsstraße am 19. März 1848." Neuruppiner Bilderbogen.*

Arbeitsaufträge

1. Fasse die Forderungen von Q1 zusammen.
2. Schildere die Ereignisse vom 18. und 19. März 1848.
3. Beschreibe, welchen Eindruck Q2 von den Kämpfen vermittelt.
4. Formuliere aus der Sicht der Zeitgenossen eine Antwort auf den Aufruf Friedrich Wilhelms IV. „An meine Berliner".

Der preußische König macht Zugeständnisse

Wachsende Verbitterung im Volk

Der Aufruf des Königs Friedrich Wilhelm IV. löste bei vielen Menschen Wut und Verbitterung aus. Bei den Barrikadenkämpfen waren mehr als 250 Menschen ums Leben gekommen, darunter acht Frauen und drei Kinder. Als die Gefallenen aufgebahrt wurden, musste der preußische König persönlich erscheinen, um sich vor den Toten zu verneigen.

Von den bei den Barrikadenkämpfen in Berlin Getöteten waren etwa:
- 20 % Arbeiter und Angestellte,
- 70 % Handwerker,
- 2,5 % mittlere Beamte,
- 3,5 % Wissenschaftler, Studenten und Künstler und
- 4 % höhere Beamte, Kaufleute und Gutsbesitzer.

M1 *Die Märzgefallenen.*

M2 *Aufbahrung der Märzgefallenen vor der Neuen Kirche auf dem Gendarmenmarkt in Berlin. Unvollendetes Gemälde von Adolph von Menzel, 1848.*

Q1 *Der Zeitzeuge Karl August Varnhagen von Ense erinnert sich:*

Zuerst wurden sechs bis sieben Leichen von der Breiten Straße her nach dem Schloss angefahren, die blutigen Wunden aufgedeckt, bekränzt mit Blumen und Laub. Die begleitende Volksmenge sang Lieder und schrie; der König soll die Leichen sehen, hieß es.
Auf den gebieterischen Ruf hin erschien der König auf dem Altan [Balkon], der nach dem Schlossplatz hinausführt ... Alles hatte den Kopf entblößt, nur der König die Mütze auf; da hieß es gebieterisch: ‚Die Mütze herab!' und er nahm sie ab.
Die Leichen wurden dann durch das Schloss durch nach dem Dom gefahren. Alle folgenden ebenso; diese aber machten auf dem inneren Schlosshof Halt, und hier musste der König ebenfalls wiederholt auf der Galerie erscheinen, die Leichen grüßen und vieles anhören. Endlich wurde ein geistliches Lied angestimmt, ‚Jesus meine Zuversicht', und damit beschloss der furchtbare Auftritt, die ganze Volksmenge sang mit und schien versöhnt.
Der König durfte sich erschöpft und vernichtet zurückziehen.

In: Geschichte in Quellen, Bd. 5, S. 154.

Umritt: *Umritt:* Der Umritt eines Königs war im Mittelalter ein wichtiges Instrument, um den Untertanen seine politische Macht und die politischen Ziele zu demonstrieren.

Ein König wechselt die Farben

Am 21. März 1848 folgte der Preußenkönig Friedrich Wilhelm IV. bei einem *Umritt* durch Berlin einer schwarz-rot-goldenen Fahne und ließ einen weiteren Aufruf „An mein Volk und an die deutsche Nation" verbreiten. Darin verkündete er, dass er sich an die Spitze der deutschen Bewegung für Freiheit und Einheit stellen würde. Außerdem sicherte der König die Umbildung der Regierung zu. Schließlich musste er der Bildung einer preußischen Nationalversammlung zustimmen.

M3 *Abbildung aus einer zeitgenössischen Bilderzeitung mit folgender Meldung: „Seine Majestät Friedrich Wilhelm IV., König von Preußen, verkündet in den Straßen seiner Hauptstadt die Einheit der Deutschen Nation".*

Q2 *Aus dem Aufruf Friedrich Wilhelms IV. aus Anlass seines Umritts:*

> An Mein Volk und an die deutsche Nation! Ich übernehme heute die Leitung für die Tage der Gefahr. Ich habe heute die alten deutschen Farben angenommen und mich und das Volk unter das ehrwürdige Banner des Deutschen Reiches gestellt. Preußen geht fortan in Deutschland auf ...
>
> Görtemarker, Manfred: Deutschland im 19. Jahrhundert, S. 107f.

Arbeitsaufträge

1. Beschreibe das Bild M2.
2. a) Analysiere die Quelle Q1 und erkläre, warum sich der preußische König Friedrich Wilhelm IV. vor den Toten verneigte.
   b) Bewerte das Verhalten des Königs.
3. Erkläre und beurteile die Tatsache, dass sich der preußische König an die gesamte deutsche Nation wendet. Beziehe Q2 und M3 in deine Ausführungen ein.

Die Nationalversammlung

Wahlen zum ersten deutschen Parlament

Die Angst vor weiteren Aufständen veranlasste die Fürsten, in allen Einzelstaaten des Deutschen Bundes nach einem festgelegten Verfahren Wahlen für eine gesamtdeutsche Nationalversammlung zu gestatten. In allen Staaten sollten „Selbstständige" die Mitglieder zur Nationalversammlung wählen dürfen. Jeder Staat legte diese Idee in seinem Wahlgesetz jedoch anders aus: Teilweise durften Arbeiter und Dienstboten nicht wählen. Direkte Wahlen gab es nur in sechs Einzelstaaten. In allen anderen Staaten wählten die Wahlberechtigten zunächst Wahlmänner, die ihre Stimme dann stellvertretend für sie abgaben.

Am 18. Mai 1848 versammelten sich die Abgeordneten des deutschen Volkes in der *Paulskirche* in *Frankfurt am Main*.

M1 *Der Einzug der Parlamentarier in die Paulskirche. Druck, um 1848.*

i

Frankfurt: Die Stadt war seit dem Wiener Kongress Sitz des gesamtdeutschen Bundestages, einer Versammlung der deutschen Fürsten und freien Städte. Da es kein Parlamentsgebäude gab, versammelten sich die Abgeordneten in der neu erbauten Paulskirche, die den größten und modernsten Saal in der Stadt hatte.
Für die Plätze auf der Galerie der Paulskirche konnten Zuschauer Eintrittskarten erwerben, um die Beratungen zu beobachten. Für Frauen, die nur als Zuschauer an den Beratungen teilnehmen durften, gab es extra eine Damenloge.

Aufgaben der Nationalversammlung

Die Aufgabe der Nationalversammlung war die Ausarbeitung einer Reichsverfassung, welche die Grundrechte der Bürger festschreiben sollte.

Mit Zuversicht und Stolz verfolgten die Abgeordneten die Eröffnungsrede des zuvor von ihnen gewählten Präsidenten der Nationalversammlung. Dieser betonte die Souveränität der Nation sowie ihr Recht auf eine Verfassung. Er betonte aber auch, dass dieses Vorhaben nur gemeinsam mit der Regierung zu verwirklichen sei. Daraus ergaben sich weitere Streitfragen, die das Parlament zu lösen hatte:

- Wie sollte das zukünftige einheitliche Deutschland regiert werden?
- Sollte Österreich dem neuen deutschen Nationalstaat angehören?

Bisher gehörte nur der deutschsprachige Teil des Vielvölkerstaates Österreich zum Deutschen Bund. Da Österreich die Auflösung seiner staatlichen Einheit ablehnte und eine selbstständige europäische Großmacht bleiben wollte, entschied sich die Nationalversammlung für eine *kleindeutsche* Lösung ohne Österreich unter Führung Preußens.

M2 *Die Nationalversammlung tagt in der Paulskirche in Frankfurt. Stich, 1848.*

Gleiche Ideen verbinden

In der Nationalversammlung gab es noch keine Parteien, wie wir sie heute aus dem Bundestag kennen. Meist wurden Personen mit angesehenen Ämtern wie Richter, Rechtsanwälte, Beamte, Lehrer oder auch adlige Gutsbesitzer als Volksvertreter gewählt. Doch Abgeordnete mit ähnlichen politischen Ideen und Zielen schlossen sich schnell zu festeren politischen Gruppen, sogenannten *Fraktionen*, zusammen, um sich gegenseitig zu unterstützen. Diese Gruppen benannten sich nach ihren Treffpunkten, die sich in Gasthäusern in Frankfurt befanden. Jede der Gruppierungen wählte einen Vorstand, hatte eine eigene Zeitung und beschloss ein Programm. Damit waren sie die Vorläufer unserer modernen Parteien.

i

Fraktion: Gruppe von Abgeordneten einer Partei im Parlament.
Konservativ: Jemand, der das Alte erhalten will, hat eine konservative Einstellung.

Linke und Rechte

Die Sitzverteilung in der Frankfurter Paulskirche orientierte sich an der Sitzordnung in anderen europäischen Parlamenten. Schon im englischen Parlament saß der vermeintlich niederere Stand links. Auch die Republikaner in der französischen Nationalversammlung saßen links vom Rednerpult.

Entsprechend der von den verschiedenen Fraktionen eingenommenen Sitzplätze im Parlament, wurden die Fraktionen daher als Linke, als Mitte bzw. Zentrum und als Rechte eingestuft. Die Bezeichnungen Linke, Rechte und Mitte haben bis heute Gültigkeit, wenn politische Grundrichtungen beschrieben werden.

Die mehr als 800 Abgeordneten und ihre Stellvertreter gehörten zu folgenden Berufsgruppen (Auswahl):

Richter, Staatsanwälte, Anwälte:	226
Beamte:	152
Professoren:	94
Lehrer, Ärzte, Schriftsteller, Geistliche, Akademiker:	157
Landwirte:	46
Kaufleute:	35
Offiziere:	18
Fabrikanten:	14
Handwerker:	4
Arbeiter:	0

M3 *Die Zusammensetzung der Nationalversammlung.*

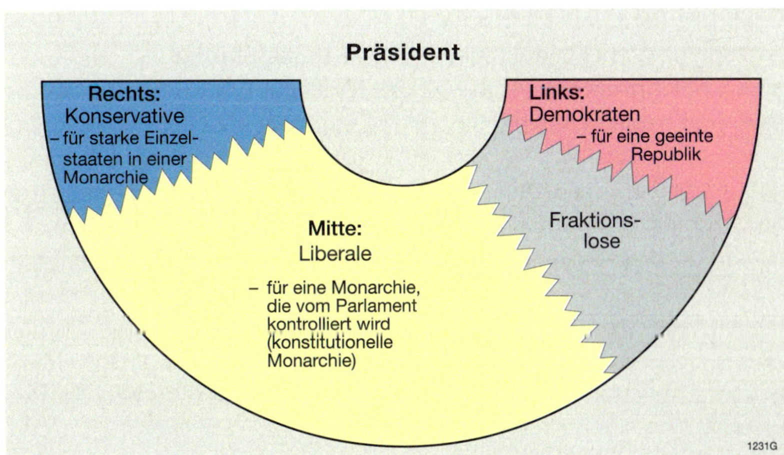

M4 *Sitzverteilung in der Paulskirche. Die Abgeordneten waren nicht an eine Fraktion gebunden, sondern konnten diese wechseln. Daher können keine genauen Fraktionsstärken angegeben werden.*

Arbeitsaufträge

1. Nenne die Aufgaben, die die Nationalversammlung lösen sollte.
2. Beschreibe das Bild M2.
3. Vergleiche die soziale Herkunft der Abgeordneten der Nationalversammlung mit der sozialen Stellung der Opfer der Barrikadenkämpfe (S.126).
4. Erläutere die Gründe für eine „kleindeutsche Lösung".
5. Diskutiert, ob die Nationalversammlung ein Parlament aller Deutschen war.

METHODE

Ein Planspiel durchführen

Ein Planspiel bietet die Möglichkeit, einen Konflikt zwischen verschiedenen Interessengruppen wirklichkeitsnah auszutragen. Dabei soll die historische Begebenheit nicht nachgespielt werden, sondern ein Streitfall ohne vorgegebenes Ergebnis diskutiert und entschieden werden.

Die verschiedenen Gruppen legen ihre Position zu einer umstrittenen Frage fest. Anschließend sollen sie versuchen, die anstehende Entscheidung durch sorgfältig überlegte und vorgetragene Argumente in ihrem Sinne zu beeinflussen.

Die Grundrechtsdiskussion

Organisatorische Tipps:
Legt zu Beginn fest, wie lange „die Sitzung" dauern soll. Außerdem empfiehlt es sich, die Redezeit der einzelnen Gruppen festzulegen.

Der Präsident der Paulskirchenversammlung ist gleichzeitig der Spielleiter. Je nach Spielerfahrung der Klasse kann eure Lehrerin bzw. euer Lehrer oder eine Schülerin/ein Schüler diese Aufgabe übernehmen.

Gestaltet mit euren Ideen und Forderungen Flugblätter. Veröffentlicht diese in der Klasse.

Erstellt nach der Abstimmung zu den Grundrechten einen Grundrechtekatalog.

Da eine sehr große Klasse das Planspiel erschwert, ist es möglich, dieses nach dem Fishbowl-Prinzip zu gestalten: Jede Gruppe legt eine Person als Sprecher fest, die sie im Spiel vertritt. Das Spiel findet im „Fishbowl" statt. Die anderen Schüler sind aktive Zuschauer und können jederzeit aktiv in das Spiel eingreifen (leerer Stuhl).

1. Darstellung des Problems mit der Situationskarte
Besprecht in der Gruppe die Situation, um sicher zu sein, dass alle die darzustellende Situation verstanden haben.

2. Erarbeitung der Rollen mit den Rollenkarten
Besprecht in der Gruppe, wie ihr eure Interessen wirkungsvoll vertreten könnt. Entwickelt eine Strategie und denkt darüber nach, wie ihr die möglichen Argumente der anderen Gruppen entkräften könnt. Es besteht die Möglichkeit, innerhalb der Gruppe Mitglieder mit „Öffentlichkeitsarbeit" zu betrauen. Diese Mitglieder befragen die Wähler bzw. das Volk, welche Forderungen umgesetzt werden sollen.

3. Durchführung
Es kommt darauf an, möglichst gute Argumente zu entwickeln, um die Mitglieder der anderen Gruppen zu überzeugen.
Da das Vorgehen der Gruppen geplant werden muss, sollte es eine „Beratungspause" geben, in der die Gruppen beraten und ihre weitere Strategie überdenken können. Es besteht auch die Möglichkeit, sich mit einer anderen Gruppe zu verbünden, die den eigenen Interessen nahe kommt.
Am Ende der zweiten Diskussionsrunde wird abgestimmt. Das Ergebnis soll eine Entscheidung über die Einführung der Grundrechte und den Aufbau Deutschlands herbeiführen.

4. Reflexion
Vergleicht euer Rollenverhalten mit den historischen Ereignissen:
- Was fiel bei der Diskussion besonders auf?
- Welche Argumente wurden vorgetragen? Gleichen sie den Argumenten der historischen Vorbilder?
- Zu welchem Ergebnis seid ihr gekommen? Wie entwickelte sich die historische Situation?
- War es schwer, sich in die Rolle der historischen Vorbilder zu versetzen?
- Welche Möglichkeiten und welche Grenzen bietet ein Rollen- bzw. ein Planspiel?

Situationskarte:
Fast 800 gewählte Vertreter des deutschen Volkes – überwiegend aus dem Bürgertum – versammeln sich in der Frankfurter Paulskirche, um über die Gestaltung eines neuen deutschen Staates zu beraten.

Die alte Ordnung des Adels war mit der Märzrevolution zurückgedrängt worden. Obwohl diese erste Nationalversammlung nicht vom gesamten deutschen Volk gewählt worden war – Frauen und nicht „selbstständige" Männer wie Dienstboten oder Arbeiter und Handwerksgesellen durften generell nicht wählen – war die Hoffnung in vielen Ländern groß, dass es in Deutschland eine Verfassung geben würde, welche die Grundrechte festschreiben sollte.

Die Diskussion der gewählten Abgeordneten über die Einführung von Grundrechten und darüber, wie und von wem Deutschland zukünftig regiert werden sollte, wird in dem Planspiel nachgestellt.

DEMOKRATEN
Plätze links vom Präsidenten

Standpunkte:
- für eine Republik mit gewähltem Parlament
- für eine Verfassung, die die Menschenrechte festschreibt
- für soziale Reformen
- für die Einbeziehung der unteren Schichten in das gesellschaftliche Leben
- gegen Kleinstaaterei
- für gleiche, allgemeine Wahlen

Sie organisieren sich schnell in regionalen Vereinen.

LIBERALE
Plätze in der Mitte
(zahlenmäßig die stärkste Gruppe)

Standpunkte:
- für eine konstitutionelle Monarchie (Parlament regiert mit König, dessen Macht durch die Verfassung vorgegeben ist)
- die Monarchie ist ein Garant für die öffentliche Ordnung
- für eine Verfassung
- für mehr wirtschaftliche Freiheiten und Rechte
- gegen Rechte für Arbeiter
- mehr persönliche Freiheiten für den Einzelnen
- für gleiche, allgemeine Wahlen
- schrittweise Demokratisierung

KONSERVATIVE
Plätze rechts vom Präsidenten
(zahlenmäßig die kleinste Gruppe)

Standpunkte:
- für die Erhaltung und Stärkung der alten Ordnung
- für eine starke Monarchie
- gegen ein Parlament
- Rechte des Adels sollen erhalten bleiben
- für die Vorherrschaft Preußens
- für eine kleindeutsche Lösung
- gegen allgemeine Wahlen oder für ein an den Besitz gebundenes Wahlrecht nach preußischem Vorbild
- für die Beibehaltung der Kleinstaaterei mit den Rechten der Landesherren

HANDWERKER / ARBEITER

- 1848 sind die Anfänge einer selbstständigen politischen Organisation der Arbeiter erkennbar. Die Arbeiter sind zu diesem Zeitpunkt eng mit den demokratischen Kräften verbunden.
- Die Arbeiter waren nicht im Parlament vertreten. Ihre Forderungen wurden über Bittschriften an die Nationalversammlung zum Ausdruck gebracht.

Standpunkte:
- Handwerker fordern Schutzzölle aus Angst vor Konkurrenz
- für gleiche, allgemeine Wahlen

FRAUEN

- Sie durften nicht wählen und nicht gewählt werden.
- Durch den Kauf von Eintrittskarten erlangten sie Zugang zur Paulskirche und damit zur Nationalversammlung. Sie erhielten Plätze links vom Präsidenten in einer Damenloge.

Standpunkte:
- versuchten, sich gegen eine politische Bevormundung zu wehren
- wurden selbst von Demokraten ausgelacht
- forderten eine Einführung des Frauenwahlrechts

Die Revolution bleibt unvollendet

Die Grundrechte werden festgeschrieben

Bevor eine endgültige Verfassung erarbeitet werden sollte, beriet die Nationalversammlung die Grundrechte, welche allen Deutschen die Freiheitsrechte sichern sollten. Das neue Deutschland sollte ein Rechtsstaat sein. Im Dezember 1848 einigte sich die Nationalversammlung dann auf die wesentlichen Grundrechte der Bürger.

Im März 1849 verabschiedete die Nationalversammlung die Verfassung für einen einheitlichen deutschen Staat. Erstmals schrieb die Verfassung das Prinzip der Gewaltenteilung fest. Das Oberhaupt des Reiches sollte ein Kaiser sein, dessen Titel erblich war.

Q1 *Grundrechte der Paulskirchenverfassung:*

§ 137. Vor dem Gesetz gilt kein Unterschied der Stände. Der Adel als Stand ist aufgehoben. Alle Standesvorrechte sind abgeschafft. Die Deutschen sind vor dem Gesetze gleich …
§ 138. Die Freiheit der Person ist unverletzlich.
§ 140. Die Wohnung ist unverletzlich.
§ 142. Das Briefgeheimnis ist gewährleistet …
§ 143. Jeder Deutsche hat das Recht, durch Wort, Schrift, Druck und bildliche Darstellung, seine Meinung frei zu äußern.
Die Pressefreiheit darf unter keinen Umständen und in keiner Weise … aufgehoben werden.
§ 144. Jeder Deutsche hat volle Glaubens- und Gewissensfreiheit.
§ 152. Die Wissenschaft und ihre Lehre sind frei.
§ 153. Das Unterrichts- und Erziehungswesen steht unter der Oberaufsicht des Staates …
§ 161. Die Deutschen haben das Recht, sich friedlich und ohne Waffen zu versammeln; einer besonderen Erlaubnis dazu bedarf es nicht.
§ 162. Die Deutschen haben das Recht, Vereine zu bilden.

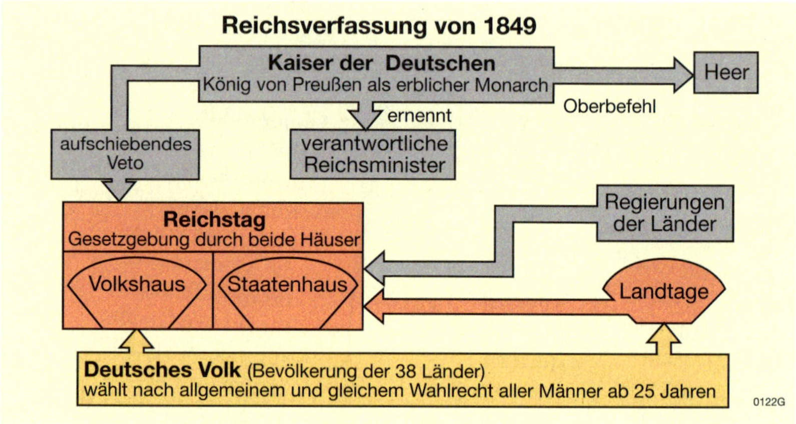

M1 *Verfassungsschema von 1849.*

Bei der Frage nach dem künftigen Reichsgebiet entschieden sich die Abgeordneten für die „kleindeutsche“ Lösung – ein deutsches Reich ohne Österreich unter der Führung Preußens.

Noch beeindruckt von den Worten Friedrich Wilhelms IV., dass Preußen fortan in Deutschland aufgehen solle, wählte die Nationalversammlung den preußischen König zum „Kaiser der Deutschen“ und wollte ihm die Kaiserkrone verleihen.

Q2 *Friedrich Wilhelm IV. schrieb dazu 1849 an einen Freund:*

Die Krone, die ein Hohenzoller nehmen dürfte, … ist keine … wenn auch mit fürstlicher Zustimmung eingesetzte …, sondern eine, die den Stempel Gottes trägt … Diese Krone … ist verunehrt mit dem Ludergeruch (Aasgeruch) der Revolution von 1848, der albernsten, dümmsten, schlechtesten, wenn auch, Gottlob, nicht der bösesten dieses Jahrhunderts … Einen solchen … Reif … soll ein legitimer König von Gottes Gnaden und nun gar der König von Preußen sich geben lassen …? Soll die tausendjährige Krone deutscher Nation … wieder einmal vergeben werden, so bin ich es und meinesgleichen, die sie vergeben; und wehe dem, der sich anmaßt, was ihm nicht zukommt.

Ranke, Leopold: Briefwechsel Wilhelms IV. mit Bunsen, 1873, S. 233f.

Die Verfassung scheitert – Alles bleibt beim Alten

Mit der Ablehnung der Kaiserkrone durch den preußischen König war die Arbeit der Nationalversammlung gescheitert. Die Nationalversammlung löste sich selbst auf. Einige Abgeordnete wichen nach Stuttgart aus, um dort weiter an einer politischen Lösung zu arbeiten, doch sie wurden vom Militär vertrieben.

28 Bundesstaaten nahmen die Verfassung zwar an, doch die Regierungen fast aller größeren Länder wie Preußen, Sachsen oder Bayern lehnten sie ab. Diese Entwicklung trieb die Menschen 1849 in vielen Teilen Deutschlands wieder auf die Straße, um die demokratischen Ziele vom März 1848 einzufordern. Der Adel schreckte jedoch nicht davor zurück, diese Aufstände mit Waffengewalt niederzuschlagen.

M2 *„Andere Zeiten, andere Sitten". Bildunterschrift: Am 22. März 1848: Hut ab! Am 26. Februar 1849: Hüte ab! Karikatur, 1849.*

i

Landtag: Am 26. Februar 1849 wurde die neu gewählte preußische Kammer, der Landtag, eröffnet.

Viele *Landtage* wurden aufgelöst, Verfassungen für ungültig erklärt und liberale Minister durch konservative ersetzt. Liberale und Demokraten, die sich an den Kämpfen beteiligt hatten, wurden verfolgt, zu Gefängnisstrafen verurteilt oder standrechtlich erschossen. Viele flohen in die USA, weil sie in Deutschland keine Zukunft für die Umsetzung ihrer politischen Ziele sahen. Der Adel hatte die Herrschaft zurückerobert. 1851 hob der Deutsche Bund die „Grundrechte des deutschen Volkes" wieder auf.

Arbeitsaufträge

1. a) Erkläre den Inhalt ausgewählter Grundrechte.
   b) Bewerte, ob sie den Zielen der Revolution entsprachen.
2. Vergleiche die Grundrechte von 1848 mit den Grundrechten im Grundgesetz der Bundesrepublik.
3. Erkläre das Verfassungsschema M1.
4. Interpretiere die Karikatur M2.
5. Diskutiert, welche Gründe Friedrich Wilhelm IV. für die Ablehnung der Kaiserkrone haben konnte. Bezieht Q2 ein.
6. Fasse die Ergebnisse der Revolution von 1848/49 zusammen.

Deutschland nach der Revolution

Zwei Wege zu einem deutschen Nationalstaat

Die Revolution von 1848/49 war gescheitert – und damit die Schaffung eines einheitlichen deutschen Nationalstaates. Die nationale Einheit blieb jedoch ein wichtiges Ziel der Mehrheit der Deutschen.

Die Revolutionsereignisse von 1848/49 hatten zwei Wege zu einem einheitlichen Nationalstaat gezeigt: die Schaffung eines einheitlichen Nationalstaates von unten durch die Bürger oder von oben durch die Fürsten.

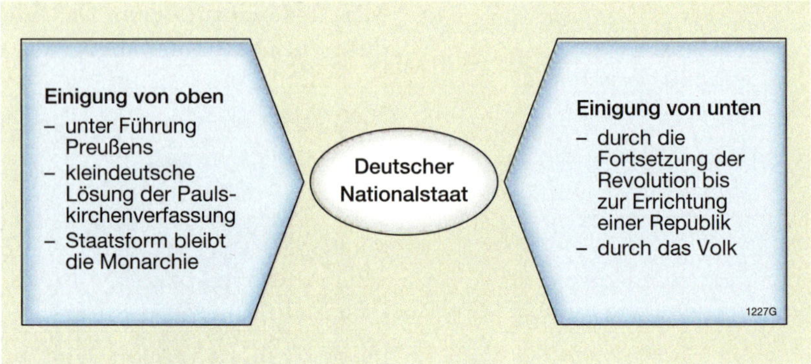

M1 *Wege zum deutschen Nationalstaat.*

M2 *Otto von Bismarck (1815–1898). Foto, 1862.*

Preußen will die Vorherrschaft in Deutschland

Die Einigung von unten war gescheitert. Die Einigung von oben war aber nur denkbar, wenn sie von Österreich und Preußen als den mächtigsten Mitgliedern des Deutschen Bundes befürwortet wurde.

1858 übernahm König Wilhelm I. die Herrschaft in Preußen. Er hatte das Ziel, die Macht Preußens im Deutschen Bund durch eine Heeresreform zu stärken. Für die Finanzierung brauchte er die Zustimmung des preußischen Landtages. Dieser verweigerte lange Zeit sein Ja, da die Abgeordneten über die Verwendung des von ihnen zu bewilligenden Geldes kein Mitspracherecht haben sollten. Außerdem fürchtete der Landtag, dass durch die Reform das stehende Heer und damit die Stellung des Königs ausgebaut würden. Erst die Ernennung Otto von Bismarcks zum preußischen Ministerpräsidenten brachte eine Lösung. Bismarck wollte die Macht seines Königs und die Macht Preußens in Deutschland sichern und appellierte an die nationalen Gefühle der Landtagsabgeordneten. Er war außerdem bereit, ohne die Zustimmung des Landtages zu regieren.

Q1 *Otto von Bismarck vor preußischen Abgeordneten:*

Nicht auf Preußens Liberalismus sieht Deutschland, sondern auf seine Macht. Preußen muss seine Kraft zusammenfassen und zusammenhalten ... Preußens Grenzen nach den Wiener Verträgen sind zu einem gesunden Staatsleben nicht günstig. Nicht durch Reden und Majoritätsbeschlüsse werden die großen Fragen der Zeit entschieden – das ist der große Fehler von 1848 gewesen – sondern durch Eisen und Blut.

Bismarck, Otto von: Die gesammelten Werke, Band 10, Berlin 1928, S. 140.

Preußen erringt die Vorherrschaft

Als 1863 Dänemark Anspruch auf das Herzogtum Schleswig erhob und es von Holstein abtrennen wollte, führten Preußen und Österreich gemeinsam erfolgreich Krieg gegen Dänemark. Gegensätzliche Interessen bei der gemeinsamen Verwaltung Schleswig-Holsteins ließen jedoch aus den Kriegsverbündeten Kriegsgegner werden.

Im sogenannten Deutschen Krieg von 1866 konnte das preußische Heer Österreich und die übrigen Staaten des Deutschen Bundes vernichtend schlagen, obwohl Preußen nur von den kleineren norddeutschen Staaten unterstützt wurde. Damit hatte Preußen den Machtkampf gegen Österreich für sich entschieden. Österreich musste aus dem Deutschen Bund ausscheiden, aber keine Gebiete abtreten.

Preußen gründete daraufhin ohne Österreich mit allen Staaten nördlich des Mains den Norddeutschen Bund. An der Spitze des Bundes stand der preußische König Wilhelm I. Bismarck wurde sein Bundeskanzler. Die süddeutschen Staaten Bayern, Baden, Württemberg und Hessen-Darmstadt wurden mit einem geheimen Schutzvertrag an den Norddeutschen Bund gebunden. 1867 erhielt der Norddeutsche Bund eine Verfassung, die Preußen die Vormachtstellung garantierte.

Q2 *Otto von Bismarck zum Frieden mit Österreich:*

... Österreich darf nicht gedemütigt werden. Man muss für die Zukunft seine Freundschaft gewinnen, sonst wird es der Bundesgenosse Frankreichs ... Wir wollen die Anbahnung der deutschen Einheit unter dem König von Preußen ins Auge fassen ...

Bismarck, Otto von: Gesammelte Werke, Band 5, Berlin 1942, S. 95ff.

M3 *Der Norddeutsche Bund.*

Arbeitsaufträge

1. Erkläre die Wege zu einem deutschen Nationalstaat. Beziehe M1 ein.
2. Analysiere die Quelle Q1.
3. Stelle in einer Collage dar, was „Eisen und Blut" für dich bedeuten.
4. Lest Q2 und diskutiert, warum Bismarck diese Haltung gegenüber Österreich vertrat.
5. Werte die Karte M3 aus und bewerte die Stellung Preußens im Norddeutschen Bund.

Das Deutsche Reich wird gegründet

Der Deutsch-Französische Krieg 1870/1871

i

Emser Depesche: Bismarck ließ ein Telegramm des preußischen Königs, der sich zur Kur in Bad Ems aufhielt, verkürzt und verändert veröffentlichen. Diese Emser Depesche war so formuliert, dass das deutsche Volk sich beleidigt fühlte und die Franzosen sich angegriffen sahen. Als Reaktion war eine Kriegserklärung Frankreichs zu erwarten.

Seit dem Sieg Preußens über Österreich fürchtete Frankreich um seine europäische Vormachtstellung. Als ein Mitglied der preußischen Königsfamilie den spanischen Thron besteigen sollte, fühlte sich Frankreich massiv bedroht und protestierte. Obwohl Preußen seine Kandidatur zurückzog, führte ein diplomatischer Schachzug Bismarcks, die *Emser Depesche*, direkt in den Krieg.

Als Frankreich Preußen den Krieg erklärte, fühlten sich alle Deutschen angegriffen. Die süddeutschen Staaten stellten ihre Truppen ebenso wie die Staaten des Norddeutschen Bundes unter den preußischen Oberbefehl. Der Aufmarsch der vereinten deutschen Truppen an der französischen Grenze verlief dank der neuen Eisenbahnstrecken sehr schleunig. Im September 1870, wenige Wochen nach Bismarcks Emser Depesche, musste sich Kaiser Napoleon III. mit etwa 80000 Soldaten nach der Schlacht bei Sedan ergeben.

Die Bürger von Paris waren allerdings nicht bereit, kampflos aufzugeben. Sie setzen Napoleon III. ab und riefen eine Republik aus. Daraufhin marschierten die deutschen Truppen nach Paris. Mit Granatbeschuss und einer Blockade zwangen sie die Pariser Bürger im Frühjahr 1871 aufzugeben.

Das Deutsche Reich wird in Versailles gegründet

Noch während deutsche Truppen Paris belagerten, versammelten sich die deutschen Landesherren am 18. Januar 1871 im Spiegelsaal von Versailles. Hier, im alten Machtzentrum der französischen Monarchie, ernannten sie den König von Preußen zum deutschen Kaiser. Damit war die Gründung eines einheitlichen deutschen Reiches vollzogen. Aus 22 Einzelstaaten und drei Freien Städten wurde ein einheitlicher Bundesstaat.

M1 *Proklamation des Deutschen Kaiserreiches in Versailles. Holzstich nach einer Zeichnung von Anton von Werner, 1888.*

(M2) *König Wilhelm I. von Preußen wird Deutscher Kaiser. Gemälde von Anton von Werner, 1885. Dieses Gemälde wurde von Kaiser Wilhelm I. in Auftrag gegeben und war ein Geschenk zum 70. Geburtstag Bismarcks.*

i

Preußen war der größte Bundesstaat im Deutschen Reich. Es nahm 2/3 des Reichsgebiets ein. 3/5 der Bevölkerung lebte in Preußen.

Preußen prägt das Deutsche Reich

Die Verfassung des neu gegründeten Deutschen Reiches schrieb fest, dass die oberste Staatsgewalt vom Kaiser und von den Fürsten ausgehen sollte. Sie bestimmte, dass der Preußische König gleichzeitig Deutscher Kaiser würde.

Der preußische Ministerpräsident sollte als Reichskanzler die Regierungsgeschäfte führen. Der Reichskanzler war nur dem Kaiser rechenschaftspflichtig. Dieser konnte ihn ernennen und entlassen.

Vertreter der Länderregierungen bildeten den Bundesrat. Ihm mussten alle Gesetze und der Haushalt vorgelegt werden. Daneben gab es das Parlament, den Reichstag. Seine Abgeordnete wurden nach dem allgemeinen, freien, geheimen und direkten Wahlrecht von allen Männern gewählt. Da die Außen- und Bündnispolitik vorrangig vom Kaiser bestimmt wurde, beschränkte sich der Einfluss des Reichstags auf die Innenpolitik des Reiches.

Arbeitsaufträge

1. Nenne Gründe, die zum Ausbruch des Krieges führten.
2. Diskutiert, welche Bedeutung die Ausrufung des Deutschen Reiches in Versailles für
   a) die deutschen Fürsten, b) die deutschen Bürger,
   c) Preußen, d) die Franzosen hatte.
3. Beschreibe die Bilder M1 und M2. Begründe, warum der gleiche Sachverhalt so unterschiedlich dargestellt wurde.
4. Nenne die Grundzüge der Verfassung von 1871.

PROJEKT

Tipps zur Vorgehensweise

1. Arbeite mit einem Partner oder in einer Gruppe.
2. Informiere dich über einzelne Menschen- und Bürgerrechte.
3. Wählt gemeinsam aus, welches Recht ihr untersuchen wollt.
4. Recherchiert, wie das Recht umgesetzt wird.
5. Veranschaulicht das Ergebnis in einer von euch gewählten Form (als Bild, als Karikatur, Liedtext, Slogan, usw.). Lasst Platz für die Meinungen der Mitschüler (siehe Punkt 8).
6. Stellt das Arbeitsergebnis in der Galerie aus.
7. Mache mit einem Partner/mit der Gruppe einen Galeriespaziergang und begutachte die Arbeitsergebnisse der Mitschüler.
8. Diskutiert in der Gruppe die Arbeitsergebnisse und ergänzt eure Meinung zu den Arbeiten der anderen.
9. Besprecht in der Klasse die einzelnen Arbeitsergebnisse.
10. Diskutiert, ob und wie ihr weiter aktiv für die Verwirklichung der Menschen- und Bürgerrechte eintreten könnt.

Eine Galerie der Menschenrechte

Alle Menschen haben Menschenrechte. Die Menschenrechte gelten seit dem Zeitpunkt der Geburt. Niemand darf sie jemandem nehmen. Das erste Menschenrecht ist die Würde des Menschen.

Mit der Durchsetzung demokratischer Ideen entwickelten sich aus den Menschenrechten die Grundrechte der Bürgerinnen und Bürger. In verschiedenen internationalen Dokumenten und in den Verfassungen demokratischer Staaten sind die Menschen- und Grundrechte heute fest verankert.

M1 *Menschenrechte?!*

Arbeitsaufträge

1. Sammelt Informationen, wie die Menschen- und Grundrechte in der Gegenwart in Deutschland, Europa und weltweit umgesetzt oder verletzt werden. Die Bilder oben können euch dabei Denkanstöße liefern.
2. Stellt eure Erkenntnisse auf Bildern und Plakaten dar. Stellt diese in einer Galerie aus.
3. Im anschließenden Galeriespaziergang könnt ihr und eure Gäste weitere Gedanken zu dem Thema austauschen.

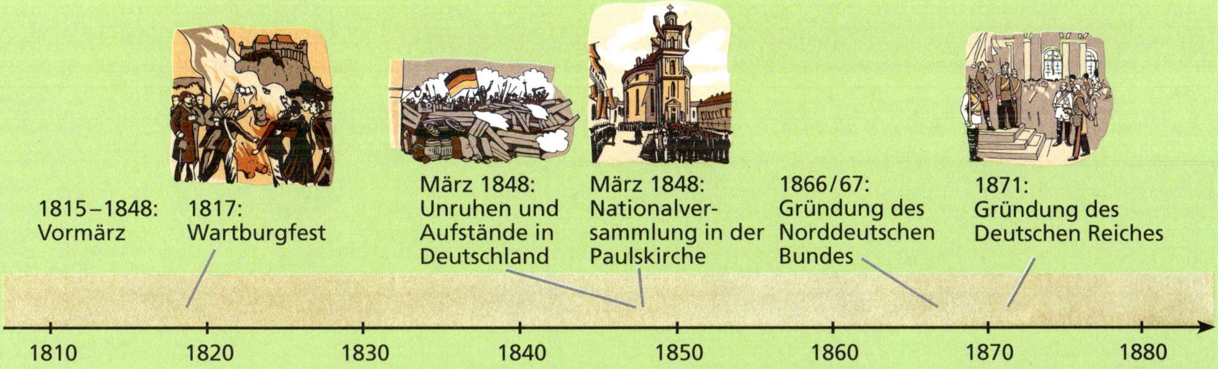

IN KÜRZE

Wichtige Begriffe:
Biedermeier
Romantik
Wartburgfest
Karlsbader Beschlüsse
Zensur
Hambacher Fest
Restauration
Zollverein
Liberalismus
Nationalversammlung
Paulskirche
Norddeutscher Bund
Großdeutsche Lösung
Kleindeutsche Lösung

Der Wiener Kongress 1814/1815 festigte wieder die Herrschaft des Adels in Europa. Die nationalen, demokratischen und liberalen Ziele der Bürger wurden im *Deutschen Bund* nicht verwirklicht. Die Fürsten versuchten, die bürgerlichen Kräfte durch Zensur und Verfolgung zu unterdrücken.

Durch die revolutionären Ereignisse in Frankreich ermutigt, gingen 1848 auch in Deutschland die Menschen für Freiheit und Demokratie auf die Straße. Nach Kämpfen in Berlin stimmte der preußische König Wahlen zu einer gesamtdeutschen *Nationalversammlung* zu.

Die in allen Ländern gewählten Abgeordneten der Nationalversammlung tagten in der Frankfurter *Paulskirche*. Sie sollten eine gesamtdeutsche *Verfassung* erarbeiten, die *demokratische Grundrechte* für die Bürger festschrieb. Da der preußische König die Kaiserkrone jedoch ablehnte, waren die Arbeit der Nationalversammlung und die *Revolution* gescheitert.

Preußen trieb die Schaffung eines einheitlichen deutschen Staates voran. Der Sieg über Österreich, die Gründung des *Norddeutschen Bundes* und der Deutsch-Französische Krieg führten zu einer „Einigung von oben". 1871 wurde in Versailles das *Deutsche Reich* gegründet. Die deutschen Landesherren ernannten den preußischen König dort zum Deutschen *Kaiser*.

Die Verfassung stärkte die Position des Kaisers und des von ihm berufenen *Reichskanzlers*. Die in allgemeinen, gleichen und geheimen Wahlen gewählten Abgeordneten des Reichstages hatten dagegen einen geringeren Einfluss auf die Politik.

Die Industrielle Revolution

„Eisenwalzwerk". Gemälde von Adolph von Menzel, 1875.

Die Industrialisierung in England

Die Anfänge der Industriellen Revolution

Bereits im 16. und 17. Jahrhundert erforschten Wissenschaftler die Natur und entwickelten viele neue technische Errungenschaften, zum Beispiel das Mikroskop, das Fernrohr, die Luftpumpe oder den Blitzableiter. Im 18. Jahrhundert markiert die Erfindung der Dampfmaschine den Beginn des Zeitalters der Technik und Naturwissenschaften, der Industriellen Revolution.

M1 *Englische Dampfpumpe, 1715.*

England wird zum Vorreiter

In England waren die Voraussetzungen für die Industrielle Revolution besonders günstig. Die Produktion von Nahrungsmitteln in der Landwirtschaft stieg an, unter anderem dank der Erfindung der Sämaschine durch Jethro Tull. Mit der neuen Maschine wurde die Saat nicht länger auf den Acker gestreut, sondern in ein Loch gelegt und anschließend mit Erde bedeckt. Außerdem bearbeitete die Maschine drei Reihen gleichzeitig. Aus den Kolonien kamen neue Lebensmittel wie Kartoffeln, Tomaten oder Mais auf die Insel, die dort bislang unbekannt gewesen waren. Insgesamt verbesserte sich die Versorgung der Menschen und die Bevölkerungszahl wuchs.

Englands bedeutendster Wirtschaftszweig war die Tuchherstellung. Die Heimarbeit konnte die gestiegene Nachfrage nach Stoffen allerdings nicht mehr stillen. Nicht nur der Preis der Tuchwaren, auch ihre Qualität musste sich ändern. Um die Produktion zu verbessern, wurden Forscher, Erfinder und Techniker beauftragt und viel Geld investiert. Das Geld dafür stammte aus den Kolonien, vor allem aus Einnahmen aus dem Sklavenhandel.

Forscher erkannten bald, dass die bekannten Kräfte der Wasser-, Wind-, Tier- und Menschenkraft nicht mehr ausreichten, um die Produktion voranzutreiben. Diese natürlichen Kräfte waren begrenzt und nicht ständig verfügbar.

M2 *James Watt (1736–1819). Gemälde von C. F. von Breda, 1792.*

Die neue Kraft: die Dampfkraft

Schon um 1700 begannen Tüftler und Wissenschaftler in England, den Wasserdampf für den Menschen nutzbar zu machen. 1715 erfanden sie die Dampfpumpe, die Wasser aus einem Bergwerksschacht pumpte. Die Zeitgenossen nannten sie oft „Feuerteufel“, weil ihr Dampfkessel häufig explodierte und Arbeiter verletzte.

James Watt aus Glasgow schaffte es schließlich, aus der Dampfpumpe eine brauchbare Maschine zu machen. Watt baute einen druckfesten Zylinder und leitete abwechselnd Dampf von oben oder unten in den Zylinder. Durch die Kraft des Dampfes hob und senkte sich der Kolben. Somit gelang es, die Kolbenbewegung in eine drehende Bewegung umzuwandeln. Außerhalb des Zylinders sorgte ein Kondensator für das Abkühlen des Dampfes.

Da die Arbeit an der neuen Dampfmaschine sehr aufwendig war, musste Watt seine Tätigkeit an der Universität aufgeben. Die Fertigstellung seiner Erfindung und die Anmeldung eines Patentes konnten 1769 nur durch die finanzielle Unterstützung eines Unternehmers gelingen.

M3 *Schemazeichnung. Die Dampfkraft wird von einer Antriebsmaschine auf Arbeitsmaschinen übertragen.*
Die einzelnen Schritte: Ein Ofen (a) erhitzt Wasser im Kessel (b). Der entstehende Wasserdampf wird so in den Zylinder (c) geleitet, dass er dort den Kolben (d) auf und ab drückt. Diese Bewegung wird durch das Gestänge (e) auf zwei Zahnräder (f) übertragen. Diese treiben das große Schwungrad (g) an. Von dort wird die Energie über Treibriemen an die Maschinen geleitet.

Mit der Dampfmaschine von James Watt gab es nun eine künstliche Kraft, die als Antriebsmaschine eingesetzt werden konnte. Wellen, Achsen und breite Lederriemen übertrugen die Kraft auf Arbeitsmaschinen, die die eigentliche Arbeit verrichteten. Die Dampfmaschine entwickelte eine enorme Kraft, die jederzeit verfügbar war. Im Unterschied zum Menschen ermüdete sie nicht. So war es möglich, jederzeit und in großen Mengen Kohle und Erz abzubauen oder Waren herzustellen.

Die Dampfmaschine kam in Baumwollspinnereien und Webereien ebenso zum Einsatz wie im Bergbau, in Hüttenwerken oder in Brauereien. Trotz der Verringerung der Herstellungskosten und der Preise erhöhte sich der Gewinn, da schneller produziert werden konnte.

Großbritannien hütete seine technische Errungenschaft. Seit 1800 war es unter Androhung schwerer Strafe verboten, die Dampfmaschinen zu exportieren. Den Erfindern und den Arbeitern an den Maschinen war es verboten, das Land zu verlassen.

Arbeitsaufträge

1. Erkläre, warum die Voraussetzungen für die Industrialisierung in England günstig waren.
2. Erläutere das Prinzip der Dampfmaschine.
3. a) Erkläre, warum England verbot, Dampfmaschinen (Antriebs- und Arbeitsmaschinen) auszuführen.
   b) Diskutiert, ob es heute in der Wirtschaft Beispiele für ein ähnliches Verhalten gibt.
4. Informiere dich über den Erfinder James Watt. Notiere die wichtigsten Informationen und halte einen Kurzvortrag über sein Leben.

Einsatzgebiete der neuen Kraft

i

effektiv: schnell, günstig, gewinnbringend, lohnend.
Fabrik: Betrieb, in dem menschliche Arbeitskräfte vorwiegend zur Bedienung und Steuerung von Arbeitsmaschinen eingesetzt werden.
Manufaktur: Betrieb, in dem Waren arbeitsteilig und in Handarbeit hergestellt werden.

Die Textilindustrie

Die Textilindustrie war der bedeutendste Produktionszweig Englands. Mit dem Wachstum der Bevölkerung stieg der Bedarf an Kleidung. Außerdem blühte der Export von Stoffen in die überseeischen Kolonien, in denen keine Manufakturen errichtet werden durften. Gleichzeitig versuchten Erfinder immer wieder, in der Textilindustrie Arbeitskräfte einzusparen und die Produktion *effektiver* zu machen.

James Hargreaves gewann 1764 mit seiner „Spinning Jenny" einen Wettbewerb der „Gesellschaft zur Förderung des Handwerks und der Manufakturen". Seine Maschine konnte acht Fäden gleichzeitig spinnen, d. h. die Arbeit von acht Menschen verrichten. Während die „Spinning Jenny" noch mit menschlicher Muskelkraft angetrieben wurde, übernahmen bei späteren Spinnmaschinen Wasserräder den Antrieb. Mit dem Einsatz der Dampfmaschine konnten sogar mehrere Spinnmaschinen gleichzeitig von einer Antriebsmaschine versorgt werden.

M1 *Baumwollspinnerei im Jahr 1830.*

M2 *Heimarbeit an einem Handspinnrad. Radierung, um 1750.*

Die Veränderung in der Produktion

Die neue Kraft ersetzte nicht nur den Menschen. Sie veränderte auch den Produktionsstandort. Um effektiv zu arbeiten, mussten die vielen Maschinen in großen Gebäuden untergebracht werden. So entstanden neue *Fabriken*, die die Heim- und *Manufakturarbeit* verdrängten. Den ersten Spinnmaschinen folgten bessere und leistungsfähigere, die bis zu 1 000 Spindeln in Bewegung setzen konnten. Nach den Spinnfabriken kamen Webfabriken, in denen eine einzige Dampfmaschine viele Webmaschinen antrieb.

Zur Bedienung der Maschinen waren weiterhin Arbeitskräfte erforderlich, wenn auch weniger als in der maschinenlosen Zeit. Jetzt stellten Hunderte von Arbeitern große Mengen Baumwoll-, Leinen- und Wollstoffe gemeinsam in einer Fabrikhalle her, anstatt kleine Mengen in Heimarbeit zu produzieren.

England:	
Um 1770:	6 Mio. Tonnen Kohle
Um 1825:	21 Mio. Tonnen Kohle
Um 1845:	45 Mio. Tonnen Kohle
Deutschland:	
1830:	1,8 Mio. Tonnen Kohle
1840:	3,2 Mio. Tonnen Kohle

M3 *Kohleförderung in England.*

Um 1740:	20 000 Tonnen Eisenerz
Um 1825:	500 000 Tonnen Eisenerz
Um 1845:	2 Mio. Tonnen Eisenerz

M4 *Eisenerzförderung in England.*

Die Dampfmaschine im Bergbau

Die Dampfmaschine ersetzte außerdem die Dampfpumpen in Bergwerken, da sie das Grundwasser besser und schneller abpumpte. Die Bergwerkschächte konnten so 36 Meter tiefer als bisher getrieben werden. Dieser Fortschritt war wichtig, weil England für den Betrieb der Dampfmaschine viel Kohle benötigte. Zwischen 1820 und 1840 förderte England mehr Kohle als alle anderen europäischen Länder zusammen.

Eisenerzeugung und Maschinenbau

Die „Spinning Jenny" bestand zum Großteil aus Holz. Dies hielt der Beanspruchung jedoch nicht lange stand. Watts Dampfmaschine dagegen war aus Eisen hergestellt und auch die neuen Arbeitsmaschinen wurden aus Eisen gefertigt. Die Herstellung der Maschinen war also nicht ohne andere Maschinen möglich, zum Beispiel nicht ohne Walzen und Bohrmaschinen. Somit entwickelte sich die Maschinenbauindustrie. Zur Herstellung der Maschinen benötigte man Eisenerz, deshalb stieg die Förderung und Verarbeitung von Eisenerz an.

M5 *Einsatz der Dampfmaschine im Kohlenbergwerk. Gemälde aus dem Jahr 1792.*

1 Dampfmaschine =
ca. 40 PS (PS = Pferdestärke)

1 Pferd = Kraft von
5–6 Menschen
100 PS = 74 kW
100 kW = 136 PS

M6 *Leistungsfähigkeit der Dampfmaschine um 1819.*

Arbeitsaufträge

1. Nenne Einsatzgebiete der Dampfmaschine.
2. Erkläre, was eine Fabrik ist.
3. Erläutere, wie sich die Produktion durch die Maschinen veränderte.
4. Beschreibe die Auswirkungen der Erfindung der Dampfmaschine auf den Bergbau.
5. Stelle die PS-Zahl heutiger Autos, Maschinen und Flugzeuge fest. Notiere deine Ergebnisse in einer Tabelle. Vergleiche die Zahlen mit M6. Formuliere dein Ergebnis.
6. Informiere dich, wofür die Bezeichnung „Watt" heute verwendet wird und was sie bedeutet.

Veränderungen im Leben der Menschen

1685:	6000 Einwohner
1760:	30000 Einwohner
1801:	72275 Einwohner
1851:	303382 Einwohner

M1 *Bevölkerungswachstum in Manchester.*

Industriestädte und Industriegebiete entstehen

Die neue Form der Produktion veränderte das Zusammenleben der Menschen. Um 1700 lebten in England noch etwa 85 % der Menschen auf dem Lande, um 1850 nicht mehr als 40 %.

Viele Menschen waren in die neuen Städte gegangen mit der Hoffnung, hier Arbeit und Lohn zu finden. Neue große Städte schossen vor allem in den Kohlegebieten wie Pilze aus dem Boden. Aber auch bereits bestehende Kleinstädte wuchsen, weil sich mit den Fabriken dort Tausende Fabrikarbeiter ansiedelten. Die ursprünglich bäuerlich geprägte Landschaft, d.h. Felder und Ackerflächen mit einzelnen Dörfern, verringerte sich im Laufe der Jahre und wurde durch eine Industrielandschaft mit Städten und Fabriken ersetzt.

Diese Entwicklung traf nicht nur auf englische Industriestädte wie zum Beispiel Manchester zu, sondern auf Gebiete in ganz Europa. In Deutschland entwickelte sich das Ruhrgebiet aufgrund seiner Kohlevorkommen zu einem industriellen Ballungsraum. Aber auch in den Industrieregionen in Sachsen und Oberschlesien entstanden neue Fabriken und die Städte wuchsen.

M2 *Die industrielle Entwicklung und Städteentwicklung in Europa bis 1850.*

M3 *Manchester in der Zeit der Industrialisierung. Holzschnitt, um 1850.*

Die Folgen der Industrialisierung

Das größte Problem während der Industrialisierung stellte die Arbeitslosigkeit dar, vor allem die der Männer. Sie waren in die Industriestädte gegangen, um Arbeit zu finden, die sie durch den Fortschritt in der Landwirtschaft verloren hatten. Die neuen Unterkünfte in der Stadt waren eng und feucht. Krankheiten wie Gicht oder Rheuma traten häufig auf. Wegen der niedrigen Löhne reichte der Verdienst der Männer oft nicht aus, um eine Familie zu ernähren. Wenn die Auftragslage schlecht war, kam es häufig zu Entlassungen. Das bedeutete, dass die Familien keinen Lebensunterhalt mehr hatten, denn es gab keine Arbeitslosen-, Unfall- und Krankenversicherung. Oft glaubten die Arbeiter, dass die Maschinen an ihrer Lage schuld seien, weil sie die menschliche Arbeitskraft ersetzten und zerstörten sie mutwillig.

Ein weiteres Problem waren die Arbeitsunfälle und die schlechte medizinische Versorgung. Die Wellen, Achsen und Lederriemen, die die Antriebsmaschinen (Dampfmaschinen) mit den Arbeitsmaschinen verbanden, waren nicht geschützt und wurden nicht auf Abnutzungen geprüft. Durch diesen fehlenden Arbeitsschutz und aufgrund der Übermüdung der Arbeiterinnen und Arbeiter kam es oft zu Unfällen. Wenn jemand verletzt war, verlor er seine Arbeit.

Arbeitsaufträge

1. Erkläre, warum viele Menschen in die Städte gingen.
2. Beschreibe das Leben und die Probleme der Menschen in den Städten. Nutze dabei M3.
3. Nenne mit Hilfe von M2 europäische Großstädte, die sich bis 1850 zu Industriezentren entwickelten.
4. Fertige eine Tabelle mit Industriegebieten Europas und der dazugehörigen Industrie an. Nutze dabei M2.
5. Erläutere, welche Folgen es haben konnte, wenn ein Mann seine Arbeit verlor.

Die Kinderarbeit

Kinder sind günstige Arbeitskräfte

Die ersten Maschinen waren sehr einfach gebaut. Ungelernte Kräfte, Frauen und sogar Kinder konnten die einfachen Handgriffe ausführen, um sie zu bedienen. Das machten sich die Fabrikbesitzer, die Unternehmer, zunutze. Um Kosten zu sparen, stellten sie vor allem Frauen und Kinder ein. Weil die ungelernt und angeblich weniger leistungsfähig als Männer waren, erhielten sie einen geringeren Lohn.

Mit ihrem kärglichen Verdienst mussten die Frauen und Kinder oft ihre Familien ernähren, denn viele Väter und Männer waren arbeitslos. Häufig mieteten die Unternehmer sogar Kinder aus Waisenhäusern an und ließen sie für sich in den Fabriken schuften.

Die Arbeit in Fabriken und Bergwerken blieb für die Kinder und Jugendlichen nicht ohne Folgen. Viele erkrankten, weil sie den unmenschlichen Arbeitsbedingungen nicht gewachsen waren. Andere zogen sich durch die harte Arbeit oder durch Arbeitsunfälle lebenslange körperliche Schäden zu.

1853 verbot die preußische Regierung, Kinder unter zwölf Jahren in Fabriken zu beschäftigen. 1891 wurde die Kinderarbeit in ganz Deutschland verboten. In der Landwirtschaft und der Heimarbeit war sie jedoch noch lange weiter üblich.

Kinderarbeit im Bergwerk

Wegen ihrer geringen Körpergröße waren die Kinder in Bergwerken gefragte Arbeitskräfte. Besonders schlimm erging es den Kindern in den englischen Kohle- und Eisenbergwerken. Sie mussten zum Beispiel in den engen Stollen Kohlewagen schieben. Dabei galten für sie die gleichen Arbeitszeiten wie für Erwachsene. Für die Schule blieb ihnen keine Zeit.

M1 *Kinderarbeit in einem englischen Kohlebergwerk. Druck aus dem Jahr 1844, koloriert.*

Q1 *Friedrich Engels bereiste 1845 England und wurde Zeuge der dortigen Kinderarbeit:*

In den Kohle- und Eisenbergwerken arbeiteten Kinder von 4, 5, 7 Jahren; die meisten sind indes über 8 Jahre alt. Sie werden gebraucht, um das losgebrochene Material von der Bruchstelle nach dem Pferdeweg oder dem Hauptschacht zu transportieren, und um Zugtüren, welche die verschiedenen Abteilungen des Bergwerks trennen, bei der Passage von Arbeitern und Material zu öffnen und wieder zu schließen. Zur Beaufsichtigung dieser Türen werden meist die kleinsten Kinder gebraucht, die auf diese Weise 12 Stunden täglich im Dunkeln einsam in einem engen, meist feuchten Gang sitzen müssen …

Der Transport der Kohlen und des Eisengesteins dagegen ist eine sehr harte Arbeit, da dies Material in ziemlich großen *Kufen* ohne Räder über den holprigen Boden der Stollen fortgeschleift werden muss, … oft steile Abhänge hinauf und durch Gänge, die zuweilen so eng sind, dass die Arbeiter auf den Händen und Füßen kriechen müssen. Zu dieser anstrengenden Arbeit werden daher ältere Kinder und heranwachsende Mädchen genommen.

Die gewöhnliche Arbeitszeit ist 11 bis 12 Stunden, oft länger, in Schottland bis zu 14 Stunden, und sehr häufig wird doppelte Zeit gearbeitet, sodass sämtliche Arbeiter 24, ja nicht selten 36 Stunden hintereinander unter der Erde und in Tätigkeit sind. Feste Stunden für Mahlzeiten sind meist unbekannt, so dass die Leute essen, wenn sie Hunger und Zeit haben …

Die Kinder und jungen Leute … klagen allgemein über große Müdigkeit … Es kommt jeden Augenblick vor, dass die Kinder, so wie sie nach Hause kommen, sich auf den steinernen Fußboden vor den Herde werfen und sogleich einschlafen, dass sie keinen Bissen Nahrung mehr zu sich nehmen können und im Schlaf von den Eltern gewaschen und zu Bette gebracht werden müssen …

Allgemein scheint es zu sein, dass diese Kinder den größten Teil des Sonntags im Bette zubringen, um sich einigermaßen von der Anstrengung zu erholen; Kirche und Schule werden nur von wenigen besucht, und bei diesen klagen die Lehrer über große Schläfrigkeit und Abstumpfung aller Lernbegierde …

Nach: Engels, Friedrich: Die Lage der arbeitenden Klasse in England, 1892.

i

Kufen: Kübel, Bottich.

Arbeitsaufträge

1. Beschreibe die Kinderarbeit in einem Bergwerk.
2. Errechne mit den Angaben aus dem Text die Dauer der wöchentlichen Arbeitszeit der Kinder. Vergleiche sie mit den Arbeitszeiten von Erwachsenen in der heutigen Zeit. Formuliere deine Erkenntnisse in Sätzen.
3. Schreibe aus der Sicht eines Kindes, das in einem Kohlebergwerk arbeitet, einen Brief an die Eltern. Schreibe in der Ich-Form.
4. Informiere dich, wie die Kinderarbeit um 1900 mithilfe von Gesetzen bekämpft wurde.

Die Industrialisierung in Deutschland

Hürden auf dem Weg zur Industrialisierung

Um 1800 war Deutschland immer noch ein Agrarstaat, in dem etwa 75 % der Bevölkerung von der Landwirtschaft lebte. Anders als in England und Frankreich zwängte die strenge Ständeordnung des Mittelalters die Menschen in alte Produktionsformen wie Manufakturen und Heimarbeit. Bis zu den Reformen von 1807/1811 unterstanden die Handwerker dem Zunftzwang. Das Gildewesen regelte Rechte und Pflichten der Kaufleute und die Landbevölkerung lebte weiter in Abhängigkeit vom Adel.

Die staatliche Zersplitterung existierte auch im Deutschen Bund weiter. 38 Zoll- und Mautstellen erschwerten den Handel zwischen den einzelnen Mitgliedsstaaten. Abgesehen von diesen Grenzen gab es mit unterschiedlichen Maßen, Währungen und Vorschriften weitere Hindernisse für jegliche industrielle Entwicklung. Erst der Zollverein von 1834 erleichterte den Binnenhandel im Deutschen Bund.

1835:	6 km
1845:	3280 km
1860:	11633 km
1870:	19575 km

M1 *Entwicklung des Schienennetzes in Deutschland.*

Mit der Eisenbahn kommt der Aufschwung

Nur ein Jahr nach der Gründung des Zollvereins wurde die erste Eisenbahnlinie in Deutschland eröffnet. Eine sechs Kilometer lange Strecke verband die Städte Nürnberg und Fürth. Die 12 PS starke Lokomotive, die in England gebaut worden war, schaffte diese Strecke in etwa sechs Minuten.

Mit dem Bau der Linie Nürnberg-Fürth war der Startschuss für den zügigen Bau weiterer Eisenbahnstrecken gefallen. Besonders Unternehmer erhofften sich davon einen großen wirtschaftlichen Aufschwung. Einer von ihnen, Friedrich Wilhelm Harkort, hatte England bereist und war von der industriellen Entwicklung dort begeistert.

Q1 *Harkort über seine Erwartungen an die Eisenbahn:*

Durch die rasche und günstige Fortschaffung der Güter wird der Wohlstand eines Landes bedeutend vermehrt ... Größere Vorteile wie die bisherigen Mittel (Kanäle, schiffbare Ströme und Straßen) scheinen Eisenbahnen zu bieten ... Eine Maschine von acht Pferdestärken würde innerhalb von zehn Stunden 1000 Zentner Kohlen von Duisburg nach Arnheim schaffen; die Lastkähne liegen allein acht Tage in Ladung. Die sämtlichen Ruhr-Zechen erhielten durch eine Eisenbahn den unschätzbaren Vorteil eines raschen und regelmäßigen Absatzes ... Die Eisenbahnen werden manche Revolutionen in der Handelswelt hervorbringen ...

Harkort, Friedrich: Eisenbahnen; in: Hermann Nr. 26; 30. März 1825.

Der Ausbau der Eisenbahn trieb die wirtschaftliche Entwicklung in Deutschland voran. Nicht nur für den Bau von neuen Eisenbahnstrecken, Lokomotiven und Wagons wurden jetzt mehr Eisen, Kohle und Arbeitskräfte gebraucht. Das schnelle Verkehrsmittel förderte die Möglichkeit, große Mengen Kohle und Erz preiswert zu transportieren. Das förderte den Bergbau, die Eisen- und Stahlproduktion sowie den Maschinenbau.

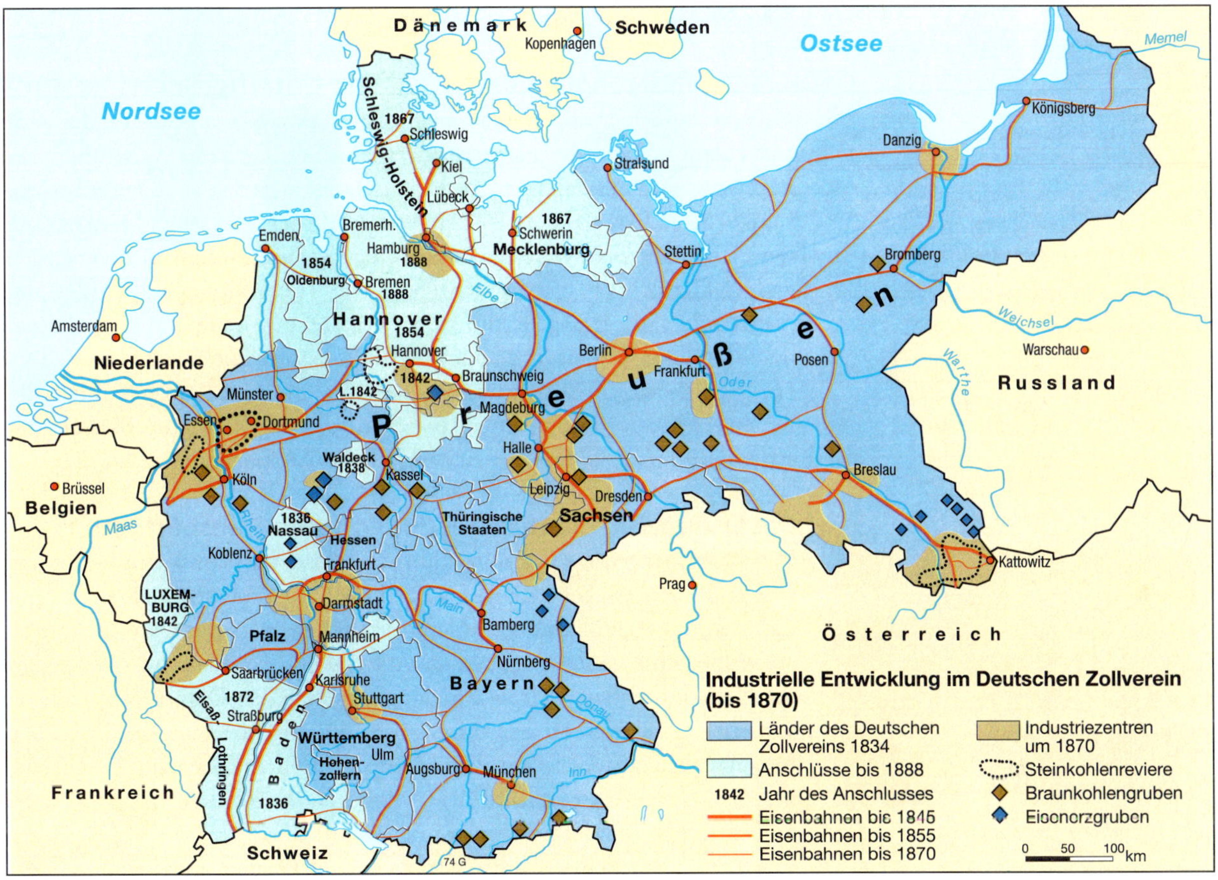

M2 *Die industrielle Entwicklung im Deutschen Zollverein bis 1870.*

Die Industrie setzt sich durch

Die Industrialisierung vollzog sich nicht in allen deutschen Gebieten gleichzeitig und gleich rasant. Mit den Kohlevorkommen im Ruhrgebiet, westlich von Köln und in Oberschlesien sowie mehreren Industriezentren war die industrielle Entwicklung in Preußen schnell führend.

Um das rasende Wirtschaftswachstum finanzieren zu können, entwickelte sich eine neue Art der Geldbeschaffung. Mit der Gründung von Aktiengesellschaften (AG) konnten wohlhabende Bürger Anteilsscheine (Aktien) an wirtschaftlichen Unternehmen erwerben. Damit waren sie an den Gewinnen, aber auch an möglichen Verlusten der Unternehmen beteiligt. Während von 1818 bis 1848 nur 18 Aktiengesellschaften gegründet worden waren, entstanden allein von 1850 bis 1859 251 neue AGs.

Arbeitsaufträge

1. Nenne die Hemmnisse für die Industrialisierung in Deutschland.
2. a) Interpretiere die Quelle Q1.
   b) Diskutiert, welche Bedeutung die Entwicklung des Transportwesens in der Gegenwart hat.
3. a) Zeige, wo die ersten Eisenbahnlinien entstanden (M1).
   b) Nenne Rohstoffe, die die Entstehung von Industriezentren begünstigten.
4. „Preußen wurde zur führenden Industriemacht." Nimm Stellung zu dieser Aussage.

Die Revolution im Verkehrswesen

Die Veränderungen des Waren- und Gütertransports

Vor der Industriellen Revolution mussten alle Waren und Handelsgüter mit Postkutschen oder Pferdefuhrwerken über das Land, auf Ruder- und Segelschiffen über das Wasser oder durch den Menschen zu Fuß transportiert werden. Das kostete viel Zeit, war gefährlich und teuer. Daher konnten nicht allzu viele Waren über große Entfernungen transportiert werden.

Der Handel war für die wirtschaftliche Entwicklung des Landes aber notwendig. Die Mengen, die nun hergestellt wurden, mussten schnell den Handel erreichen, genauso wie die Rohstoffe, die für die Herstellung erforderlich waren. Also mussten die Verkehrs- und Transportmittel der neuen Herausforderung angepasst werden. Das Ziel war, Massengüter schnell und billig über weite Entfernungen transportieren zu können.

M1 *Pferdeschienenbahn, 1828.*

M2 *Dampfwagen aus England, um 1800.*

Die Eisenbahn – Teufelswerk oder neues Transportmittel?

Zwei Ideen machte die Entwicklung der Eisenbahn möglich: Einerseits ließ man Pferdewagen statt auf Wegen jetzt auf Schienen ziehen, in sogenannten Schienenbahnen. Andererseits setzte man die Dampfmaschine auf Räder und baute so einen Dampfwagen. 1825 verband der Engländer George Stephenson beide Ideen und setzte den Dampfwagen auf die Schienen. Das war die Geburtsstunde der Eisenbahn. Das öffentliche Interesse war groß, als am 27.09.1825 in England die erste öffentliche Eisenbahnstrecke zwischen Stockton und Darlington eröffnet wurde. Sie maß ca. 23 Kilometer.

Auch in Deutschland gab es trotz einiger Gegner großes Interesse an der Eisenbahn. Friedrich Harkort, ein Unternehmer, und Friedrich List, ein Wirtschaftswissenschaftler, setzten sich für dieses neue Transportmittel ein. Sie erkannten dessen Bedeutung für den schnellen Waren- und Gütertransport sowie für die Entwicklung des Handels. Die Gegner der Eisenbahn glaubten, dass durch das neue Transportmittel vor allem Stellmacher, Gastwirte, Schiffer und Schmiede arbeitslos würden. Aber aller Widerstand half nicht. Im Sommer 1835 begann der Bau der ersten deutschen, sechs Kilometer langen Eisenbahnstrecke zwischen Nürnberg und Fürth. Danach folgte 1839 die erste Fernstrecke von Leipzig über Oschatz und Riesa nach Dresden mit einer Länge von 120 Kilometern. Auf dieser Strecke fuhr die Lokomotive „Saxonia“, die in Dresden gebaut wurde. Bis 1884 herrschte auf dieser Strecke, die von englischen Ingenieuren gebaut worden war, nach englischem Vorbild Linksverkehr.

Die Entwicklung der Schifffahrt

Aber auch der Verkehr auf den Flüssen und Meeren nahm zu, sodass es immer wieder Versuche gab, die Dampfmaschine dort ebenfalls einzusetzen. Im Juli 1816 überquerte das erste englische Dampfschiff den Ärmelkanal und fuhr bis nach Köln. Auch die Elbe wurde zunächst von englischen Dampfschiffen befahren. Die in Dresden gegründete „Sächsische Dampf-Schifffahrtsgesellschaft“ finanzierte dann den Bau eines Personendampfers, der 1836 die erste Fahrt antreten konnte. Seit 1837 gibt es den Passagierverkehr auf der Elbe. Bis heute fahren mit der „Weißen Flotte“ in Dresden jährlich mehr als eine halbe Million Touristen auf der Oberelbe. Sie ist damit die älteste und größte Raddampfer-Flotte der Welt.

M3 *Sächsisches Dampfschiff „Königin Maria", 1836. Die Königin Maria nahm 1837 den Passagierverkehr von Dresden nach Meißen und Rathen auf.*

Seit 1841 verkehrten auf der Ost- und Nordsee Dampfschiffe, zum Beispiel Postdampfschiffe zwischen Stralsund und Schweden. Raddampfer übernahmen ebenso den Fährverkehr, zum Beispiel zwischen Stralsund und der Insel Rügen.

Aber auch der Überseeverkehr nach Amerika setzte auf das Dampfschiff. Zunächst wurden zur Sicherheit nur Dampfsegler eingesetzt. Das waren Schiffe, die mithilfe von Segeln und dampfangetriebenen Schaufelrädern fuhren. 1843 lief der erste segellose, nur mit einer Schiffsschraube versehene Ozeandampfer in England vom Stapel. Die „Great Britain" war 98 Meter lang und doppelt so groß wie alle Schiffe, die es zu dieser Zeit gab. Ihr Rumpf bestand nicht mehr aus Holz, sondern aus Stahl. Im Juni 1845 benötigte sie für ihre erste Fahrt von Liverpool nach New York 15 Tage. Insgesamt konnten die Dampfer immer größere Lasten transportieren und Entfernungen immer schneller überwinden. Durch den zunehmenden Handel auf den Weltmeeren wuchsen Hamburg und Bremen zu Welthandelshäfen heran.

Überseeverkehr New York – Westeuropa (5 500 Kilometer):	
Dampfsegler (1819):	27 Tage
Schraubendampfer (1870):	12 Tage
Dampfer (1900):	5 Tage

M4 *Dauer des Überseeverkehrs.*

Arbeitsaufträge

1. Berichte über die Veränderungen im Verkehrswesen zur Zeit der Industriellen Revolution.
2. Erkläre die Gründe für diese Veränderungen.
3. Stelle die Folgen der Entwicklung des Verkehrswesens für Unternehmer und für verschiedene andere Berufsgruppen (Schmiede, Schiffer, ...) gegenüber. Formuliere deine Schlussfolgerungen in Sätzen.

Industrialisierung in Mitteldeutschland

Sachsen ist Spitzenreiter

Seit Mitte des 19. Jahrhunderts war die Industrialisierung in Deutschland nicht mehr aufzuhalten. An der Spitze dieser Entwicklung stand das Königreich Sachsen. In dem dicht besiedelten Land lebten mehr als die Hälfte aller Einwohner bereits von Gewerbe und Industrie. In Preußen, das viel größer war und in dem es mehr landwirtschaftlich geprägte Gebiete gab, waren es dagegen weniger als ein Viertel.

Der mittelalterliche Bergbau hatte die sächsischen Könige reich gemacht. Jetzt waren die Erzvorkommen im Erzgebirge allerdings größtenteils abgebaut. Viele Bergleute konnten nicht mehr von ihrer Arbeit leben und versuchten, als Heimarbeiter in der Textilindustrie etwas Geld hinzuzuverdienen. Besonders im Erzgebirge und im Vogtland entwickelte sich bis etwa 1830 die Baumwollindustrie als einziger Industriezweig.

Zentrum für die Textilindustrie und Maschinenbau

Der Einsatz von Maschinen zur Herstellung von Baumwollgarn sowie die Errichtung großer Baumwollspinnereien waren die Vorboten der Industrialisierung. Sie machten Sachsen zu einer führenden Wirtschaftskraft. Sächsische Baumwollstoffe wurden sogar nach England, ins Mutterland der Textilindustrie, und in andere europäische Länder ausgeführt.

Die Maschinen für die Baumwollspinnereien ließen sich nur herstellen und verbessern, wenn sich auch die Metallproduktion und der Maschinenbau weiter entwickelten. Das begehrte Eisen für die Maschinen lieferten *Walzwerke*, die ebenfalls neu gebaut wurden. In ihnen wurden Bleche und Rohre aus verschiedenen Metallen hergestellt. Zwischen 1800 und 1830 entstanden in Sachsen etwa 200 Fabriken der Textilindustrie und des Maschinenbaus. Damit war Sachsen in Mitteldeutschland das Zentrum für diese Industriebereiche.

i

Hüttenwerk: Industrieanlage, in der Metalle wie Eisen und Kupfer oder Nicht-Metalle wie Glas hergestellt oder weiterverarbeitet werden.

M1 *Die Königin-Marien-Hütte in Zwickau wurde im sächsischen Steinkohlerevier errichtet und war bei ihrem Bau eines der modernsten und größten Hüttenwerke Europas. Der Nachteil der sächsischen Eisenproduktion war jedoch, dass die Eisenerzvorkommen in der Umgebung erschöpft waren und das Eisenerz über weite Entfernungen herantransportiert werden musste. Gemälde, um 1840.*

M2 *Industrielle Entwicklung Deutschlands Ende des 19. Jahrhunderts.*

Industriestädte entstehen

Der Fortschritt in der Textilindustrie in Sachsen wirkte, ähnlich wie in England, als Motor für die Herausbildung weiterer Industriezweige. Mit dem Bau und der Aufstellung von etwa 150 Dampfmaschinen im Laufe von 15 Jahren siedelten sich in den größeren Städten wie Dresden, Leipzig oder Chemnitz Industriebetriebe an. Um 1860 gab es etwa 1 500 Fabriken in Sachsen.

Auch die traditionelle Residenzstadt Dresden blieb von der raschen Industrialisierung des Landes nicht verschont und entwickelte sich ab der Jahrhundertmitte zu einer Industriestadt. Ein Grund dafür war die Verbesserung der Absatzbedingungen durch den entstehenden Eisenbahnknotenpunkt. Die Elbe blieb aber weiterhin ein entscheidender Transportfaktor.

Ein zweiter wichtiger Grund für den Wandel der Stadt zum Industriezentrum war die hohe Qualifikation der Dresdner Arbeitskräfte. Dies förderte zum Beispiel die Entstehung von feinmechanischen Fabriken wie der Uhrenherstellung oder der optischen Industrie mit der Fertigung von Fotokameras. Daneben entwickelte sich auch eine Genussmittelindustrie, in der zum Beispiel Schokolade produziert wurde.

1855:	Nähmaschinenfabrik, später Schreibmaschinen- und Fahrradfabriken
1856:	Steingut und Keramikwerke Villeroy und Boch
1862:	erste deutsche Zigarettenfabrik „Compagnie La Ferme“

M3 *Unternehmen, die sich in Dresden ansiedelten.*

Arbeitsaufträge

1. Erkläre den Zusammenhang zwischen der Entwicklung der Textil-Industrie und dem Maschinenbau.
2. Werte die Karte M2 aus und stelle in einer Tabelle dar, welche neuen Industriezentren und Industriezweige entstanden sind.
3. Informiere dich über die Entstehungsgeschichte eines Unternehmens in deiner Region und stelle deine Forschungsergebnisse in der Klasse vor.

M1 *Justus von Liebig (1803 – 1873) in seinem Forschungslabor. Als Professor für Chemie errichtete Justus von Liebig das erste Forschungslabor für Studenten. Viele Studenten, die bei Liebig lernten, wurden zu bedeutenden Chemikern ihrer Zeit.*

Ohne Forschung kein industrieller Fortschritt

Chemiker: vom Scharlatan zum Wissenschaftler

Schon im Mittelalter war es das Ziel der Chemiker, einheimische Rohstoffe zu veredeln, ihren Wert zu erhöhen und so die Wirtschaft zu fördern. Als Alchimisten versuchten sie zum Beispiel im Auftrag ihres Königs, Gold herzustellen oder einen Trank für die ewige Jugend zu finden.

Seit dem späten 17. Jahrhundert änderte sich die Arbeitsweise in der Chemie grundlegend. Chemiker machten die Natur zur Grundlage ihrer Forschung und verbanden ihre Studien mit der Praxis. An Universitäten erforschten sie die Zusammensetzung und Aufbereitung von Rohstoffen, sammelten neue Erkenntnisse und lehrten sie. Heute bezeichnen wir diese Forschungsbereiche als „chemische Technologien“.

Dieser Wandel führte dazu, dass mit der Industrialisierung wesentliche chemische Verfahren zur Veredelung und Umwandlung von Rohstoffen entwickelt wurden. Der Forscher Justus von Liebig unterteilte zum Beispiel als erster Chemiker die Lebensmittel in Fette, Kohlenhydrate und Eiweiße. Um Ernteausfälle und Hungersnöte zu verhindern, forschte Liebig in besonderem Maße für eine Verbesserung der Landwirtschaft. So stellte er erfolgreich künstliche Dünger her, die in der Landwirtschaft zu einer Ertragssteigerung führten. Darüber hinaus entwickelte er das Backpulver sowie den Vorläufer heutiger Speisewürzen. Daher gilt Liebig als der Begründer der Agrikulturchemie und der Lebensmittelchemie.

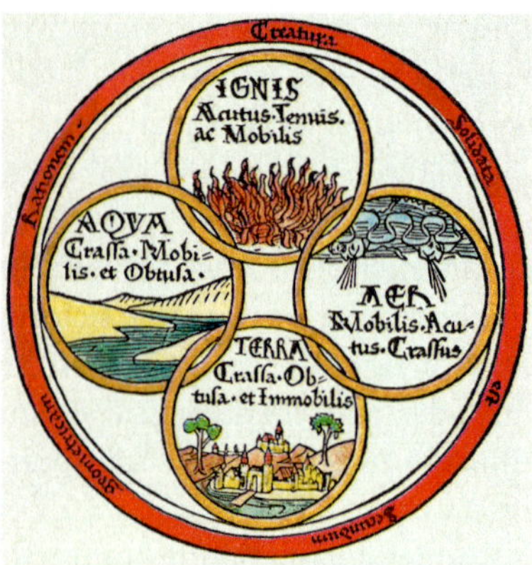

1472: Die vier Elemente Feuer, Wasser, Erde, Luft. Holzschnitt.

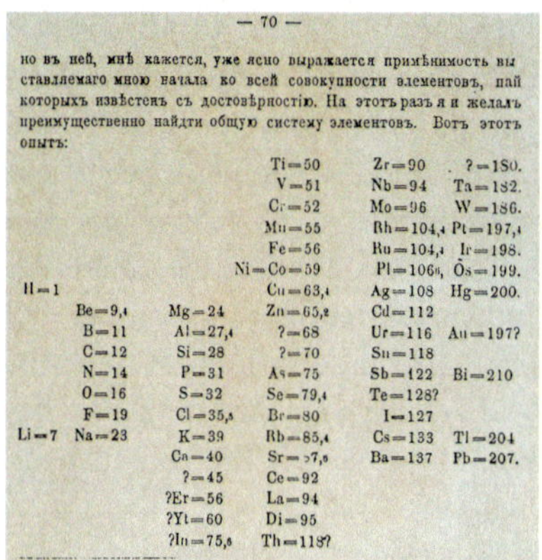

— 70 —

но въ ней, мнѣ кажется, уже ясно выражается примѣнимость выставляемаго мною начала ко всей совокупности элементовъ, пай которыхъ извѣстенъ съ достовѣрностію. На этотъ разъ я и желалъ преимущественно найдти общую систему элементовъ. Вотъ этотъ опытъ:

			Ti=50	Zr=90	?=180.
			V=51	Nb=94	Ta=182.
			Cr=52	Mo=96	W=186.
			Mn=55	Rh=104,4	Pt=197,4
			Fe=56	Ru=104,4	Ir=198.
			Ni=Co=59	Pl=106,6	Os=199.
H=1			Cu=63,4	Ag=108	Hg=200.
	Be=9,4	Mg=24	Zn=65,2	Cd=112	
	B=11	Al=27,4	?=68	Ur=116	Au=197?
	C=12	Si=28	?=70	Sn=118	
	N=14	P=31	As=75	Sb=122	Bi=210
	O=16	S=32	Se=79,4	Te=128?	
	F=19	Cl=35,5	Br=80	I=127	
Li=7	Na=23	K=39	Rb=85,4	Cs=133	Tl=204
		Ca=40	Sr=87,6	Ba=137	Pb=207.
		?=45	Ce=92		
		?Er=56	La=94		
		?Yt=60	Di=95		
		?In=75,6	Th=118?		

1869 veröffentlicht der russische Chemiker Mendelejew ein Periodensystem.

Atommodell und Periodensystem, wie wir es heute kennen.

M2 *Seit vielen Jahrhunderten teilen die Chemiker die Welt in Elemente ein.*

Vom Brennstoff zum Rohstoff

Kohle diente lange Zeit nur als Brennstoff. Mit der Entwicklung neuer chemischer Verfahren wurde Braunkohle auch zu Teer, Industrieöl und Paraffin verarbeitet. Paraffine dienen bis heute zur Herstellung von Kerzen oder als Grundstoff für Salben, Imprägniermittel oder Schuhwachse.

Seit 1860 entwickelte sich eine Teerfarbenindustrie. Seltene, meist sehr teure Naturprodukte verschwanden mehr und mehr, weil es durch die Farbherstellung jetzt chemische Farben gab. Um 1890 kamen rund 50 % aller chemischen Farben aus Deutschland. Zehn Jahre später waren es schon 90 %.

Landwirtschaft als Motor der Industrialisierung

Eine Rübe macht Geschichte

Ende des 18. Jahrhunderts gab es bereits erste Versuche, aus den in Deutschland wachsenden Runkelrüben Zucker zu gewinnen. Besonders auf den fruchtbaren Schwarzerdeböden der Magdeburger Börde hatten die Bauern gute Erfahrungen mit dem Rübenanbau gesammelt. Da Runkelrüben nur etwa 3 % Zuckergehalt hatten, war die Zuckergewinnung aus ihnen jedoch lange Zeit nicht wirtschaftlich.

Der Unternehmer Christian Rabbethge aus Kleinwanzleben in der Magdeburger Börde betrieb die Züchtung von Rüben und Rübensamen in großem Umfang. Er nutzte die Entdeckung des Chemikers Justus von Liebig, dass französischen Rüben einen deutlich höheren Zuckergehalt als deutsche hatten. Diese Erkenntnis war der Ansatz für lange Versuche, verschiedene Rübenarten miteinander zu *kreuzen*. Rabbethges Kreuzungsversuche führten dazu, dass der Zuckergehalt der Rübe stieg und er bald die bedeutendste Rübenzucht der Welt betrieb. In Rübenzuckerfabriken, die rund um Magdeburg entstanden, entwickelte sich die Zuckerproduktion zu einem führenden und gewinnbringenden Wirtschaftszweig.

i

kreuzen: Pflanzen oder Tiere verschiedener Arten, Rassen oder Sorten werden miteinander gepaart, um neue Arten und Sorten zu züchten.

Heute haben die Zuckerrüben einen Zuckergehalt von 18–20 % und sind die wichtigste Rohstoffquelle für die Gewinnung von Zucker. Die von Christian Rabbethge gezüchtete „Magdeburger Zuckerrübe“ ist die Vorfahrin fast aller Zuckerrübensorten weltweit.

M3 *Neben der Zucht neuer Rübensorten erhöhte auch der Einsatz von Dampfpflügen die Erträge. Die Einnahmen der Besitzer von Feldern und Fabriken waren so groß, dass sie den Beinamen „Zuckerbarone“ erhielten. Holzstich, 1819.*

Arbeitsaufträge

1. Beschreibe die Entwicklung der Chemie von der mittelalterlichen Alchemie zur heutigen Naturwissenschaft.
2. Stelle in einem Schaubild dar, wozu Kohle im späten 19. Jahrhundert verwendet wurde.
3. Beschreibe und erkläre die Veränderung in der Landwirtschaft.
4. Stelle dar, wie sich die Fortschritte in der Landwirtschaft auf andere Industriezweige auswirkten.

Unternehmer aus Mitteldeutschland

Ein Schmied baut Lokomotiven

Der 1809 im Elsass geborene Richard Hartmann erlernte das Schmiedehandwerk und ging als Geselle auf Wanderschaft. 1832 kam er fast mittellos im sächsischen Chemnitz an und arbeitete dort in verschiedenen Firmen. Hartmann zeigte viel Fleiß und Geschick, erwarb den Meistertitel, hatte aber immer noch weitere Ziele und Träume. Das Geld, das er verdient hatte, nutzte Hartmann, um sich 1837 gemeinsam mit einem Kollegen ein Maschinenbaugeschäft zu kaufen. Die beiden machten sich selbstständig.

Zuerst reparierte Hartmanns Firma Baumwollspinnmaschinen aus den umliegenden Textilfabriken. 1839 kaufte er einem mittellosen Erfinder ein Patent für eine neue Spinnmaschine ab, die er in seinem Unternehmen bauen ließ und schon bald an alle europäischen Spinnereien verkaufen konnte. Diese neue Spinnmaschine war der Grundstein seines unternehmerischen Erfolgs. Der Bau von Dampfmaschinen und die Errichtung einer eigenen Gießerei brachten das Unternehmen weiter voran.

1839:	30 Arbeitskräfte
1840:	76 Arbeitskräfte
1842:	200 Arbeitskräfte
1857:	1 500 Arbeitskräfte
1900:	5 000 Arbeitskräfte

M1 *Anzahl der Arbeitskräfte in Hartmanns Unternehmen.*

1845 stellte sich Hartmann einer neuen Herausforderung: dem Bau einer Lokomotivenfabrik. Die sächsische Regierung unterstützte dieses Vorhaben mit einem großzügigen Kredit für das junge Unternehmen. Da Hartmann keine Erfahrungen auf diesem Gebiet hatte, holte er sich Unterstützung aus dem Elsass. Schon drei Jahre später lieferte er die erste „Glück auf"-Dampflokomotive an die sächsische Staatsbahn. Zunächst wurden nur sehr wenige Lokomotiven produziert, da die sächsische Staatsbahn noch an der Qualität zweifelte. Bald aber bewies sich die Qualität des neuen Transportmittels. 1868 musste Hartmann eine neue Halle bauen, in der 36 Lokomotiven gleichzeitig gefertigt werden konnten. Da es bei der Hartmannschen Maschinenfabrik keinen Gleisanschluss gab, gelangten die fertigen Lokomotiven per Pferdetransport erst nach Leipzig und später zum Bahnhof in Chemnitz.

Als Richard Hartmann 1878 starb, lief die 1 000. Lokomotive vom Band. Zwischen 1848 und 1929 wurden in seinem Unternehmen insgesamt 4 699 Lokomotiven gebaut.

M2 *Maschinensaal der Werkzeugfirma Richard Hartmann. Holzschnitt, 1876.*

Vom Bergarbeiter zum Industriellen

Carl Adolf Riebeck wurde 1821 in Harzgerode als Sohn einer Bergarbeiterfamilie in ärmlichen Verhältnissen geboren. Schon mit zehn Jahren fuhr er wie sein Vater als Bergmann in den Schacht ein. Trotzdem reichte das Geld für die Familie nicht aus. Um mehr zu verdienen, zog Riebeck in das Bergbaugebiet um Zeitz und Weißenfels. Hier stieg er zum *Steiger* und Bohrmeister auf.

Nach der Revolution 1848/49 wurde Riebeck Berginspektor in einem staatlichen Unternehmen zur Braunkohlenverwertung. Da Riebeck als Kind kaum lesen und schreiben gelernt hatte, konnte er dort nicht weiter aufsteigen. Er kündigte und machte sich selbstständig.

1858 kaufte Riebeck im Raum Bitterfeld und Weißenfels Flächen, auf denen er ergiebige Braunkohlefelder entdeckt hatte. Er nutzte dabei das damalige Recht, nachdem Bodenschätze, die unter der Bodenoberfläche lagen, dem Landbesitzer gehörten. Er erschloss sie durch Gruben und baute die Braunkohle ab.

Anschließend errichtete er eine eigene *Schwelerei*. Da Riebeck sich keine neuen, modernen Anlagen für diese Fabrik leisten konnte, kaufte er ausgemusterte Maschinen von anderen Unternehmern. Die so betriebene Fabrik war deshalb zuerst nicht sehr wirtschaftlich. Um sein Unternehmen weiter auszubauen, benötigte Riebeck Geld. Seine eigenen Rücklagen reichten allerdings nicht aus. Er versprach daher einer Bank, ihr für jeden verkauften Zentner Teer einen Taler zu zahlen, und erhielt so einen Kredit. Der ermöglichte es ihm, neue Investitionen vorzunehmen.

Riebeck weitete sein Unternehmen kontinuierlich aus. Er verkaufte den in seinen Anlagen hergestellten Teer an andere junge Chemiefabriken der Umgebung und ließ seine Kohle zu *Briketts* verarbeiten.

Um seine Kohle so gewinnbringend wie möglich verarbeiten zu können, arbeitete Riebeck eng mit Chemikern der Halleschen Universität zusammen. Als einer der ersten Unternehmer förderte er damit eine enge Verbindung zwischen Forschung und Industrie.

Als Riebeck 1883 in Halle starb, besaß der Sohn armer Bergleute 31 Schwelereien, 27 Brikettfabriken, 15 Bergwerke, 13 Ziegeleien, eine Brauerei und mehrere Rittergüter. Etwa 3200 Personen waren in seinen Unternehmen beschäftigt. Riebeck war damit zu einem der reichsten Bürger in Mitteldeutschland geworden. Gleichzeitig hatte sich der Unternehmer für das Wohl seiner Arbeiter eingesetzt, indem er lange vor der Sozialgesetzgebung Bismarcks (s. S. 173) eine firmeneigene Krankenkasse und günstige Wohnungen für Arbeiter errichten ließ.

i

Steiger: Bergmann, der die Arbeit im Schacht überwacht.
Schwelerei: Betrieb, in dem Braun- oder Steinkohle entgast wird.
Brikett: in Form gepresste Kohle.

Arbeitsaufträge

1. Stelle die Lebenswege von Richard Hartmann und Carl Adolf Riebeck in einem Zeitstrahl dar.
2. Trage zusammen, welche Gemeinsamkeiten und welche Unterschiede es in den Lebensläufen von Richard Hartmann und Carl Adolf Riebeck gibt.
3. Sammele Informationen, wie heute an das Wirken dieser Unternehmer erinnert wird.
4. Erkunde, welche Spuren der Industrialisierung es in deiner Heimatregion gibt. Informiere dich, wie die Industrialisierung dort verlief.

(M1) *Dörfliche Landschaft um 1800.*

Industrialisierung und Umwelt

Während der Zeit der Industriellen Revolution veränderten sich die Produktionsweisen und das Leben der Menschen unumkehrbar. Das größte Problem war die Luftverschmutzung. In den zahlreichen neuen Industriegebieten und Städten litten die Menschen sehr unter dem, was aus den Schornsteinen der Fabriken ungefiltert in die Luft gelangte.

Die Eingriffe der Menschen begannen, sich massiv auf die Umwelt auszuwirken. Diese Veränderungen beeinflussten auch das Leben der darauffolgenden Generationen.

Manchester, eine englische Industriestadt

(Q1) *Der Franzose Alexis de Tocqueville bereiste im Jahre 1835 die englische Industriestadt Manchester und beschrieb seine Eindrücke:*

Auf dem Gipfel der Hügel erheben sich 30 oder 40 Fabriken. Mit ihren sechs Stockwerken ragen sie hoch in die Luft. Ihr absehbarer Bereich kündet weithin von der Zentralisation der Industrie. Um sie herum sind gleichsam willkürlich die erbärmlichen Behausungen der Armen verteilet ... Zwischen ihnen liegt unbebautes Land ...

Unter diesen elenden Behausungen befindet sich eine Reihe von Kellern, zu der ein halb unterirdischer Gang hinführt. In jedem dieser feuchten und abstoßenden Räume sind zwölf bis fünfzehn menschliche Wesen wahllos zusammengestopft ... Um dieses Elendsquartier herum schleppt einer der Bäche, die ich vorhin beschrieben habe, langsam sein stinkendes Wasser, das von den Industriearbeiten eine schwärzliche Farbe erhält. Er wird in seinem Lauf nicht durch Kaimauern eingeschlossen. Die Häuser sind willkürlich an seinen Ufern errichtet worden ...

Ein dichter Qualm liegt über der Stadt. Durch ihn hindurch scheint die Sonne als Scheibe ohne Strahlen. In diesem verschleierten Licht bewegen sich unablässig 300000 menschliche Wesen. Tausend Geräusche ertönen unablässig in diesem feuchten und finsteren Labyrinth. Aber es sind nicht die gewohnten Geräusche, die sonst aus den Mauern großer Städte aufsteigen.

Die Schritte einer kleinen geschäftigen Menge, das Knarren der Räder, ... das Zischen des Dampfes, der dem Kessel entweicht, das gleichmäßige Hämmern des Webstuhles, das schwere Rollen der Wagen – dies sind die einzelnen Geräusche, die das Ohr unentwegt treffen. Nirgends ist der Hufschlag von Pferden zu hören ... Nirgends der Ausbruch von Freude, fröhliche Rufe ... Nirgends begegnet das Auge der glücklichen Behäbigkeit, die ihre Muße in den Straßen der Stadt spazieren führt oder auf dem nahen Land einfache Freuden sucht. Ständig drängt sich die Menge in dieser Stadt, aber ihre Schritte sind hart, ihre Blicke zerstreut, ihr Ausdruck finster und roh ...

Nach: Treue/Pönicke/Manegold: Quellen zur Geschichte der Industriellen Revolution, S. 126–129.

M2 *„Das Wasser bringt den Tod". Karikatur, 1866.*

Die neuen Rohstoffe

Das Naturprodukt Holz war wegen seiner Stabilität und Haltbarkeit Jahrtausende lang ein begehrter Bau- und Brennstoff. Für ihn holzten die Menschen ganze Landstriche und Wälder ab, ohne sie wieder aufzuforsten. Dadurch wurde der Rohstoff Holz rar und verteuerte sich.

Mit der Industrialisierung stiegen der Rohstoff- und Energieverbrauch in Europa sprunghaft an. Die Steinkohle, die unter Tage in Bergwerken gefördert wurde, löste den alten Brennstoff Holz bzw. die Holzkohle ab. Ihr hoher Brennwert lieferte die notwendige Energie zum Befeuern der Hochöfen und eignete sich zur Herstellung von Eisen und Stahl wesentlich besser. Bei der Verbrennung der Kohle wurde das sogenannte Rauchgas freigesetzt. Dieses Gas belastete die Luft und verursachte unwiderrufliche Schäden an den Wäldern.

Durch den Abbau von Kohle oder Eisenerz entstanden am Rande der Städte riesige Abraumhalden. Insgesamt bauten die Menschen die Rohstoffe ab, ohne darüber nachzudenken, dass sie nicht erneuerbar waren.

Die Folgen der Industrialisierung

Die Enge der Städte und das Nebeneinander von Wohnhäusern und Fabriken verursachten ein neues Problem: die Wasserverschmutzung. Farbstoffe der Baumwollfabriken, Düngemittel und Fäkalien gelangten unkontrolliert in die Flüsse, sodass das Wasser verschmutzt und ungenießbar wurde. Aber auch giftige Chemikalien aus den zu Beginn des 20. Jahrhunderts entstandenen chemischen Industrien taten ihr Übriges. Trotzdem entnahmen die Menschen den Flüssen weiter täglich ihr Trink- und Nutzwasser. Die Folgen waren Krankheiten wie *Cholera*, *Typhus* und *Tuberkulose*, die oft tödlich verliefen.

Auch die Fischer und Bauern bemerkten die zunehmende Umweltverschmutzung. Rückstände aus der chemischen Industrie verseuchten Flüsse und Böden mit Schadstoffen. Die Fische in den Gewässern starben und die Fangerträge gingen zurück. Die Bauern verzeichneten geringere Ernteerträge, obwohl widerstandsfähigere Pflanzen angebaut und die Felder besser bewirtschaftet werden konnten.

Die Menschen beklagten den Lärm in den Städten, die schmutzigen Gewässer und die Luftverschmutzung. Sie betrachteten diese Umweltprobleme allerdings als Begleiterscheinungen der neuen Zeit und machten sich keine Gedanken darüber, dass sie selbst für die Veränderungen der Umwelt verantwortlich waren.

i

Cholera: schwere Darmerkrankung mit Brechdurchfall.
Tuberkulose: oft tödlich verlaufende Infektionskrankheit der Lunge oder Knochen, die volkstümlich Schwindsucht genannt wurde.
Typhus: Infektionskrankheit des Verdauungstraktes, die mit Fieber und Schmerzen verbunden ist. Sie wird meist durch Bakterien in Nahrungsmitteln oder im Trinkwasser übertragen.

Arbeitsaufträge

1. Beschreibe, wie sich die Industrialisierung auf das Leben in der Stadt Manchester auswirkte. Nutze dafür Q1.
2. Stelle dir vor, du kommst von einem Dorf in die Stadt Manchester. Beschreibe deine Eindrücke in einem Brief an deine Eltern.
3. Interpretiere die Karikatur M2 mit Hilfe von Q1.
4. Nenne die allgemeinen Umweltprobleme während der Industrialisierung und ihre Folgen.
5. Beurteile das Verhalten der Menschen damals gegenüber ihrer Umwelt.
6. Vergleiche die Umweltprobleme während Industrialisierung mit denen der heutigen Zeit.

Fortschritte in der Medizin

Die Anzahl der Menschen wächst

Die Einwohnerzahl Europas stieg Jahrhunderte lang gleichmäßig an. Obwohl im Mittelalter Familien mit mehr als zehn Kindern der Normalfall waren, wuchs die Bevölkerung nur langsam. Viele Kinder starben sehr früh, oft vor ihrem ersten Geburtstag. Hunger, Seuchen, Kriege und schwere körperliche Arbeit führten dazu, dass auch Erwachsene oft nicht älter als 30 bis 40 Jahre wurden.

Im 19. Jahrhundert wuchs die Bevölkerung jedoch um mehr als das Doppelte an. Diese Entwicklung hatte verschiedene Ursachen.

Krankheitserregern auf der Spur

Vom schnellen Fortschritt in der Industrie und Wissenschaft angespornt, suchten Ärzte nach den Ursachen für die verhängnisvollen Seuchen und Krankheiten. Ihr Ziel war es, wirksame Gegenmittel zu schaffen und damit Menschenleben zu retten.

Der französische Chemiker Louis Pasteur war nach langen Forschungen der Überzeugung, dass winzige Lebewesen die Verwesung in der Natur hervorrufen. Er war sich sicher, dass diese auch für die Übertragung von Krankheiten verantwortlich sind, konnte es aber nicht nachweisen.

Jahr	Einwohner in Mio.
800	3
um 1200	10
um 1500	12
um 1600	15
um 1700	15
um 1800	24
1850	34
1900	56
1914	65

M1 *Bevölkerungsentwicklung in Deutschland.*

M2 *Louis Pasteur (1822 – 1895) in seinem Labor. Holzschnitt aus dem späten 19. Jahrhundert.*

Robert Koch entdeckt Bakterien

Der deutsche Arzt Robert Koch verfolgte Pasteurs Ideen weiter und konnte für seine Forschungen ein besseres, mathematisch berechnetes Mikroskop nutzen. Nach vielen Versuchen entdeckte er unter seinem Mikroskop nur ein Tausendstel Millimeter große Stäbchen, die sich rasend schnell vermehrten. Er hatte Bakterien entdeckt, die Erreger für die hoch ansteckende und für die Menschen tödliche Krankheit Milzbrand waren. Um sicher zu sein, dass diese Bakterien die Seuche übertragen, spritzte Koch diese Erreger in eine Maus, die kurze Zeit später an dieser Krankheit starb.

(M3) *Robert Koch (1843–1910) in seinem Labor. Er war als erster Wissenschaftler in der Lage, Bakterien zu isolieren, auf Nährböden zu züchten und sie schließlich abzutöten.*

i

Mikroorganismus: mikroskopisch kleine, meist einzellige Lebewesen.
Tuberkulose: ansteckende Lungenkrankheit, die durch Tröpfcheninfektion über die Atemwege übertragen wird.
Cholera: Darmerkrankung, deren Anzeichen starker Brechdurchfall und Bauchschmerzen sind.

Damit war klar, dass ansteckende Krankheiten nicht durch mysteriöse Substanzen erzeugt werden, sondern durch spezifische *Mikroorganismen* wie Bakterien.

Im Jahr 1881 begann Robert Koch seine Studien über *Tuberkulose*, eine ansteckende Lungenkrankheit, an der viele Menschen starben. Ein Jahr später entdeckte er den Erreger, isolierte den gefürchteten „Bacillus" und tötete ihn ab.

Koch fand außerdem den Erreger der Darmerkrankung *Cholera*. Er konnte nachweisen, dass die Krankheitserreger hauptsächlich mit Wasser aufgenommen werden. Sauberes Trinkwasser, gute Hygiene bei der Nahrungsaufnahme und wenig Kontakt mit schmutzigen Abwässern konnten den Ausbruch der Krankheit verhindern, so seine Erkenntnis. Für seine wichtigen Endeckungen erhielt Koch 1905 den Nobelpreis für Medizin.

Händewaschen gegen den Tod

Um 1840 starb etwa ein Drittel aller Frauen, die ihr Kind im Krankenhaus zur Welt brachten, an Kindbettfieber, einer – wie wir heute wissen – bakteriellen Infektion. Frauen, die bei der Geburt zu Hause blieben, waren hingegen viel weniger von Kindbettfieber betroffen.

Dem Arzt Ignaz Semmelweis fiel auf, dass die Sterblichkeitsrate von Frauen wesentlich höher lag, wenn sie von Medizinstudenten untersucht worden waren, die ihre Hände nicht gewaschen hatten. Als dann ein Kollege an einer Infektion starb, die von einem Schnitt mit dem Skalpell herrührte, war für Semmelweis klar, dass es sich bei dieser Krankheit um eine gefährliche ansteckende Krankheit handelte. Er machte das Händewaschen mit gechlortem Kalk daher vor jeder Untersuchung zur Vorschrift. Durch diese Maßnahme verminderte er die Sterblichkeitsrate in seiner Abteilung innerhalb von zwei Jahren von 12,24 % auf 1,27 %.

Die Menschen lernten, dass sie durch gezielte Hygiene bei der Krankenpflege, im Haushalt, bei der Ernährung und bei der Arbeit viele Krankheiten verhindern konnten. Sie achteten immer mehr auf Sauberkeit. Auch die Ernährungssituation verbesserte sich allgemein. Folglich stieg die Lebenserwartung an. Immer mehr Neugeborene erreichten das Kindesalter und immer mehr Kinder das Erwachsenenalter.

Jahr	Lebenserwartung	Tod durch Infektion (auf 1 000 Einwohner)
1875	37 Jahre	800
1895	38 Jahre	600
1910	46 Jahre	350

(M4) *Durchschnittliche Lebenserwartung in Deutschland.*

Arbeitsaufträge

1. Beschreibe mit M1, wie sich die Bevölkerung in Deutschland entwickelte.
2. Nenne Gründe für diese Entwicklung.
3. a) Nenne wesentliche Entdeckungen in der Medizin.
   b) Erkläre, warum diese die Sterblichkeitsrate senken konnten.
4. Informiere dich über die Folgen und die Bedeutung, die diese medizinische Entdeckungen bis heute haben.

METHODE

Statistiken auswerten

Geschichte in Zahlen

Veränderungen in der Gesellschaft und Wissenschaft im 19. Jahrhundert führten dazu, dass Zahlen über verschiedene Bereiche des öffentlichen Lebens gesammelt wurden. Dabei können unterschiedliche Fragen berücksichtigt werden, zum Beispiel:

- Wer verdient wie viel?
- Wie lange arbeitet ein Fabrikarbeiter?
- Wie alt werden die Menschen?
- Wie viele Kilometer Bahngleise gibt es in Deutschland?

Eine solche Zahlensammlung heißt *Statistik.*
Statistiken dienen zur schnellen Informations- und Wissensvermittlung. Sie sind für uns wichtige Quellen, die Auskunft über die Vergangenheit geben. Heute erscheinen Statistiken in jeder Nachrichtensendung oder Zeitung. Oft werden die Zahlen grafisch in Diagrammen dargestellt, um die Aussage einer Statistik zu veranschaulichen. Konkrete Fragestellungen lassen sich mit Statistiken schnell beantworten. Um eine Statistik richtig zu deuten, musst du genaue Fragen an sie stellen.

Eine Information aus Daten kann unterschiedlich dargestellt werden:

a) als Tabelle

Jahr	Bevölkerung (geschätzt in Millionen)
um 800	Unbekannt
um 1200	60
um 1500	80
um 1600	90
um 1700	120
1800	187
1850	266
1900	401

b) als Säulendiagramm

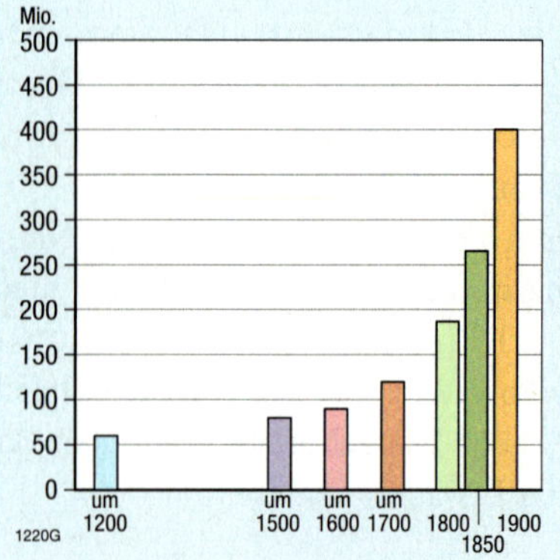

c) als Kurvendiagramm

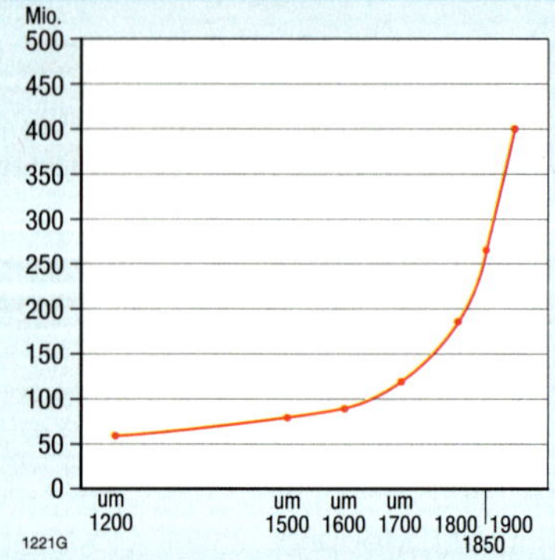

M1 *Bevölkerungsentwicklung in Europa.*

Fragen an Statistiken

1. **Was ist das Thema der Statistik?**
(Lebenserwartung, Bevölkerungsentwicklung, Produktionsentwicklung usw.)

2. **Welche Werte werden in den Zeilen und in den Spalten erfasst?**
(Datum, Zeitraum, Jahr, Jahrhundert, Maßeinheiten usw.)

3. **Was kannst du über die Herkunft der Daten aussagen?**
Handelt es sich um geschätzte Zahlen oder genaue Erhebungen und sind diese zuverlässig? (Quellenangabe suchen)

4. **Was sagen die Einzeldaten der Statistik bei einem Vergleich untereinander aus?**
(zum Beispiel: Wie ist ein Merkmal zu verschiedenen Zeitpunkten ausgeprägt?)

5. **Welche Entwicklung wird mit der Statistik verdeutlicht?**
(zum Beispiel: Steigen die Zahlen? Ist ein Rückgang zu verzeichnen? Gibt es Brüche in der Kurve oder eine andere auffällige Entwicklung?)

6. **Wie glaubwürdig ist die Statistik?**
Verfolgt der Herausgeber eine Absicht mit der Veröffentlichung?

Arbeit zieht die Menschen in die Stadt

1800 waren noch vier Bauern nötig, um einen Menschen zu ernähren. 100 Jahre später konnte ein Bauer vier Menschen ernähren. Gleichzeitig gab es auf dem Land nicht genügend Verdienstmöglichkeiten. Um Arbeit zu finden, zogen viele Menschen in die schnell wachsenden Industriestädte.

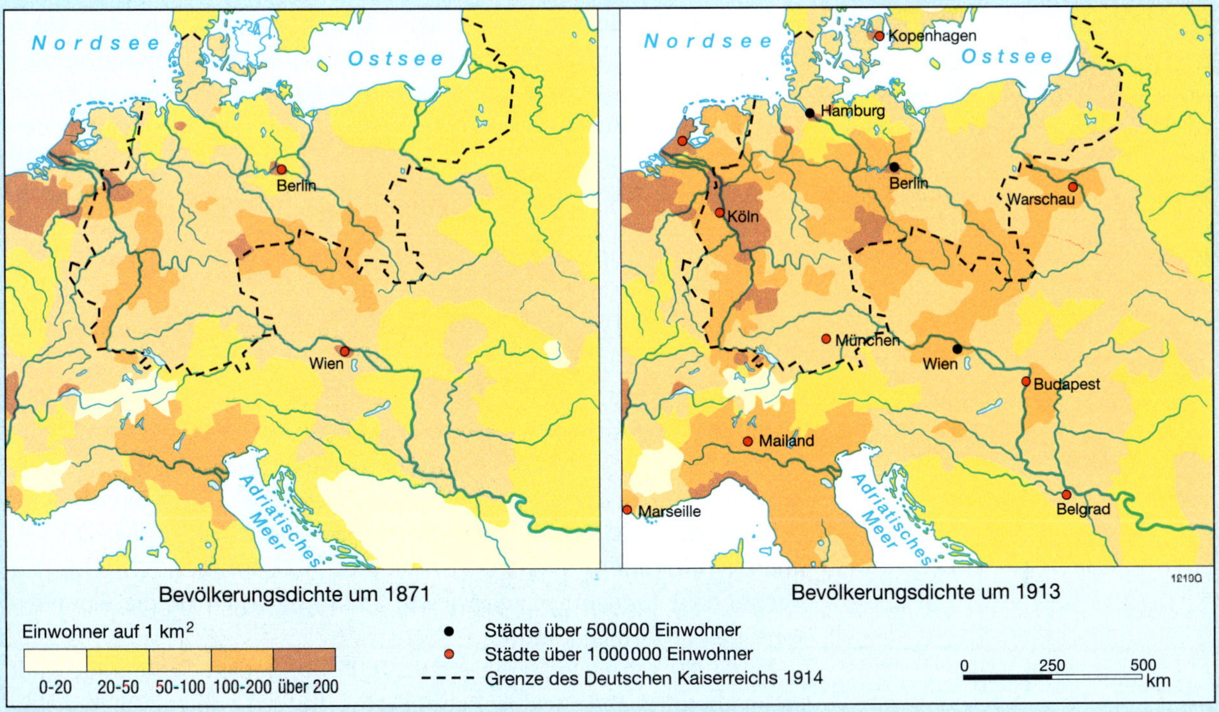

M2 *Bevölkerungsentwicklung in Deutschland.*

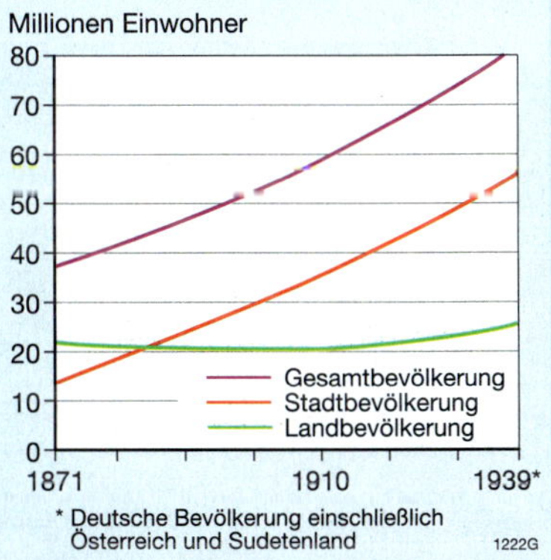

M3 *Verteilung der Bevölkerung in Deutschland.*

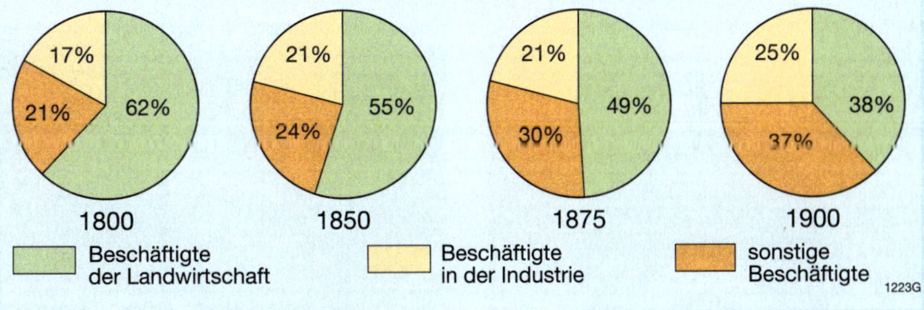

M4 *Kreisdiagramm zur Beschäftigungsverteilung in Landwirtschaft und Industrie.*

Um 1800 lebten etwa 75 % der Einwohner der verschiedenen deutschen Staaten in Dörfern bis zu 200 Einwohnern. 1914 lebten 65 % der Deutschen in Orten mit mehr als 2 000 Einwohnern.

	1800	1850	1880
Leipzig	40 000	63 000	149 000
Berlin	170 000	419 000	1 122 000
Halle	15 000	35 000	71 000

M5 *Einwohnerzahlen ausgewählter Städte.*

Arbeitsaufträge

1. Wende die Schritte zur Auswertung einer Statistik für M2 bis M5 an.
2. Vergleiche die verschiedenen Darstellungen in M1 (a–c). Nenne die Vor- und Nachteile der einzelnen Darstellungsformen der Werte.
3. Analysiere die Karten M2 und vergleiche das Ergebnis mit den Aussagen aus M3 und M5.
4. Stelle die statistischen Angaben aus M5 in einem Diagramm dar.

M1 *Berliner Hinterhof Ende des 19. Jahrhunderts.*

Die Gesellschaft verändert sich

Das Leben in der Industriestadt

Die Hoffnung auf Arbeit trieb immer mehr Menschen in die Industriestädte wie Berlin, Halle oder Leipzig. Doch die Städte konnten die Menschen kaum aufnehmen. Überall herrschte Wohnungsmangel. Arbeiter suchten mit ihren Familien in Kellern, Ställen oder auf Dachböden einen notdürftigen Unterschlupf. In Halle zum Beispiel wuchs die Einwohnerzahl von 1840 bis 1900 von 28 000 auf 150 000 an.

Seit 1850 entstanden in unmittelbarer Nähe der Fabriken Arbeitersiedlungen mit Mietskasernen, sodass die Beschäftigten der Fabriken nur einen kurzen Weg zur Arbeit hatten. Einen öffentlichen Personennahverkehr gab es zu dieser Zeit noch nicht. Der Nachteil dieser Siedlungen war, dass sie wegen der großen Nachfrage oft hoffnungslos überteuert und schnell überbelegt waren.

Die große Wohnungsnot ermöglichte es den Vermietern, zum Beispiel eine Wohnung mit Küche und einem Zimmer für den Wochenlohn eines Fabrikarbeiters zu vermieten. Um diese Kosten aufbringen zu können, vermieteten die Arbeiterfamilien ihr Bett oder auch nur einen Schlafplatz im Bett an Schlafgänger, die im „Schichtsystem" schliefen. Schlafgänger wurden jene Menschen genannt, die keine eigene Wohnung besaßen und sich nur einen Platz zum zeitweisen Schlafen mieten konnten. Oft vermietete eine Familie in einem Bett mehrere Schlafplätze gleichzeitig. Sie war auf diese Einnahmen angewiesen, weil sie die Miete für die Wohnung sonst nicht bezahlen konnte.

Um 1900 gab es in Berlin etwa 20 000 überbelegte Wohnungen mit mehr als sechs Personen je Raum.Reiche Bürger wollten unter diesen Bedingungen nicht leben und zogen in „bessere Viertel", die abseits der Fabriken lagen.

M2 *Eingang zu einer Mietskaserne in Berlin. Typisch sind die hintereinanderliegenden Hinterhöfe.*

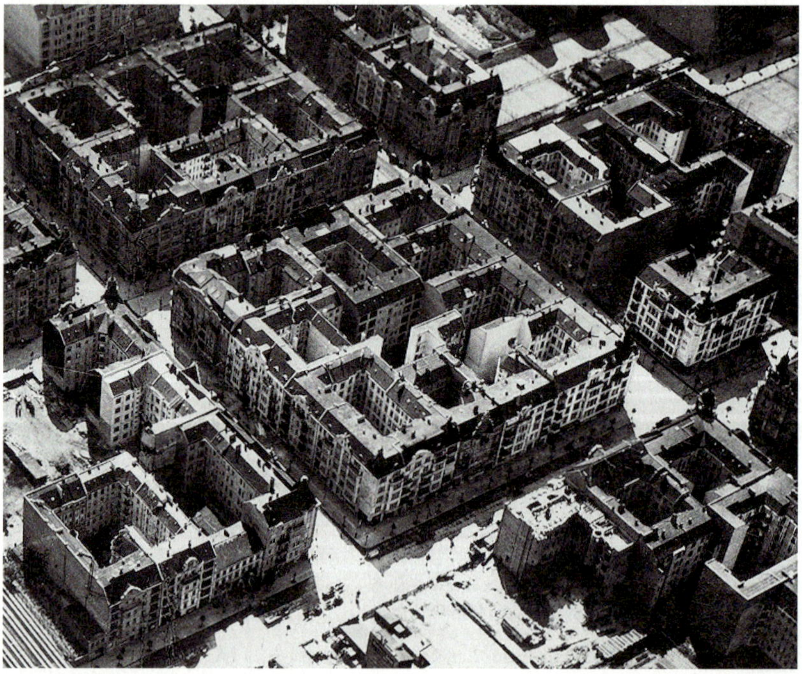

M3 *Mietskasernen um 1900.*

M4 *Zeichnung von Heinrich Zille.*

Q1 *Eine Fabrikarbeiterin berichtet über ihre Wohnungssuche (um 1880):*

Aus allen Zimmern der Stockwerke, die ich passieren musste, ertönten Kindergeschrei, Flüche und Gekeife ... Ich trat ein; das Gemach, in dem ich stand, war klein, viereckig, an den Wänden standen drei Betten, in der Mitte des Zimmers ein Tisch, an dem fünf Männer saßen, die aus einer gemeinsamen großen Blechschüssel löffelten. Wohin ich blickte, lagen, standen und schliefen Kinder in allen Größen, Knaben, Mädchen, eines zerlumpter als das andere.

Und in diesem Raum bot man mir an, mit Mann, Frau und zehn Kindern zu schlafen, von denen das älteste etwa acht Jahre und das jüngste ein halbes Jahr sein konnte ...

Aus: Beimel, M. / Mögenburg, H.: Industrialisierung – das deutsche Beispiel, S. 135.

M5 *Zeichnung „Die Stillende" von Heinrich Zille. Der Berliner Maler und Fotograf (1858–1929) hielt in seinen Bildern das Leben der Arbeiter in Berlin um 1900 fest. Er veröffentlichte seine Zeichnungen in verschiedenen Berliner Zeitschriften und wurde 1924 in die Preußische Akademie der Künste aufgenommen.*

Arbeitsaufträge

1. Beschreibe die Lebensverhältnisse in den Industriestädten. Nutze dabei M1 bis M5.
2. Analysiere die Quelle Q1. Erkläre die Folgen einer Entscheidung der Arbeiterin für oder gegen diese Wohnung.
3. Beschreibe die Zeichnungen M4 und M5 von Heinrich Zille. Erläutere, welche Missstände Zille darstellt.
4. Versetze dich in eine der Personen aus dem Bild M5. Schreibe einen inneren Dialog.
5. Erkunde, ob es noch heute in deiner Heimatstadt Mietskasernen aus der Zeit der Industrialisierung gibt und wie diese genutzt werden.

Soziale Probleme und Lösungsversuche

Arbeiter – nur Rädchen im Getriebe

Mit der Hoffnung auf Arbeit und ein besseres Leben zogen Tausende Landarbeiter und Handwerker in die Industriestädte. Sie besaßen kaum Geld, kein Land und keine Werkzeuge, um ihren Lebensunterhalt zu sichern. Die einzige Möglichkeit zu überleben war der Verkauf ihrer Arbeitskraft. Die Menschen suchten daher Arbeit in den Fabriken.

M1 *Arbeiter in einer Maschinenfabrik in Leipzig, 1873.*

i

Arbeiter: Schon um 1880 waren etwa 10 Millionen Menschen, d. h. die Hälfte aller Erwerbstätigen, Arbeiter. Dabei gab es große Unterschiede. Arbeiter in manufakturähnlichen Werkstattbetrieben und handwerklich vorgebildete Facharbeiter hatten günstigere Arbeitsbedingungen als die Arbeiter im Bergwerk, in der Stahlhütte oder die ungelernten Arbeiterinnen in der Textilindustrie.

Viele Arbeiten an den Fabrikmaschinen konnten selbst ungelernte Arbeitskräfte erledigen. Die Handgriffe an den Maschinen wiederholten sich immer und waren daher schnell erlernt. Nur für wenige Arbeitsgänge wurden ausgebildete Arbeitskräfte benötigt. Diese erhielten eine bessere Bezahlung als die Mehrheit der *Arbeiter*.

Da ungelernte Kräfte leicht zu ersetzen waren, ließen die Unternehmer sie bis zur Erschöpfung arbeiten. Unfallschutz und Erholungspausen gab es nicht. Für den Unternehmer waren die Maschinen wertvoller als die Arbeiter. Schließlich stand eine „industrielle Reservearmee" bereit, die Kranke, Unwillige oder Protestierende jederzeit ersetzen konnte.

Q1 *Der Leipziger Unternehmer Alberti über Arbeiter:*

... Ich will Arbeiter, die von früh bis Abend schuften wie die Maschinen, die ihr bisschen mechanische Tätigkeit auch mechanisch verrichten, die Essen und Schlafen auch wie rein mechanische Verrichtungen abwickeln, die mir abends wie tot vom Stuhl auf die Streu sinken und morgens nicht eine Minute früher aufstehen als nötig ist, um Schlag acht auf dem Posten zu sein. Nur so ist ein ersprießlicher dauernder Betrieb möglich. Der Einzelne muss zum Nutzen des Gesamtwerkes zur Maschine werden wie der Soldat im Heer.

Alberti, Conrad: Maschinen, Leipzig 1895.

i

Proletariat: Arbeiter, die nichts als ihre Arbeitskraft besitzen. Da diese Schicht neu entstand, wurde sie als „vierter Stand“ bezeichnet.
Kapitalist: Unternehmer, der seinen Besitz an Geld, Maschinen und Grundbesitz (Kapital) einsetzt, um Gewinne zu erwirtschaften.

1800:	70 Stunden
1820:	78 Stunden
1840:	96 Stunden
1870:	73 Stunden
1900:	70 Stunden
2000:	38,5 Stunden

M2 *Entwicklung der durchschnittlichen Wochenarbeitszeit in Deutschland.*

Das Proletariat, der „vierte Stand“

Mit der Abwanderung in die Städte entstand aus der Masse der Arbeiter eine neue soziale Schicht, das *Proletariat.* Obwohl die Arbeiter in den Fabriken aus verschiedenen Berufen kamen und unterschiedliche Arbeiten und Arbeitsbedingungen hatten, gab es Gemeinsamkeiten. Sie alle waren vom Fabrikherrn, dem *Kapitalisten*, abhängig, der allein über die Art der Arbeit, die Dauer des Arbeitstages und den Lohn entscheiden konnte.

In Fabrikordnungen legten die Unternehmer ohne Einschränkung fest, welche Regeln in ihrer Fabrik gelten sollten.

Q2 *Die Fabrikordnung der Maschinenfabrik Haubold in Chemnitz, 1834:*

...
2. Während des zwischen Michaelis und Ostern ablaufenden Halbjahres wird wöchentlich 72 volle Stunden gearbeitet ...
6. Jeder hat sorgfältig auf das ihm anvertraute Werkzeug zu achten und die gehörige Aufmerksamkeit bei dessen Gebrauch anzuwenden ... Findet sich bei der wöchentlich einmal stattfindenden Untersuchung zerbrochenes Handwerkszeug oder ergibt es sich, dass desgleichen gänzlich abhanden gekommen ist, ohne dass es vorher gehörig gemeldet wurde, so muss es der betreffende Arbeiter nach seinem wahren Wert vergüten ...
8. ... Sollte ein Arbeiter erst während der Arbeit die Unbrauchbarkeit des Materials bemerken, so hat er solches sofort ... zu melden, unterlässt er das eine oder andere, so hat er den Verlust des Lohnes auf einen Tag hinzunehmen ...
11. Niemand darf sich bei Verlust eines Wochenlohnes rohe Materialien, welche er bedarf, selbst nehmen ...
13. ... Wer sich dem Trunk ergibt, andere zur Unzufriedenheit verleitet und in der Arbeit stört oder sich den Vorschriften seines Vorstehers widersetzt, ist des Lohns von einem und im Wiederholungsfall von mehreren Tagen verlustig, hat auch bei ferneren Ungebürnissen der Art sofortiger Entlassung aus der Arbeit ohne alle Aufkündigung oder Vergütung zu gewärtigen und sich gefallen zu lassen; Letzteres findet unbedingt dann statt, wenn ein Arbeiter sich Entwendungen zu Schulden kommen lässt ...

Nach: www.historisches-chemnitz.de

Arbeitsaufträge

1. Beschreibe, wie sich der Fabrikant Alberti in Q1 den idealen Arbeiter vorstellt. Bewerte diese Haltung.
2. Zähle die Rechte und Pflichten der Arbeiter auf, die in Q2 beschrieben sind. Nimm Stellung dazu.
3. a) Vergleiche die Entwicklung der Arbeitszeit in M2.
   b) Informiere dich über die aktuelle Arbeitszeit in unterschiedlichen Wirtschaftsbereichen (Industrie, Einzelhandel, öffentlicher Dienst usw.)
4. Beschreibe, welche sozialen Probleme mit der Industrialisierung entstanden.

M1 *Karl Marx (1818–1883) stammte aus einer Juristenfamilie und arbeitete als Journalist. Da er in seinen Veröffentlichungen die gesellschaftlichen Verhältnisse in Deutschland kritisierte, musste er das Land verlassen. In ärmlichen Verhältnissen lebte er in London.*

M2 *Friedrich Engels (1820–1895) war Sohn eines reichen Unternehmers und Kaufmann. In England sah und studierte er die Arbeits- und Lebensbedingungen der Fabrikarbeiter.*

i

Kommunismus: Im 19. Jahrhundert entstand eine politische Bewegung, die eine Gesellschafts- und Wirtschaftsordnung ohne Privateigentum schaffen wollte, in der die Gegensätze zwischen den sozialen Klassen aufgehoben sein sollten.

Politische Ideen und Forderungen

Das Elend wächst

Große Teile der Bevölkerung lebten in immer stärkerem Elend. Ein einzelner Lohn reichte nicht aus, um eine Familie zu ernähren und schon gar nicht, um Geld für Notzeiten (Arbeitslosigkeit, Krankheit, Unfall) anzusparen. Menschen aus allen Teilen der Gesellschaft überlegten daher, wie diese Probleme gelöst werden könnten. Sie diskutierten Fragen wie:

- Kann der Unterschied zwischen Armen und Reichen abgeschafft werden?
- Wie kann den ausgebeuteten Arbeitern mehr Gerechtigkeit zuteil werden?
- Wie soll für Arme, Kranke und Schwache gesorgt werden?

„Die Proletarier haben nichts ... zu verlieren als ihre Ketten"

In den 40er-Jahren bildeten sich in den deutschen Ländern auf Initiative des Bürgertums erste Arbeiterbildungs- und Handwerkervereine. Die wandernden Gesellen lernten dabei verschiedenste Ideen zur Lösung der sozialen Frage kennen.

Karl Marx und Friedrich Engels gehörten zu den schärfsten Kritikern der sozialen Probleme. Marx führte die Probleme auf die neue Produktionsform der Fabrikarbeit zurück. Er kritisierte, dass die Arbeiter durch die starke Arbeitsteilung ihrer Arbeit immer mehr entfremdet und nur noch für den kargen Lohn arbeiten würden. Gemeinsam entwickelten Marx und Engels in ihren Schriften mögliche Lösungsangebote, die in Arbeitervereinen stark beachtet und diskutiert wurden.

In London hatten Marx und Engels den „Bund der *Kommunisten*" mitgegründet. In der Programmschrift des Bundes versuchen sie, die gesellschaftlichen Verhältnisse wissenschaftlich zu erklären. Beide waren überzeugt, dass sich die Arbeiter (das Proletariat) zusammenschließen müssten. Von der Unterdrückung durch das Bürgertum (die Bourgeoisie) könnte sich das Proletariat nur durch eine Revolution befreien, um dann die politische und wirtschaftliche Macht zu übernehmen.

Q1 *Aus dem „Kommunistischen Manifest" von Marx und Engels:*

Die Geschichte aller bisherigen Gesellschaft ist die Geschichte von Klassenkämpfen ..., kurz: Unterdrücker und Unterdrückte standen in stetem Gegensatz zueinander, führten einen ununterbrochenen, bald versteckten, bald offenen Kampf, einen Kampf, der jedes Mal mit einer revolutionären Umgestaltung der ganzen Gesellschaft endete oder mit dem gemeinsamen Untergang der kämpfenden Klassen ...
Die Kommunisten verschmähen es, ihre Ansichten und Absichten zu verheimlichen. Sie erklären es offen, dass ihre Zwecke nur erreicht werden können durch den gewaltsamen Umsturz aller bisherigen Gesellschaftsordnung. Mögen die herrschenden Klassen vor einer kommunistischen Revolution zittern. Die Proletarier haben nichts in ihr zu verlieren als ihre Ketten. Sie haben eine Welt zu gewinnen. Proletarier aller Länder, vereinigt euch!

Manifest der kommunistischen Partei. Zitiert aus Borkenau, F. (Hg.): Marx, Frankfurt am Main, S. 98ff.

1848: 49 Arbeitskämpfe
1869: 152 Arbeitskämpfe
1871: 158 Arbeitskämpfe
1872: 352 Arbeitskämpfe
1881: 15 Arbeitskämpfe
1884: 60 Arbeitskämpfe
1890: 390 Arbeitskämpfe
Zusatzinformation: 1878 wurde das „Gesetz wider die gemeingefährlichen Bestrebungen der Sozialdemokratie" erlassen. Es war bis 1890 gültig.

M3 *Anzahl der Streiks und Arbeitskämpfe in Deutschland.*

i

1863: Gründung des Allgemeinen Deutschen Arbeitervereins in Leipzig (ADAV)

1869: Gründung der Sozialdemokratischen Arbeiterpartei in Eisenach (SDAP)

1875: Vereinigung von ADAV und SDAP zur Sozialistischen Arbeiterpartei Deutschlands in Gotha

1890: Umbenennung dieser Partei in Sozialdemokratische Partei Deutschlands (SPD)

M4 *Wandschmuck in einer Arbeiterwohnung Ende des 19. Jahrhunderts.*

„Alle Räder stehen still, wenn dein starker Arm es will..."

Die Arbeiter versuchten, ihre Forderungen nach kürzerer Arbeitszeit, höheren Löhnen oder besseren Arbeitsbedingungen an den Maschinen mit Arbeitsniederlegungen gegenüber den Unternehmern durchzusetzen. Dabei wurde schnell deutlich, dass die Forderungen einzelner Beschäftigter zu Entlassungen dieser „Störenfriede" führten. Stellten dagegen alle gemeinsam diese Forderungen, waren sie stark genug, ihre Ziele durchzusetzen. So schlossen sich viele Arbeiter in Arbeiterbildungs- und Gewerkevereinen zusammen.

Q2 *Die Gründung eines Arbeitervereins in Leipzig 1848:*

Was bewegte die Arbeiter? Sie beschlossen die Errichtung von Kassen zur gegenseitigen Hilfeleistung bei Krankheit und Unglücksfällen und zur Unterstützung bei der Kindererziehung. Sie beschlossen ferner, Volksbibliotheken und Sonntagsschulen zu begründen, um sich zu einer besseren Bildung zu verhelfen und ihren Meistern und Arbeitgebern gegenüber nicht länger als einfältig und ungebildet dazustehen und vor allem in Zukunft als vollwertige Staatsbürger angesehen zu werden.

Pönicke, H.: Die sozialen Theorien im 19. Jahrhundert in Deutschland, S. 86f.

1869 schlossen sich die verschiedenen Gewerkevereine zu einer zentralisierten Gewerkschaft zusammen. Zwei Jahre später wurde das Streikrecht der Arbeiter gesetzlich festgeschrieben und 1873 die Gewerkschaften in ganz Deutschland gesetzlich anerkannt.

„Mann der Arbeit aufgewacht und erkenne deine Macht ..."

Die Forderungen nach besseren Arbeits- und Lebensbedingungen gingen für Teile der Bevölkerung nicht weit genug. Arbeitervereine wurden ursprünglich gegründet, um mit gemeinsamen Kassen, in welche die Mitglieder kleinste Beträge einzahlten, Arbeitern und ihren Familien bei Krankheit oder Unfällen zu helfen. Die Arbeiter formulierten auch politische Forderungen. Mit der Durchsetzung des Wahlrechts unabhängig vom Einkommen wollten die Arbeiter ihre eigenen Abgeordneten wählen, die dann im Parlament ihre Interessen vertreten sollten. Arbeitervereine waren die Vorläufer von Arbeiterparteien.

Arbeitsaufträge

1. Informiere dich über das Leben von Karl Marx oder Friedrich Engels und stelle den jeweiligen Lebenslauf der Klasse vor.
2. Erkläre anhand von Q1, wie Marx und Engels die Geschichte beschreiben. Überprüfe ihre Aussagen anhand von Beispielen.
3. Beschreibe, wie sich die Zahl der Arbeitskämpfe entwickelte.
4. Vergleiche die Ziele der Gewerkschaften und der Arbeitervereine.
5. Nenne Gründe, warum Menschen aus gesicherten sozialen Verhältnissen Lösungen für die sozialen Fragen suchten.
6. Erläutere, mit welchen Mitteln die Kommunisten und die Arbeitervereine die sozialen Probleme lösen wollten.
7. Diskutiert, ob es auch heute eine soziale Frage gibt.

(Q1) *Adolph Kolping über die Ursachen für das soziale Elend:*

Der allgemeine Zug der Gesellschaft fährt auf recht breiter Fahrstraße immer mehr aus der Übung des Christentums hinaus. Das ist das Ergebnis der Trennung der Religion von allen sogenannten bloßen irdischen Fragen; das ist die große allgemeine Versündigung an der Gesellschaft, und diese Versündigung hat uns das große soziale Elend bereitet.

Die Stellung der Kirchen zur Arbeiterfrage

Christliche Nächstenliebe und Verantwortung

Im Mittelalter war die Sorge für Arme und Bedürftige als Gebot der Nächstenliebe eine wichtige Aufgabe für jeden Christen. In der Zeit der Industrialisierung betrachtete die Kirche das Elend der Menschen als unverschuldetes Massenschicksal. Die Ursache dafür war in ihren Augen die Gier und Maßlosigkeit einzelner Unternehmer. Geistliche versuchten deshalb, die ärgste Not mit sozialen Einrichtungen zu lindern.

1848 gründete der Priester Adolph Kolping in Köln den katholischen Gesellenverein. Hier fanden mittellose junge Männer eine Unterkunft und wurden mit Nahrung und Kleidung versorgt. Im gleichen Jahr gründete die evangelische Kirche ihr Hilfswerk, die Innere Mission. 1897 folgte die katholische Caritas. Alle Organisationen unterstützten in Not geratene Arbeiterfamilien mit Lebensmitteln, Kleidung oder Wohnraum.

Unternehmer übernehmen Verantwortung

Auch einzelne Unternehmer wollten die Lage der Arbeiter verändern. Sie versuchten, die Arbeitsbedingungen zu verbessern und belohnten besonders fleißige und treue Arbeiter mit Vergünstigungen.

(Q2) *Der Unternehmer Harkort schrieb schon 1849 an seine Arbeiter:*

Ein Proletarier hat sein Handwerk nicht erlernt, heiratet ohne Brot und setzt seinesgleichen in die Welt, welche stets bereit sind, über anderer Leute Gut herzufallen ... Nicht aber rechne ich zu den Proletariern den braven Arbeiter, dem Gott durch die Kraft seiner Hände und den gesunden Menschenverstand ein Kapital verliehen hat, welches ihm niemand rauben kann, es sei denn Krankheit und Alter ... Diesen ehrenwerten Leuten muss geholfen werden durch ... Vorschusskassen, guten Unterricht für die Kinder und Sicherstellung gegen Krankheit und Invalidität.

Harkort, Friedrich: Schriften und Reden, S. 101f.

(M1) *Werkswohnungen in Leverkusen Ende des 19. Jahrhunderts.*

In der Nähe großer Fabriken ließen Unternehmer Werkswohnungen errichten, die sie an ihre Beschäftigten vermieteten. Diese Wohnungen waren oft besser gebaut als die Mietskasernen der Städte, aber trotzdem preiswerter. Andere Fabrikbesitzer gründeten Betriebskrankenkassen, richteten Kindergärten und Schulen ein oder eigene Betriebsküchen und Läden, in denen ihre Arbeiter Lebensmittel erwerben konnten.

Die Unternehmer verbesserten durch diese Maßnahmen nicht nur die Lebens- und Arbeitsbedingungen ihrer Arbeiter. Sie erreichten, dass sich die Arbeiter mit „ihrer“ Fabrik verbunden fühlten. Mit einem besseren Arbeitsklima ließ sich außerdem die Arbeitsleistung in den Betrieben steigern, sodass beide Seiten von den Maßnahmen profitierten.

Gleichzeitig erwarteten die Unternehmer, dass der Staat durch Gesetze die Arbeitszeit und die Arbeitsbedingungen mitbestimmen sollte. Einheitliche Vorgaben für alle sollten Streiks gegen Bestimmungen in einzelnen Fabriken verhindern. Nur so ließ sich ihrer Ansicht nach der Einfluss der Gewerkschaften und der Arbeiterparteien begrenzen.

Q3 *Otto von Bismarck über die Ängste der Arbeiter:*

... Die Frage von Arbeitszeit und Lohnhöhe ist durch Gesetze außerordentlich schwierig zu lösen. Ich habe darüber auch nur sporadisch lokale Klagen gehört. Der eigentliche Beschwerdepunkt (des Arbeiters) ... ist die Unsicherheit seiner Existenz. Er ist nicht sicher, dass er immer Arbeit haben wird, er ist nicht sicher, dass er immer gesund ist, und er sieht voraus, dass er einmal alt und arbeitsunfähig sein wird. Verfällt er aber der Armut auch nur durch längere Krankheit, so ist er darin nach seinen eigenen Kräften völlig hilflos und die Gesellschaft erkennt ihm gegenüber bisher eine eigentliche Verpflichtung ... nicht an ... Solange der Staat ihm da nicht entgegenkommt und solange er zu dem Entgegenkommen kein Vertrauen hat, da wird er immer wieder zu dem sozialistischen Wunderdoktor laufen ...

Bismarck, Otto von: Gesammelte Werke, Bd. 2, S. 319f.

Der Staat greift ein

Sozialgesetze werden eingeführt

Sowohl die Forderungen von Unternehmern als auch die wachsende Unzufriedenheit der Arbeiter mit ihren Lebensbedingungen zwangen den Staat zum Handeln. Kaiser Wilhelm I., Bismarck, verschiedene Parteien und Unternehmer hatten Angst, dass die offenen Missstände die Arbeiter in die Arme der Sozialdemokratie treiben könnten. Ab 1883 wurden daher Sozialgesetze verabschiedet, die die Arbeiter bei Krankheit, Unfall oder im Alter absichern sollten. Kaiser Wilhelm I. bezeichnete diese Gesetze als Beitrag zur „Heilung der sozialen Schäden“ im Reich.

Versicherungsart	Krankenversicherung	Unfallversicherung	Rentenversicherung
Einführung	1883	1884	1889
Beitragshöhe	2–3 % des Lohns	unterschiedlich	1 % des Lohns
Wer zahlt?	2/3 zahlt der Arbeiter, 1/3 der Unternehmer	der Unternehmer zahlt sie allein	Arbeiter und Unternehmer zahlen je die Hälfte
Welche Leistungen erhält der Arbeiter?	– Bezahlung der Arztbesuche und der Medikamente – Kosten für Krankenhausaufenthalt – bis zu 50 % des Durchschnittlohns als Krankengeld ab dem 3. Krankheitstag bis zu 26 Wochen	– Bezahlung der Heilungskosten – bei Erwerbsunfähigkeit Weiterzahlung von 2/3 des Einkommens – bei Unfalltod 1/5 des Lohns für Witwen	– Altersrente ab 70 Jahren und nach 30 Jahren Beitragszahlung

M2 *Übersicht über die Sozialgesetzgebung.*

Arbeitsaufträge

1. Stelle in einer Tabelle dar, wer die Soziale Frage mit welchen Maßnahmen lösen wollte.
2. Nenne Maßnahmen, die die Unternehmer umsetzten, um die Arbeits- und Lebensbedingungen „ihrer“ Arbeiter zu verbessern.
3. Diskutiert, warum die Unternehmer vom Staat forderten, die Arbeitsbedingungen mit Gesetzen zu regeln.
4. Erkläre mithilfe der Tabelle M2, welche Absicherung für die Arbeiter geschaffen wurde.
5. Sammele Argumente für und gegen die vom Staat geschaffenen Sozialgesetze.
6. Informiere dich, welche Sozialgesetze heute Arbeitnehmer vor sozialer Not schützen sollen.

METHODE

Jugendbücher im Geschichtsunterricht

Eine Erzählung über Kinderarbeit vor 100 Jahren

Auch Schriftsteller beschäftigen sich mit der Vergangenheit. Geschichten, Romane und Jugendbücher berichten anschaulich und spannend über vergangene Epochen oder Ereignisse. Personen, Orte und Einzelheiten der Handlung sind dabei oft erfunden. Die Schriftsteller lassen Informationen weg oder fügen etwas hinzu, das so nicht in Quellen steht. Insgesamt wollen sie dennoch ein Bild von der Geschichte vermitteln.

Arbeitsschritte

Um zu unterscheiden, was in einem Buch auf der Wirklichkeit beruht und was sich der Autor ausgedacht hat, können die Leser sich folgende Fragen stellen:

1. In welcher Zeit spielt die Handlung des Buches?
2. Ist die handelnde Person eine historische Person oder hat der Autor sich diese Figur ausgedacht?
3. Welches historische Problem wird dargestellt?
4. Was lässt sich durch historische Quellen belegen?
5. Gibt es historisch nachweisbare Ereignisse im Buch? ...

Fine ist elf Jahre alt. Ihre Familie ist arm und hat kaum genug zu essen. Daher schickt sie das Mädchen in die Stadt. Im Haus des wohlhabenden Arztes Dr. Allersma soll Fine als Dienstmädchen arbeiten. Zum Glück gibt es dort Gesche, ein anderes Dienstmädchen.

Den ganzen ersten Tag fiel Fine von einer Überraschung in die andere. Alles in diesem großen Haus war fremd und schön. Die Tassen und Teller, die sie abwaschen musste! Erst wagte sie die nicht einmal anzufassen. Wenn sie sich vorstellte, dass sie eine Tasse fallen ließe! ... Den ganzen Tag waren sie (Gesche und Fine) an der Arbeit und die Stunden flogen nur so dahin. Gesche erzählte, dass sie jeden Tag schon vor dem Frühstück den Salon und das Esszimmer fertig hatte. Sie musste die Fußböden sauber machen, Staub wischen und aufräumen. Später am Morgen kamen die Schlafzimmer dran. Und wenn der Herr Doktor seine Besuche machte, war die Praxis an der Reihe. Dazwischen machten sie die Treppen und Flure. Und dann die Küche, die mehr noch als alles andere immer blitzblank sein musste ...

Als Gesche am Nachmittag den Tee in den Salon getragen hatte, sagte sie: „Hier ist eine Schale Gebäck. Die sollst du hineinbringen, die gnädige Frau will dich sehen. Du klopfst an die Tür und gehst sofort hinein. Also nicht warten, bis sie ruft."

Frau Allersma saß mit einer Stickerei in einem hohen Sessel am Fenster. Sie war eine schöne vornehme Dame mit strengem Gesicht. Fine fühlte sich bedrückt. Sie stellte die Schale auf das Tablett mit dem Teegeschirr und sagte: „Bitte, gnädige Frau." Sie wusste nicht, was sie nun tun sollte. Frau Allersma schaute nicht auf, sondern stickte einfach weiter. Deshalb trat Fine einen kleinen Schritt zurück, faltete die Hände unter der Schürze und wartete. Endlich sah Frau Allersma sie an. Das tat sie eine ganze Weile. Dann winkte sie Fine mit dem Zeigefinger näher zu sich heran. „So", sagte sie, „Wie heißt du?" „Fine, gnädige Frau ... Eigentlich heiße ich Rudolfine, gnädige Frau, nach meiner Großmutter." Frau Allersma zog die Nase kraus, dass sie ganz faltig wurde. „Was sich die Leute heute so einbilden", sagte sie. „Wie kommen sie nur auf solche Namen!" Eine Weile überlegte sie ... „Hör mal Mädchen", sagte sie so plötzlich, dass Fine erschrak. „Hier im Haus werden wir dich Mine nennen. Das ist ein Name, der besser zu dir passt. Und jetzt merke dir gut, was ich dir sage. Zu allererst verlange ich Sauberkeit und Ehrlichkeit. Verstanden? Und nun kannst du gehen."

Auszug aus Els Pelgrom: Umsonst geht nur die Sonne auf, München 1990, S. 29–33.

1769: Erfindung der Dampfmaschine

1835: Erste Eisenbahnstrecke in Deutschland eröffnet

Zunehmende Industrialisierung in Deutschland

1847: Karl Marx verfasst das Kommunistische Manifest

Industriezentren entstehen, Verstädterung, Soziale Frage

1770 — 1800 — 1850 — 1900

IN KÜRZE

Wichtige Begriffe:

Industrielle Revolution
Industrialisierung
Kinderarbeit
Fabrik
Soziale Frage
Kapitalismus
Kapital
Proletariat
Gewerkschaft
Kommunismus
Sozialdemokratie

Fortschritte in der Landwirtschaft, das Bevölkerungswachstum und die verstärkte Nachfrage nach Waren lösten zuerst in England und etwa 50 Jahre später in Deutschland die *Industrialisierung* aus. Erfindungen wie die Spinnmaschine „Spinning Jenny" förderten die Entwicklung der *Dampfkraft* als neue Energiequelle. Durch sie erlebte der Berg- und Maschinenbau einen enormen Aufschwung. Die Entwicklung der Eisenbahn war sowohl Triebkraft als auch Folge der Industrialisierung.

Immer mehr Menschen zogen vom Land in die Stadt, weil sie in der Landwirtschaft keine Arbeit mehr fanden.

In Fabriken setzte sich eine hohe *Arbeitsteilung* durch. Maschinen bestimmten den Arbeitsablauf und übernahmen den Großteil der Arbeit. Die Unternehmer stellten ungelernte Arbeiter, Frauen und Kinder ein, die alle einen sehr geringen Lohn erhielten. Die neu entstandene Bevölkerungsschicht wurde *Arbeiterklasse* bzw. *Proletariat* genannt.

Der Unterschied zwischen wenigen reichen Unternehmern und der Masse der armen Proletarier wurde immer größer. Deshalb suchten Vertreter der Kirchen, des Bürgertums und der Arbeiterklasse nach Lösungen der *Sozialen Frage*. Die Arbeiter schlossen sich in Gewerkschaften und Arbeitervereinen zusammen, aus denen 1875 eine Arbeiterpartei hervorging.

Da die Industrialisierung alle Bereiche des Lebens grundlegend veränderte, wird diese Entwicklung als *Industrielle Revolution* bezeichnet.

Das deutsche Kaiserreich und der Imperialismus

Kaiser Wilhelm II. bei der Einweihung des Nationaldenkmals in Berlin am 22. März 1897. Farbdruck nach einer Zeichnung von Carl Röhling, um 1900.

Das deutsche Kaiserreich

Die Gründung des Reiches in Versailles

i

Freie Reichsstädte: Die freien Städte verwalteten sich selbst und unterstanden keinem Fürsten.

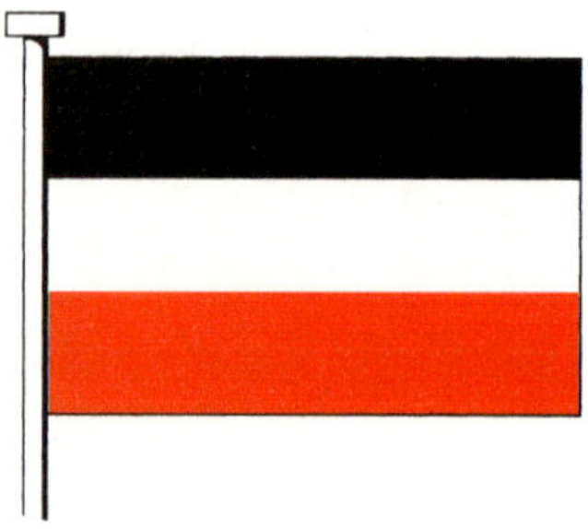

M1 *Die neue Nationalflagge des Kaiserreiches bestand aus den Farben Preußens (Schwarz-Weiß) und dem Rot der alten Reichsstädte.*

Noch während des Deutsch-Französischen Krieges riefen 22 deutsche Fürsten und die Vertreter der drei *freien Reichsstädte* am 18. Januar 1871 das deutsche Kaiserreich aus. Im Schloss von Versailles erhoben sie den preußischen König Wilhelm I. zum deutschen Kaiser. Von nun an sollten die preußischen Könige automatisch die deutsche Kaiserwürde innehaben. Diese Stellung erlangte Preußen, weil es über die Hälfte der Reichsbevölkerung und zwei Drittel des Gebietes verfügte. Als Hauptstadt von Preußen wurde Berlin die Hauptstadt des neuen Kaiserreiches.

Eine Reichsgründung von oben

Bei der Ausrufung des Kaiserreiches waren ausschließlich deutsche Fürsten und hochrangige Angehörige des Militärs anwesend. Die Bürger der deutschen Staaten, die 1848/1849 für die Reichseinigung gekämpft hatten, waren hier ohne Bedeutung. Dies spiegelte sich auch in der neuen Nationalflagge des Reiches wider. Die Farben schwarz-rot-gold, unter denen die Bürger 1848 für ein einiges und freies Deutschland gekämpft hatten, wurden strikt abgelehnt. Die neue Flagge war schwarz-weiß-rot.

M2 *Der Weg zum Deutschen Reich 1866–1871.*

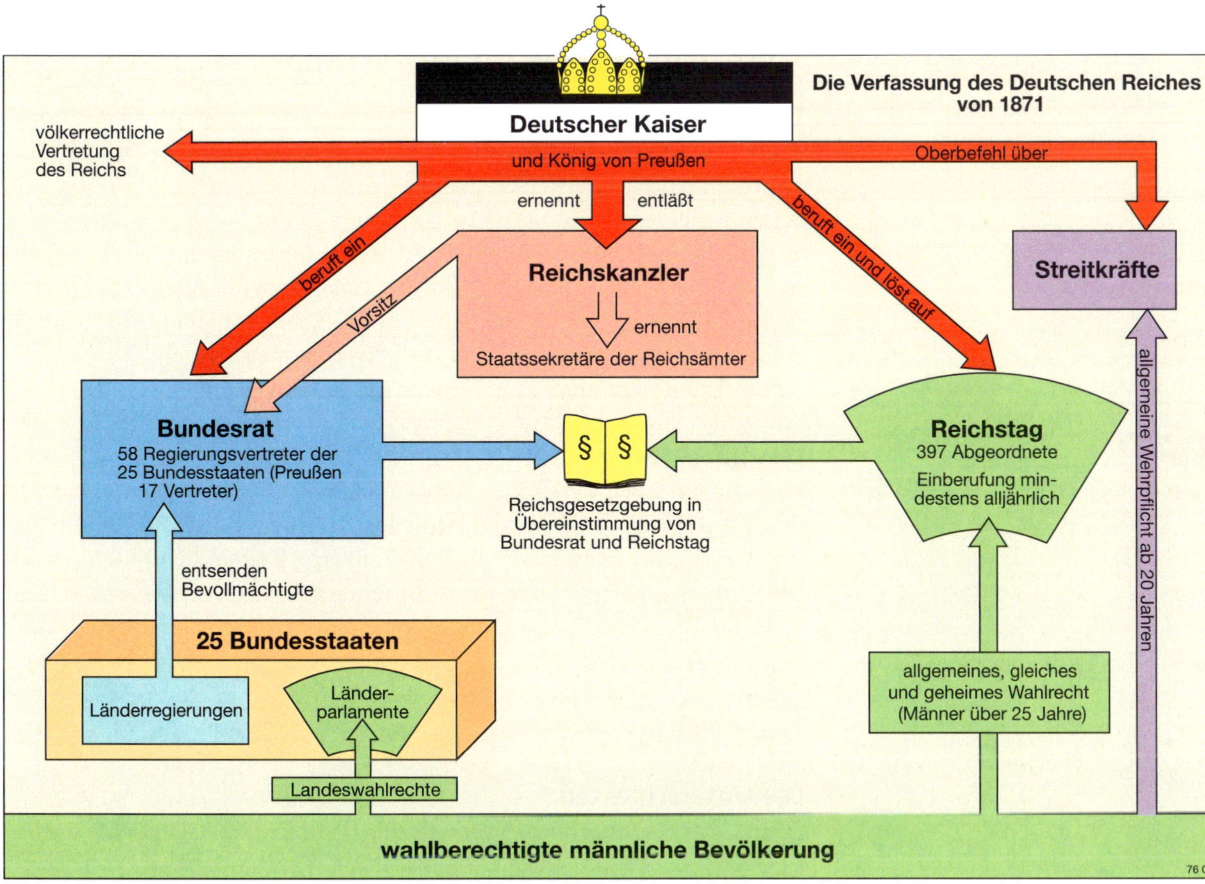

M3 *Die Verfassung des deutschen Kaiserreiches von 1871.*

M4 *Das Wappen des Kaiserreiches: Reichsadler mit preußischem Wappenschild und der Krone des Heiligen Römischen Reiches Deutscher Nation.*

Die Verfassung des Kaiserreiches

Kaiser Wilhelm I. ernannte Otto von Bismarck zum Reichskanzler des deutschen Kaiserreiches. In dieser Funktion lagen die Geschicke der Reichspolitik in Bismarcks Verantwortung. Dieser war nur dem Kaiser Rechenschaft schuldig, der ihm beim Regieren sehr viel Freiraum ließ. Somit hatte der Reichskanzler eine außerordentlich starke Stellung.

Der Reichstag hatte in Abstimmung mit dem Bundesrat die Gesetze für das Reich zu beraten. Der Bundesrat setzte sich aus Regierungsvertretern der einzelnen Bundesstaaten zusammen, während der Reichstag aus allgemeinen, geheimen, gleichen und direkten Wahlen hervorging. Dies bedeutete, dass alle männlichen Bürger über 25 Jahre wählen, aber auch gewählt werden konnten *(allgemein)*. Darüber hinaus gab es keine „Wahlmänner", wie z. B. in der amerikanischen Verfassung. Der Bürger wählte seine Abgeordneten direkt. Jeder Wähler konnte auf einem Wahlzettel den Namen eines gewünschten Abgeordneten ankreuzen, ohne dass er dabei beobachtet wurde *(geheim)*. Außerdem zählte die Stimme jedes Wählers *gleich* viel. Frauen besaßen im Kaiserreich jedoch weiterhin kein Wahlrecht.

Arbeitsaufträge

1. Nenne die Farben der Flagge des Kaiserreiches und erkläre, warum diese Farben gewählt wurden.
2. Erkläre die Verfassung des Kaiserreiches mit Hilfe von M3.
3. Vergleiche das Wahlrecht des Deutschen Kaiserreiches mit dem heutigen Wahlrecht.

Die Gesellschaft im Kaiserreich

Der Adel

Trotz des zunehmenden wirtschaftlichen Einflusses des Bürgertums spielte der Adel in der Gesellschaft des Kaiserreiches immer noch eine wesentliche Rolle. Die höchsten Positionen in der staatlichen Verwaltung und im Militär wurden überwiegend von Adligen besetzt. Nach wie vor war der Grundbesitz die wirtschaftliche Grundlage des Adels, vor allem in den preußischen Gebieten östlich der Elbe. Doch es gab inzwischen auch zahlreiche verarmte Adlige. Sie versuchten zumeist, ihren Lebensunterhalt mit einer Anstellung im Staatsdienst zu sichern.

i

Großbürgertum: Dazu gehörten zum Beispiel reiche Industrielle oder Kaufleute.
Kleinbürgertum: Diese Bevölkerungsgruppe setzte sich zum Beispiel aus Gewerbetreibenden, Handwerksmeistern, Angestellten oder Beamten zusammen.

Das Bürgertum

Fast alle Gruppen des Bürgertums strebten danach, sich dem Lebensstil der Adligen anzupassen. *Großbürger* kauften Güter von verarmten Adligen und bauten ihre Häuser wie adlige Herrensitze. Zudem bemühten sie sich um Orden und Titel und waren nicht selten bestrebt, sich adeln zu lassen.

Insbesondere gebildete und vermögende Bürger, Architekten, Rechtsanwälte, Professoren und höhere Beamte versuchten, die Lebensweise der Adligen zu übernehmen. Wie im Adel galt es bis in das *Kleinbürgertum* hinein als hohes Ziel, Offizier zu werden.

Die Unterschichten

Mehr als zwei Drittel aller Erwerbstätigen (Fabrikarbeiter, Bergleute, Heimarbeiter, Handwerksgesellen, Landarbeiter, Dienstboten u.a.) gehörten mit ihren Familien zu den Unterschichten. Diese mussten sich ihren Lebensunterhalt schwer erarbeiten. Der Lohn eines Einzelnen reichte oft nicht für die Ausgaben des täglichen Lebens. Da auch die Kinder zum Broterwerb der Familie beitragen mussten, war es ihnen oft nicht möglich, eine minimale oder gar umfassende Schulbildung zu genießen. Dementsprechend waren ein Studium oder politische Arbeit für die Unterschicht kaum denkbar.

M1 *Schulfest im Tiergarten in Hannover. Gemälde von Rudolf Weber, 1909.*

Q1 *Aus der Jugend des Bergarbeiters Schmidt:*

... meine Eltern hatten alle Mühe und Not, um mit ihren neun Kindern und dem Schicksal fertigzuwerden. Mein Vater war – genauso wie meine älteren Brüder und später auch ich – Bergmann, und er bekam für eine neunstündige Schichtzeit ganze 2,66 Mark. Damit musste er seine Familie ernähren und kleiden ...
So war es dann wohl kaum ein Wunder, dass wir Kinder keine Lederschuhe kannten, sondern im Sommer barfuß laufen mussten und in der kälteren Jahreszeit uns mit Holzschuhen – die wir auch Klotschen nannten – begnügten. Lederschuhe durften wir manchmal sonntags anziehen; wobei natürlich der Genauigkeit halber erwähnt werden muss, dass diese Lederschuhe sich von einem Kind zum anderen vererbten und deshalb immer ziemlich ausgetreten waren. Nichts anderes war es mit der Kleidung, und in einer Hose wuchsen aus Sparsamkeitsgründen gleich mehrere Kinder auf, denn auch die Kleidung vererbte sich von Kind zu Kind weiter.
Es fehlte einfach an Geld, um richtig satt werden zu können. Erst lange nach meiner Jugendzeit lernte ich auch Butter in der Praxis kennen. Sie kostete damals 0,90 bis 1,– Mark je Pfund und konnte auch bei bestem Willen und größter Sparsamkeit nicht auf unseren Familientisch gebracht werden.

Nach: Schmidt, August: Lang war der Weg. Bochum 1958, S. 9–11.

Ehefrauen und Fabrikarbeiterinnen

Die Erziehung der Mädchen „aus gutem Hause" wurde ausschließlich auf ihre spätere Aufgabe als Ehefrau und Mutter ausgerichtet. Haushaltsführung, Gästebewirtung und Klavierspiel waren wichtige Inhalte der Mädchenbildung. Auch sie orientierte sich stark an der adligen Kindererziehung. Ein Studium oder gar die Teilnahme am politischen Leben blieben nach wie vor den Männern vorbehalten.

In Deutschland nahm die Zahl der Frauen, die in Fabriken arbeiteten, rasch zu. 1907 betrug sie schon 1,5 Millionen. Sie waren in der Textil- und Bekleidungsindustrie als Näherinnen, Spinnerinnen, Weberinnen oder Strumpfwirkerinnen beschäftigt. Die Unternehmer stellten gern Frauen und Kinder ein, weil sie ihnen einen geringeren Lohn als den Männern zahlen mussten. Obwohl die Frauen noch für den Haushalt, die Kindererziehung und die Versorgung der Familie zuständig waren, freuten sie sich über eine Möglichkeit, ein wenig Geld hinzuzuverdienen. Dies half ihnen, den Lebensunterhalt der Familie zu sichern.

Arbeitsaufträge

1. Nenne die verschiedenen Bevölkerungsschichten und ihre Berufe. Gestalte dazu eine Bevölkerungspyramide.
2. Beschreibe das Leben der Bevölkerungsschichten mit Hilfe von M1 und Q1.
3. a) Beschreibe die Rolle der Frau in der damaligen Gesellschaft.
   b) Vergleiche sie mit ihrer heutigen Stellung. Formuliere deine Erkenntnisse.

M1 *Otto von Bismarck. Gemälde von Anton von Werner, 1888.*

M2 *„Am Steuer". Die Speichen des Steuerrades zeigen Abgeordnete der Konservativen, Liberalen und des Zentrums. Karikatur von 1779.*

i

Jesuitenorden: Das Hauptziel des Ordens war und ist die Ausbreitung und Festigung des katholischen Glaubens durch Mission, Seelsorge, Unterricht, wissenschaftliche Arbeit u. a.

Die Innenpolitik Bismarcks

Der eiserne Kanzler Otto von Bismarck

Otto von Bismarck wurde 1815 als Sohn niederer preußischer Adliger geboren. Nach seinem Jurastudium übernahm er die Verwaltung des landwirtschaftlichen Familienbetriebes.

Während der Revolution von 1848 / 49 vertrat Otto von Bismarck als Mitglied des Landtages einen sehr konservativen und königstreuen Standpunkt. Als es 1862 zum Machtkampf zwischen dem preußischen König und dem Landtag kam, bot Bismarck dem König an, das Amt des Ministerpräsidenten zu übernehmen. Wilhelm I. übertrug ihm dieses Amt und Bismarck nutzte seine politische Macht, um die Monarchie zu festigen.

Mit der Kaiserkrönung des preußischen Königs Wilhelms I. im Jahre 1871 nahm auch die Macht Bismarcks zu. Denn Wilhelm I. übertrug Otto von Bismarck das Amt des Reichskanzlers. In dieser Funktion war Bismarck nur dem Kaiser Rechenschaft schuldig und konnte das Kaiserreich von 1871 bis 1890 mit großer Handlungsfreiheit führen. „Bismarck ist wichtiger für das Reich als ich.", soll Wilhelm I. über seinen Reichskanzler einst geäußert haben.

Spannungen zwischen den Parteien, dem Adel, dem Bürgertum und den Arbeitern blieben nicht aus. Bismarck gelang es aber immer wieder, die Parteien für sich zu gewinnen.

Q1 *1878 äußerte sich Otto von Bismarck über sein Verhältnis zu den Parteien:*

Ich habe bestimmte, positive, praktische Ziele, nach denen ich strebe, zu denen mir mitunter die Linke, mitunter die Rechte geholfen hat. Ich gehe mit dem, der mit den Staats- und Landesinteressen nach meiner Überzeugung geht; die Fraktion, der er angehört, ist mir vollständig gleichgültig.

Bismarck, Otto von: Gesammelte Werke, Bd. 12, Berlin 1929, S. 12.

Der Kulturkampf

Ein Ziel Bismarcks war es, den Einfluss der Kirche, vor allem der katholischen, aber auch der evangelischen, im Staat zurückzudrängen. Bismarck unterstellte der Kirche, dass sie sich über die christlich geprägte Zentrumspartei in „einer den öffentlichen Frieden gefährdenden Weise" in staatliche Angelegenheiten einmische. Zwischen dem Staat und der Kirche entwickelte sich eine ernste Auseinandersetzung, der Kulturkampf.

Bismarck entzog der Kirche die Aufsicht über die Volksschulen und übertrug sie dem Staat. 1874 wurde die zivile Eheschließung vor dem Standesamt eingeführt und erhielt alleinige rechtliche Gültigkeit. Der *Jesuitenorden* wurde verboten, genauso wie eine Stellungnahme zum Verbot. Bei Verstößen gegen diese Bestimmungen drohte eine Gefängnisstrafe.

Wer ein geistliches Amt anstrebte, musste eine staatliche Prüfung ablegen. Viele Geistliche stellten sich dagegen. Als Antwort auf ihren Widerstand ließ Bismarck sie ihres Amtes entheben. Da der Widerstand der Geistlichkeit jedoch nicht dauerhaft zu unterdrücken war, nahm er die meisten Maßnahmen schließlich zurück. Das Misstrauen zwischen katholischer Kirche und Staat blieb aber bestehen.

Partei	Wähler
Sozialdemokraten	Arbeiter
Fortschrittspartei	Bürger
Nationalliberale Partei	Unternehmer, Bürger
Zentrum	Katholiken

M3 *Parteien im Kaiserreich und ihre Wähler.*

Jahr	Stimmen
1877	0,5 Millionen
1890	1,5 Millionen
1912	4,3 Millionen

M4 *Wählerstimmen für die Sozialdemokraten.*

i

Während der Zeit des Sozialistengesetzes beschlagnahmte die Polizei 600 Zeitungen und Zeitschriften 1 170 Bücher und Druckschriften. Zudem ließ der Staat 1 500 Arbeiterführer ins Gefängnis werfen und 900 aus dem Reich ausweisen.

Der Kampf gegen die Sozialdemokratie

1875 gründete sich die Sozialdemokratische Arbeiterpartei und gewann schnell Wählerstimmen. Bismarck verfolgte ihre Politik mit Argwohn. Er glaubte, dass diese Partei den Umsturz der Kaiserherrschaft vorbereitete. Deshalb wollte er ihren Einfluss einschränken. Zwei Attentate auf den Kaiser gaben ihm dazu die Gelegenheit, obwohl eine Tatbeteiligung der Sozialdemokratie nicht nachgewiesen werden konnte.

Am 18. Oktober 1878 brachte Bismarck im Reichstag das „Gesetz gegen die allgemeingefährlichen Bestrebungen der Sozialdemokratie" ein und stellte die Partei damit unter Ausnahmerecht. Besser bekannt ist das Gesetz unter dem Namen „Sozialistengesetz". Mit ihm begann für die Sozialdemokraten eine Zeit der Verfolgung. Bald wurden sie als „Reichsfeinde" und „vaterlandslose Gesellen" bezeichnet.

Die Partei selbst verbot der Reichstag zwar nicht, aber Versammlungen und Parteimitglieder wurden strengstens überwacht. Um das Gesetz zu umgehen, fanden Veranstaltungen der Partei getarnt als Kegelnachmittage, Turnvereinsveranstaltungen oder Ausflüge in die Natur statt. Die verbotenen Zeitschriften ließ die Partei während dieser Zeit im Ausland drucken.

Um die Arbeiter für das Kaiserreich zu gewinnen, wurden staatliche Sozialgesetze eingeführt (vgl. S. 170/171). 1890 musste der Reichstag das „Sozialistengesetz" wieder aufheben, weil die Partei trotz aller Unterdrückung 1,5 Millionen Wählerstimmen erhielt.

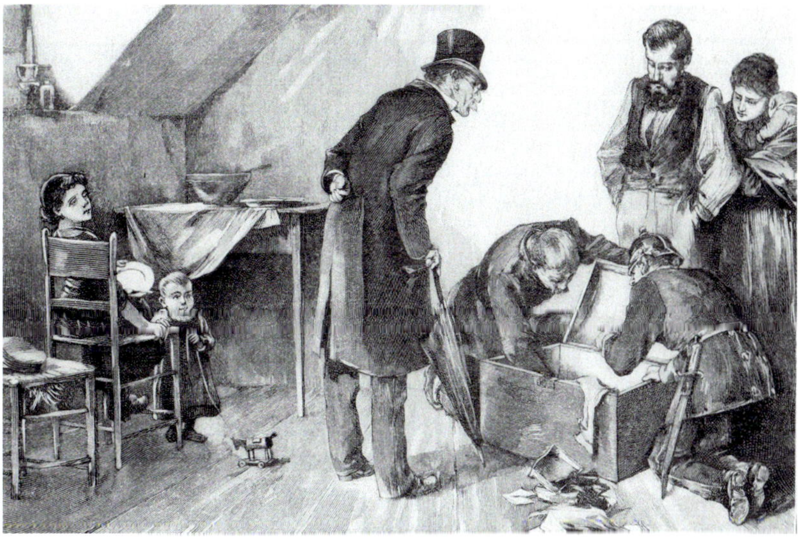

M5 *Hausdurchsuchung bei einem politisch Verdächtigen. Holzschnitt, 1895.*

Arbeitsaufträge

1. Beschreibe den politischen Aufstieg Bismarcks.
2. Beschreibe M1. Erkläre, welches Ziel mit dieser Darstellung verfolgt wurde.
3. Erläutere, wie Bismarck versuchte, seine Macht zu festigen.
4. Bismarcks Politik wird als „Zuckerbrot und Peitsche" bezeichnet. Erkläre diese Beschreibung.
5. Beurteile die Politik Bismarcks aus heutiger Sicht.

Wirtschaft und Gründerjahre

Die wirtschaftliche Situation des Kaiserreiches

Mit der Gründung des Kaiserreiches im Jahre 1871 entstand ein Nationalstaat, aber die wirtschaftliche Einigung musste erst vollzogen werden. Überall im Land gab es verschiedene Währungen, Maße und Gewichte (Fuß, Zoll, Meter, Meile …). Das war für die wirtschaftliche Entwicklung von Nachteil. Ein erster wesentlicher Schritt zur Belebung der Wirtschaft und des Handels war das im November 1871 eingeführte Reichsmünzgesetz. Es vereinheitlichte die Währungen, sodass im Kaiserreich nur noch Mark, Groschen und Pfennige gültige Zahlungsmittel waren.

Gründerjahre und Gründerkrach

Der Krieg zwischen Frankreich und den deutschen Staaten von 1870/1871 bewirkte die Einigung Deutschlands. Das Deutsche Reich ging aus diesem Krieg als Sieger hervor und Frankreich musste Kriegsentschädigungen in Höhe von 5 Milliarden Goldfrancs an das Kaiserreich zahlen. Frankreich beglich diese Summe innerhalb von zwei Jahren. Dieses Geld war wichtig, um die Wirtschaft voranzutreiben.

Die Banken verliehen Kredite zu sehr niedrigen Zinsen, sodass sich zahlreiche Firmen gründeten und überall Häuser, Kaufhäuser, Fabrikhallen oder Banken gebaut wurde. Die Industriestädte wuchsen enorm. Die Zeit zwischen 1871 und 1873 wird daher als die Gründerjahre bezeichnet.

Dieser wirtschaftliche Aufschwung wurde vor allem mit *Aktien* finanziert. Viele Menschen verfielen einem regelrechten Aktienrausch. Als aber im Oktober 1873 die Werte der Aktien durch einen Börsenkrach fielen, kam es zum „Gründerkrach“. Viele der neuen Firmen mussten *Konkurs* anmelden. Die Folgen waren Massenarbeitslosigkeit, Kurzarbeit und Lohnsenkungen. Dadurch verloren viele Menschen ihre Ersparnisse und ihre finanzielle Lebensgrundlage.

i

Aktien: Wertpapiere, Anteilsscheine.
Konkurs: Zahlungsunfähigkeit.

M1 *Aktie der Gesellschaft für Bergbau, Eisen- und Stahlindustrie aus dem Jahr 1872. Bereits 1873 brach die Firma zusammen.*

Konzerne, Kartelle und Großbanken

Vor allem die „einfachen“ Menschen traf der Gründerkrach schwer. Die Unternehmer hingegen, die modernisiert und neue Verfahren eingeführt hatten, gingen aus ihm gestärkt hervor. Wichtig für den Konkurrenzkampf waren schnelle, preiswerte und kostengünstig hergestellte Waren. Trotzdem blieben der Preiskampf und die Gefahr des Konkurses enorm. Darum erkannten die Unternehmer die Vorteile des Zusammenschlusses. Sie bildeten Kartelle, im denen sie Preise, Produktionslinien und Absatzmärkte absprachen. Den Elektromarkt teilten sich Siemens und AEG.

Der Zusammenschluss von kleineren Unternehmen zu großen Verbänden nannte man Konzernbildung, wie zum Beispiel im Fall von BASF oder Bayer. So erreichten Unternehmen die Marktbeherrschung und die Verdrängung kleinerer Firmen. Dadurch konnten sie die Marktentwicklung mitbestimmen.

Die großen Konzerne und Kartelle benötigten aber auch Geldgeber, die Banken. Nur so konnten sie wettbewerbsfähig sein. Diese Geldgeber verlangten die Mitbestimmung in der Unternehmenspolitik, wenn sie ihr Geld zur Verfügung stellten. So verbanden sich die Banken mit der Industrie. Um die enormen Finanzmengen für die Wirtschaft aufzubringen, schlossen sich kleine Banken ebenso zu Großbanken zusammen.

(M2) *Landung des Luftschiffes Zeppelin in Berlin. Foto aus dem Jahr 1906.*

(M3) *Otto Lilienthal mit seinem Gleitflieger. Foto um 1894.*

Die Rüstungsindustrie

Das deutsche Kaiserreich war geprägt durch sein Militär, welches das Straßenbild beherrschte. Kaiser Wilhelm II. wollte, dass die Armee einen wichtigen Platz im Leben der Menschen einnimmt und ihr Leben bestimmt. Militärische Traditionen wurden durch Kriegervereine gepflegt. Kaisertreue, Patriotismus, Disziplin, Gehorsam und Nationalstolz hatten in dieser Zeit einen hohen Stellenwert. So war es nicht verwunderlich, dass der Staat auch die Rüstungsindustrie förderte.

Die technische Entwicklung im militärischen Bereich verlief rasant. Die Marine wurde modernisiert und ausgebaut. Neue Schiffstypen mit Dampfturbinen wurden entwickelt und Unterseeboote gebaut. Diese Aufrüstung belebte die Wirtschaft in vielen Bereichen. Selbst das Auto stand künftig im Dienst des Militärs.

Eine ebenfalls bedeutsame Entwicklung war der Bau des Luftschiffes von Ferdinand Graf von Zeppelin. Die begeisterte Bevölkerung unterstützte Zeppelins Arbeit mit vielen Spenden. Die Gleitflugversuche von Otto Lilienthal ermöglichten sogar die Entwicklung von Flugzeugen. Über Lilienthals spektakuläre Flugversuche wurde im In- und Ausland berichtet.

Arbeitsaufträge

1. Erkläre die Begriffe Gründerjahre und Gründerkrach.
2. Erläutere die Kartell-, Konzern- und Großbankenbildung.
3. Nenne Beispiele für neue technische Entwicklungen.
4. Informiere dich über eine neue technische Entwicklung dieser Zeit und stelle sie in einem Kurzvortrag vor.

METHODE

Denkmäler analysieren

Denkmäler sind Zeugen ihrer Zeit

Denkmäler sind Bauwerke, die in einer bestimmten Zeit mit einem konkreten Auftrag und Ziel gebaut wurden. Es gibt sie in Städten, Gemeinden oder Parks. Als geschichtliche Quellen enthalten Denkmäler viele Informationen über die gesellschaftlichen Verhältnisse der damaligen Zeit.

In der Zeit des deutschen Kaiserreiches wuchsen der Nationalstolz und das Überlegenheitsgefühl der Deutschen stark an. So wurden viele Denkmäler errichtet, die es noch heute gibt: zum Beispiel die Siegessäule in Berlin (1873), das Kyffhäuserdenkmal im Harz (1889–1896), das Hermannsdenkmal im Teutoburger Wald (1838–1875), das Deutsche Eck in Koblenz (1897) oder das Hamburger Bismarck-Denkmal (1906).

Diese Seite bietet Hilfestellungen, wie sich die Informationen eines Denkmals erschließen lassen. Berücksichtigt werden müssen dabei zum Beispiel der Auftraggeber, die Gestaltung und die Wahl des Ortes.

Das Völkerschlachtdenkmal

Am 18. Oktober 1913 wurde es in Leipzig nach 15-jähriger Bauzeit eingeweiht – zum 100. Jahrestag der Völkerschlacht, dem Sieg über den französischen Kaiser Napoleon. Das Denkmal sollte nach Auffassung des „Deutschen Patriotenbundes" drei Aufgaben erfüllen: Es sollte Ehrenmal für die Gefallenen, Ruhmesmal für das deutsche Volk und Mahnmal für kommende Generationen sein.

Die Finanzierung

Der Bau des Denkmals wurde durch Spenden von deutschen Bürgern, vom Kaiser, von vielen Fürsten und Unternehmern, Lotterien und den Mitgliedern des „Deutschen Patriotenbundes" finanziert.

Das Baugelände im Wert von einer halben Million Mark stellte die Stadt Leipzig zur Verfügung.

Die Gestaltung

Im Innern symbolisieren vier Kolossalfiguren von 9,5 m Höhe Opferfreudigkeit, Glaubensstärke, Tapferkeit und Volkskraft.

Das äußere Mittelteil des Denkmals zeigt ein Schlachtrelief mit der Figur des Erzengels Michael (60 m Breite, 19 m Höhe).

M1 *Völkerschlachtdenkmal in Leipzig. Luftaufnahme des größten Monumentaldenkmals Europas mit einer Gesamthöhe von 91 Metern.*
Das Wasserbecken ist 162 m lang und spiegelt das Denkmal in voller Größe wieder. Das Wasser symbolisiert die Tränen der Trauer um die Opfer des Krieges. Die künstlichen Wälle zwingen den Besucher auf einen vorgeschriebenen Weg zum Denkmal.

Weitere Informationen
Internet: www.voelkerschlachtdenkmal.de
Buchtipp: Das Völkerschlachtdenkmal, Hrsg. vom Stadtgeschichtlichen Museum Leipzig, Altenburg 2003.

(M2) *Äußere Kuppel des Denkmals mit den 12 Freiheitswächtern – als Mahnmal für kommende Generationen. Die Figuren wurden im Steinbruch gemeißelt, dann zerlegt und auf der Kuppel wieder zusammengesetzt.*

Schritte zur Erschließung eines Denkmals

1. Wie lautet der Name des Denkmals?
2. Woran soll es erinnern?
3. An welchem Ort steht es?
4. Handelt es sich um ein Denkmal zur Erinnerung an Ereignisse oder an Personen?
5. Wann begann der Bau und wann wurde das Denkmal fertiggestellt?
6. In welcher Epoche wurde das Denkmal erbaut?
7. Wer hat den Bauauftrag erteilt?
8. Wer waren die Baumeister?
9. Wie wurde der Bau finanziert?
10. Gab es Probleme bei der Planung und beim Bau des Denkmals?
11. Welche Besonderheiten gibt es (Gestaltung, Inschriften, Größe, Figuren, Material usw.)?
12. Mit welchem Ziel wurde das Denkmal erbaut?
13. Wie wirkte es wohl auf die Zeitzeugen?
14. Wie wirkt das Denkmal heute auf dich?

Nicht immer wirst du alle Fragen zu einem Denkmal beantworten können. Zusätzliche Informationen gibt es in Museen, Zeitungen, Zeitschriften oder in Festreden zur Einweihung des Denkmals.

(M3) *Fürstenzelt und Besuchertribünen bei der Einweihung des Völkerschlachtdenkmals am 18. Oktober 1913. Kaiser Wilhelm II. und König Friedrich von Sachsen nahmen an der Denkmalsweihe teil.*
Die Entwürfe für das Denkmal stammten von den Architekten Bruno Schmitz (1858–1916) und Clemens Thieme (1861–1905). Die Figuren wurden von den Bildhauern Franz Metzner (1870–1919) und Christian Behrens (1852–1905) geschaffen.

M1 *Festumzug zum Kaisergeburtstag am 27. Januar 1913 in Berlin.*

Das Leben in der Zeit des Kaiserreiches

Das neue Nationalgefühl

Obwohl mit der Gründung des Kaiserreiches der Traum von 1848/1849 in Erfüllung ging, entwickelte sich in Deutschland nur langsam ein Nationalgefühl. Da die Reichseinigung von oben erfolgte, fühlten sich viele der Menschen noch immer als Sachsen, Bayern oder Preußen. Der Kaiser entwickelte sich allmählich zur zentralen Figur, die zum Vorbild der Menschen wurde und ihr Leben positiv beeinflusste. Aber mit der Zeit begann die Bevölkerung mehr und mehr, sich als Teil des Kaiserreiches zu sehen.

Der Kaiserkult

Den Kaisergeburtstag feierten die Menschen als Nationalfeiertag. Es gab Gottesdienste zu Ehren der Majestät und die Kinder erhielten schulfrei. An diesem Tag veranstalteten Städte und Dörfer Festumzüge und Volksfeste mit Reden zu Ehren des Kaisers, seiner Politik und des Reiches. Die Straßen, Plätze und öffentlichen Gebäude der Städte und Gemeinden schmückten die Menschen mit Kaiserporträts oder mit Bildern ruhmreicher deutscher Feldherren oder anderer berühmter Deutscher.

Ein weiterer wichtiger Feiertag war der Tag der Schlacht von Sedan. Den deutschen Sieg vom 2. September 1870 im Deutsch-Französischen Krieg feierte das Land jedes Jahr mit großer Pracht. Die Bevölkerung wurde so daran erinnert, dass sie auf ihr Land stolz sein konnte und stets bereit sein sollte, es zu verteidigen. Die Menschen im Kaiserreich begingen diese Feiertage gern und bereiteten sie sorgfältig vor. Für sie war es eine willkommene Abwechslung von ihrem Alltag.

Das Leben nach der Arbeit

Die Menschen arbeiteten oft mehr als elf Stunden an sechs Tagen in der Woche, sodass ihnen kaum Freizeit blieb. Dennoch besuchten vor allem die Männer nach der Arbeit die Kneipen, um Bier zu trinken und sich über Politik zu unterhalten. Diese Gespräche informierten sie über die neuesten Geschehnisse und ersetzten das Lesen der teuren Zeitungen.

Gern nutzten die Arbeiter und Arbeiterinnen den Sonntag oder die Feiertage, um mit ihren Familien einen Ausflug in die Natur, an einen nahen See oder in einen Park zu machen. Auf dem Jahrmarkt trafen sich die Menschen und unterhielten sich. Die Kinder spielten miteinander und es gab die Möglichkeit zu tanzen. Für diese Gelegenheiten zogen die Menschen ihre *Sonntagskleidung* an.

Schon damals gingen die Väter mit ihren Söhnen gern zum Fußball, um ihre Mannschaften anzufeuern. Diese Aktivitäten waren die wenigen Abwechslungen im Leben der arbeitenden Menschen. Für Hobbys wie Lesen, Theater- oder Museumsbesuche fehlte neben der Zeit oft das Geld.

i

Sonntagskleidung: gute Kleidungsstücke, die nur an Sonntagen getragen wurden, damit sie nicht abnutzten.
Expressionismus: Kunstrichtung zu Beginn des 20. Jahrhunderts.

Neue Wege in der Kunst

Besonders zur Zeit des Kaiserreiches entstanden viele Werke, die den Kaiser oder heldenhafte Schlachten darstellten. Es gab aber auch Künstler, die sich gegen die Erziehung zur Heimatliebe wendeten und versuchten, das wirkliche Leben darzustellen. Ihre Werke zeigten das Leben der einfachen Menschen. Ein bekannter Zeichner dieser Zeit war Heinrich Zille, der vor allem das Leben in Berlin darstellte.

M2 *„Arbeiterpaar auf einer Parkbank". Zeichnung von Heinrich Zille.*

M3 *„Stallungen". Expressionistisches Gemälde von Franz Marc, 1913.*

Der *Expressionismus* war eine neue Form der künstlerischen Darstellung. Dieser Kunstrichtung ging es nicht mehr um eine realitätsgetreue Abbildung von Gegenständen und Formen. Sie zeigte Gefühle oder Stimmungen mit Hilfe von Farben, Linien und abstrakten Figuren.

Arbeitsaufträge

1. Erkläre den Begriff „Kaiserkult". Nenne Beispiele.
2. Bewerte den Kaiserkult und formuliere mögliche Folgen.
3. Beschreibe, wie die Menschen um 1900 ihre Freizeit gestalteten.
4. Informiere dich über den Expressionismus. Stelle der Klasse ein Werk vor und sprecht anschließend darüber.
5. Informiere dich über Heinrich Zille. Stelle sein Leben und Werk vor.

Außenpolitik im Kaiserreich

Ein Großer unter Großen

Mit der Reichsgründung 1871 war aus dem zersplitterten, uneinigen, außenpolitisch schwachen Deutschland eine Großmacht geworden. Besonders Frankreich und Russland, aber auch andere europäische Staaten, fühlten sich durch Deutschland bedroht. Misstrauisch beobachteten alle die außenpolitischen Aktivitäten Bismarcks.

Reichskanzler Otto von Bismarck erklärte deshalb wiederholt, dass das Deutsche Reich eine friedliche Politik in Europa verfolge und keine Gebietsansprüche an andere europäische Staaten hätte. Mögliche Konflikte wolle er durch Verhandlungen lösen.

„Ein Albtraum der Bündnisse"

Aufgrund der zentralen Lage des Deutschen Reichs in Europa fürchtete der Reichskanzler mächtige Bündnisse gegen Deutschland und im Kriegsfall einen Zweifrontenkrieg. Auslöser für diese Angst war die diplomatische Drohung Großbritanniens und Russlands, militärisch einzugreifen, sollte das Deutsche Reich einen erneuten Krieg gegen Frankreich beginnen. Diese Sorge und die tiefe Feindschaft zu Frankreich beeinflussten Bismarcks Suche nach Bündnispartnern.

Während eines Kuraufenthalts in Bad Kissingen im Juni 1877 diktierte Bismarck, der krank war, seinem Sohn ein Schriftstück zur Balkankrise. Dieses Kissinger Diktat beinhaltete zentrale Leitlinien der bismarckschen Außenpolitik für die Jahre nach der Reichsgründung.

M1 *Bismarck balanciert die Friedenspalme zwischen einem französischen und einem russischen Soldaten. Karikatur von 1888.*

Q1 *Aus dem Kissinger Diktat:*

Wenn ich arbeitsfähig wäre, könnte ich das Bild vervollständigen und feiner ausarbeiten, welches mir vorschwebt: Nicht das irgendeines Ländererwerbes, sondern das einer politischen Gesamtsituation, in welcher alle Mächte außer Frankreich unser bedürfen und von Koalitionen gegen uns durch ihre Beziehungen zueinander nach Möglichkeit abgehalten werden.

Bismarck, Otto von: Werke in Auswahl, Bd. VI, 1976, S. 52.

Bismarck sucht Verbündete

In seiner Außenpolitik ließ Bismarck sich vom Grundsatz leiten: Versuche zu Dreien zu sein, solange die Welt durch ein unsicheres Gleichgewicht von fünf Großmächten bestimmt wird. Die Frage nach verlässlichen Bündnispartnern war für Bismarck allerdings nur schwer zu beantworten. Er musste das Problem lösen, Großmächte mit unterschiedlichen, teils gegensätzlichen politischen Interessen durch Bündnisverträge an das Deutsche Reich zu binden.

Wichtig für Bismarck war dabei besonders der Gedanke, Frankreich zu isolieren, denn er befürchtete, dass Frankreich nach der Niederlage im Deutsch-Französischen Krieg und den demütigen Friedensbedingungen von 1871 einen Vergeltungskrieg vorbereiten könnte. Nur mit starken Bündnispartnern könnte das Deutsche Reich in diesem Fall drohende Konflikte diplomatisch lösen.

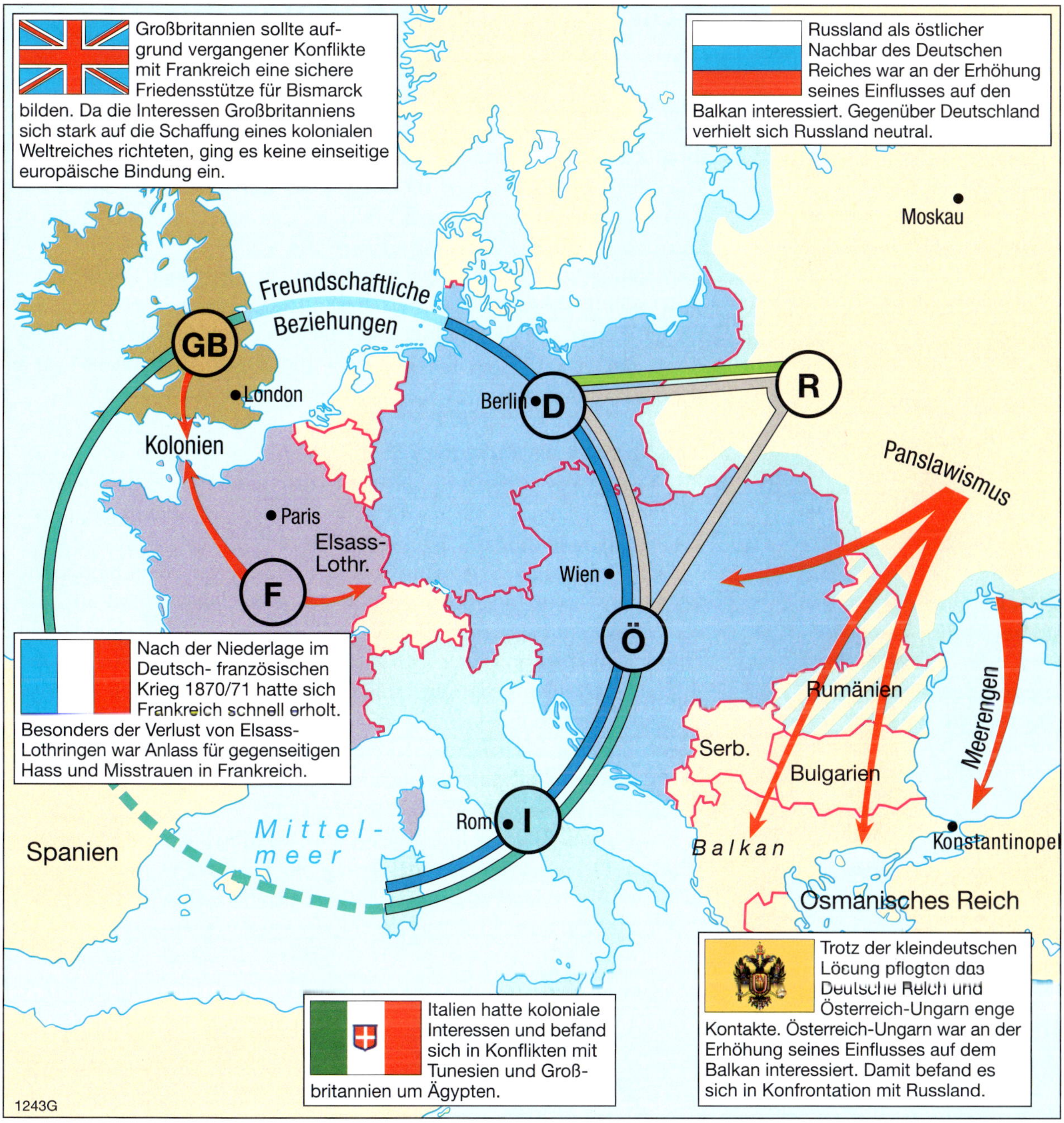

M2 *Das europäische Bündnissystem unter Otto von Bismarck.*

Das europäische Bündnissystem unter Bismarck

- Dreikaiserabkommen (1873)
- Zweibund (1879)
- Dreibund (1882)
- Dreibund-Erweiterung (1883)
- Rückversicherungsvertrag (1887)
- Mittelmeerabkommen (1887)
- Spannungen und offene Fragen

0 500 km

Arbeitsaufträge

1. Beschreibe, wie die europäischen Staaten die Gründung des deutschen Reiches beurteilten.
2. Erkläre Bismarcks Ansicht zur deutschen Außenpolitik mit Hilfe von Q1 und M1.
3. Nenne mit Hilfe der Karte die Staaten, mit denen das Deutsche Reich Bündnisverträge schloss.
4. Schätze ein, ob und wie stabil die Bündnisverträge waren.
5. Beschreibe die Stellung Frankreichs in Europa.
6. Bewerte die Außenpolitik Bismarcks.

Kolonialismus und Imperialismus

M1 *„Dropping the pilot" (to drop someone = jemanden entlassen). Britische Karikatur, 1890. In Deutschland erschien diese Karikatur mit dem Titel: „Der Lotse geht von Bord".*

i

Imperialismus: Der Begriff Imperialismus ist von dem Wort Imperium abgeleitet und bedeutet Reich oder Herrschaft.

Das Streben nach einem Platz an der Sonne

1888 starb Kaiser Wilhelm I. Sein Sohn Friedrich, der an einer tödlichen Krankheit litt, regierte nur für kurze Zeit. Der Enkel Wilhelm II., der 1888 den Kaiserthron bestieg, hatte ehrgeizige außenpolitische Pläne, die jedoch nicht mit Bismarcks Politik vereinbar waren.

Meinungsverschiedenheiten bezüglich der deutschen Außen- und Innenpolitik führten zu ernsten Auseinandersetzungen zwischen dem jungen Kaiser und dem politikerfahrenen Bismarck. Wilhelm II. entließ daher Bismarck 1890 als Reichskanzler und schlug einen neuen Kurs in der Außenpolitik ein.

„Weltpolitik als Aufgabe ..."

Der Kaiser forderte ein weltpolitisches Mitspracherecht. Ebenso wie England und Frankreich sollte das Deutsche Reich weltweit politischen, wirtschaftlichen und militärischen Einfluss anstreben.

Diese Politik eines Staates mit dem Ziel, den eigenen Herrschaftsbereich auf andere Länder auszudehnen und damit ein Weltreich zu errichten, wird *Imperialismus* genannt. Die imperialistischen Staaten begründen ihre Politik zum einen mit ihrer wirtschaftlichen Macht. Zum anderen haben sie die Überzeugung, dass sie anderen Ländern und Kulturen überlegen seien und deshalb ihre Lebensweise und Religion auf andere Länder übertragen müssten. Gleichzeitig sahen sie eine Möglichkeit, durch erfolgreiche Machtpolitik im Ausland und die Inbesitznahme neuer Gebiete von Problemen im eigenen Land abzulenken.

Diese neue Außenpolitik brachte das Bündnissystem Bismarcks ins Wanken. Der Rückversicherungsvertrag mit Russland wurde 1890 nicht mehr verlängert. Der russische Zar wandte sich daraufhin Frankreich zu.

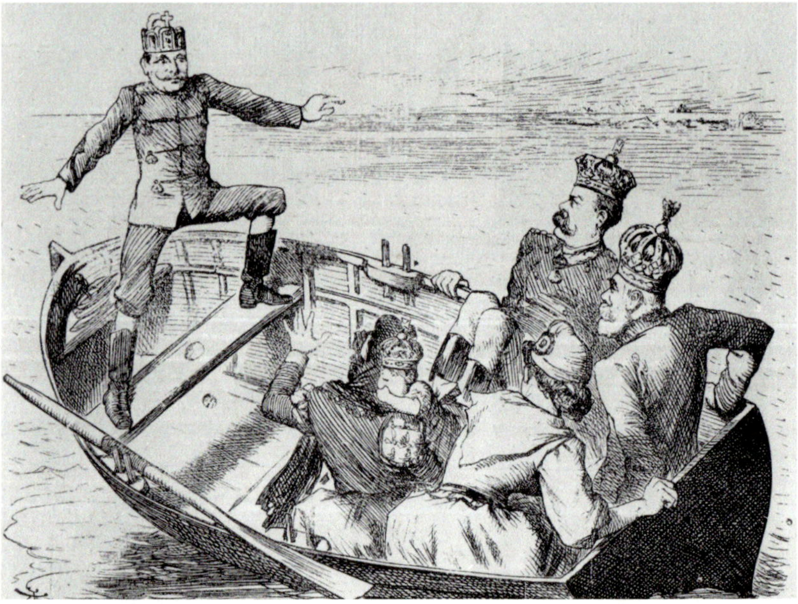

M2 *„L'enfant terrible" – „Schreckliches Kind". Britische Karikatur, 1890.*

„... Weltmacht als Ziel ..."

Die europäischen Mächte hatten seit 1880 die Welt fast vollständig unter sich aufgeteilt. Um die noch freien Gebiete stritten sie heftig. Wilhelm II. wollte für das Deutsche Reich ebenfalls überseeische Gebiete erwerben.

Q1 *Kanzler von Bülow 1897 vor dem Reichstag:*

> Wir sind der Ansicht, dass es sich nicht empfiehlt, Deutschland in zukunftsreichen Ländern von vornherein vom Mitbewerb anderer Völker auszuschließen. (Zuruf der Abgeordneten: Bravo) Die Zeiten, wo der Deutsche dem einen seiner Nachbarn die Erde überließ, dem anderen das Meer und sich selbst den Himmel reservierte, ... diese Zeiten sind vorüber. Wir betrachten es als eine unserer vornehmsten Aufgaben, gerade in Ostasien die Interessen unserer Schifffahrt, unseres Handels und unserer Industrie zu fördern und zu pflegen ... Wir müssen verlangen, dass der deutsche Missionar und der deutsche Unternehmer, die deutschen Waren, die deutsche Flagge und das deutsche Schiff in China geradeso geachtet werden wie diejenigen anderer Mächte. (Lebhaftes Bravo) Mit einem Wort, wir wollen niemanden in den Schatten stellen, aber wir verlangen auch unseren Platz an der Sonne ...
>
> Nach: Ritter, G. A. (Hrsg): Das Deutsche Kaiserreich 1871–1914, 1977, S. 136f.

	1905	1910	1913
F	991	1177	1327
GB	1263	1367	1491
D	1064	1377	2111
Ö/U	460	660	720
R	1069	1435	2050

M3 *Rüstungsausgaben in Millionen Reichsmark.*

	1889–1900	1900–1910	1910–1913
GB	38	36	20
D	12	25	13
F	15	11	11
R	15	6	4

M4 *Bau schwerer Kriegsschiffe.*

„... Flotte als Instrument"

Um die angestrebte Weltmachtstellung zu erreichen, sollte eine deutsche Kriegsflotte aufgebaut werden. Das notwendige Geld dafür wurde durch zusätzliche Steuern und einen eigens gegründeten Flottenverein bereitgestellt. Die Werbung für die Flotte war allgegenwärtig. Selbst in der Kindermode spiegelte sich die Marinebegeisterung wider. So waren Matrosenanzüge beliebte Kleidungsstücke, die Kinder aus allen Schichten der Bevölkerung trugen.

Das Flottenbauprogramm belastete jedoch das Verhältnis zwischen dem Kaiserreich und der Seemacht Großbritannien. Das britische Königreich wollte seine Überlegenheit bezüglich seiner Seestreitkräfte nicht verlieren und baute nun ebenfalls weitere Kriegsschiffe. So begann zwischen beiden Staaten ein Rüstungswettlauf.

M5 *„Wie sollen sie sich da die Hände geben?" Karikatur, 1912.*

Arbeitsaufträge

1. Interpretiere die Karikatur M1. Vergleiche den britischen und den deutschen Titel.
2. Beschreibe die Ziele imperialistischer Politik und erkläre, wie diese Politik begründet wurde.
3. Beschreibe, wie das Ausland die neue Politik Wilhelms II. bewertete. Gehe dabei auf M2 ein.
4. Beschreibe anhand von M3 und M4 die Entwicklung der Rüstungsausgaben. Nenne Gründe und Folgen der dargestellten Entwicklung.
5. Erkläre den Begriff „Rüstungswettlauf".
6. Interpretiere die Karikatur M5.
7. „Weltpolitik als Aufgabe, Weltmacht als Ziel, Flotte als Instrument." Erläutere, wie Wilhelm II. seine Aussage in der Praxis umsetzte.

Europäische Kolonialpolitik

i

British Empire: Britisches Weltreich. Ende des 19. Jahrhunderts gehörten etwa 1/4 der Landoberfläche der Erde und über 400 Millionen Menschen zum britischen Empire.

Großbritannien festigt sein „British Empire"

Seit den großen geografischen Entdeckungen des 15. und 16. Jahrhunderts gründeten europäische Staaten in Amerika, Afrika und Asien Kolonien. Durch Eroberung und Unterdrückung der Bevölkerung anderer Kontinente bauten sie in den Kolonien ihre wirtschaftliche und politische Herrschaft sowie ein ausgedehntes Handelsnetz auf. Wichtige Voraussetzung für den Erwerb von Kolonien war die Flotte. Mit dem Aufstieg Großbritanniens zur führenden Seemacht im 18. Jahrhundert begann sein Weg zur größten europäischen Weltmacht.

M1 *Krönungsfeierlichkeiten in Delhi aus Anlass der Ernennung der englischen Königin Victoria zur Kaiserin von Indien, 1877. Zeichnung von G. Amato, 1902.*

Indien, ein Kronjuwel

Die größte britische Kolonie war Indien. Bereits seit 1600 vertrat die Britisch-ostindische Handelsgesellschaft hier die Interessen der englischen Krone. Mit Geld, Geschenken, aber auch mit Betrug gelang es britischen Händlern, von indischen Fürsten große Ländereien zu erwerben. Da die indischen Fürsten weiterhin sehr prunkvoll leben konnten, überließen sie den Briten meist ohne Widerstand die Verwaltung des Landes. Bereits 1857 wurde das ganze Land direkt durch Großbritannien verwaltet. Die englische Königin Victoria nahm den Titel „Kaiserin von Indien" an. An der Spitze der britischen Verwaltung stand ein für fünf Jahre von der englischen Königin ernannter Vizekönig.

Rohstoffe aus Indien und billige Arbeitskräfte brachten Großbritannien gewaltige Gewinne. Zudem nutzte die britische Wirtschaft Indien als Absatzmarkt für seine Industriewaren. Die Kolonialherren planten zum Beispiel den Bau einer etwa 40 000 km langen Eisenbahnlinie. Indische Arbeiter mussten in Großbritannien hergestellte Schienen verlegen, auf denen später Eisenbahnen fuhren, die ebenfalls in Großbritannien gebaut worden waren.

Q1 *Lord Curzon, Vizekönig in Indien von 1898 bis 1905, beschrieb 1908 die Bedeutung Indiens für das Mutterland:*

Es ist ... klar, dass der Herr Indiens unter modernen Verhältnissen die größte Macht auf dem asiatischen Kontinent und damit ... in der Welt sein muss. Die Zentrallage Indiens, seine mächtigen Hilfsquellen, seine stets zunehmenden Menschenmassen, seine großen Handelshäfen, sein Vorrat an militärischer Kraft, die uns eine Armee liefert, die dauernd auf einem hohen Stand der Kriegsbereitschaft ist und jeden Augenblick nach irgendeinem Punkte Asiens oder Afrikas geworfen werden kann – all dies beweist unwiderleglich seinen überragenden Wert ...
Lassen Sie mich Ihnen vor Augen führen, was Indien England und dem Reiche darbietet: Seine Volksmasse liefert uns die Arbeitskräfte, um unsere Länder, die wir überall auf der Erdkugel besitzen, auszubeuten ... Unser Indien ist ein Hauptfeld für die Verwendung britischen Kapitals; denn es liefert uns im Überfluss das Rohmaterial für einen großen Teil unserer Industrie und bedeutende Mengen an Nahrungsmitteln ...

Schönbrunn; Das bürgerliche Zeitalter 1815–1914; München 1980, S. 659.

M2 *Weltweiter Kolonialbesitz um 1914.*

Eine neue Aufteilung der Welt

Um 1900 hatten die europäischen Mächte fast alle Gebiete Afrikas und weite Teile Asiens als Kolonien unter sich aufgeteilt. Um die Länder, die noch nicht zu Kolonialreichen gehörten (zum Beispiel. China, das Osmanische Reich, Marokko, Persien) stritten sie heftig.

Die Kolonien dienten nicht nur als billige Rohstoff- und Arbeitskräftelieferanten, sondern auch als Absatzmarkt für die Waren der *Mutterländer*. Die Industrialisierung hatte in den Mutterländern zu einem starken Anwachsen der Produktion geführt, sodass der europäische Markt bald gesättigt war. Für die Unternehmer wurde es immer schwieriger, die produzierten Waren zu verkaufen. Darum suchten sie neue Absatzmärkte in den Kolonien.

i

Mutterland: Die europäischen Kolonialmächte, die andere Gebiete erobert hatten und dort die politische, wirtschaftliche und militärische Herrschaft ausübten, bezeichneten sich als Mutterländer.

	Mutterland		Kolonien	
Staat	Einwohner in Mill.	Fläche in 1 000 km²	Einwohner in Mill.	Fläche in 1 000 km²
GB	45	314	425	35 000
F	40	536	60	11 000
D	66	543	12	3000
Ö/U	50	625	–	–

M3 *Kolonialbesitz um 1914.*

Arbeitsaufträge

1 Erkläre mit Hilfe von Q1, warum England Indien als Kronjuwel betrachtete.

2. Beschreibe M1 und erkläre die Bedeutung dieses Ereignisses.

3. Fasse anhand der Karte M2 den Kolonialbesitz der europäischen Großmächte in einer Tabelle zusammen.

4. Vergleiche mit Hilfe von M3 den Kolonialbesitz europäischer Staaten.

Deutschland als Kolonialmacht

Bismarck: „Mein Afrika liegt in Europa"

Da sich Bismarck mit seiner Außenpolitik auf Europa konzentrierte, spielte der Erwerb von Kolonien während seiner Amtszeit als Reichskanzler kaum eine Rolle. Abenteurer, Kaufleute und Forscher versuchten deshalb auf eigene Faust ihr Glück auf fremden Kontinenten. 1882 gründeten Vertreter von Banken und der Wirtschaft den deutschen Kolonialverein, um den Erwerb von deutschen Kolonien zu fördern. Sie hofften, den wirtschaftlichen Einbruch, den der Börsenkrach 1873 (S. 184/185) verursacht hatte, ausgleichen zu können. Zudem forderten sie, die Interessengebiete der deutschen Wirtschaft unter den Schutz des Reiches zu stellen.

Die Flagge folgt dem Handel

1883 erwarb der Bremer Tabak- und Waffenhändler Adolf Lüderitz von Häuptlingen afrikanischer Stämme eine Meeresbucht und das angrenzende Land an der Küste im Südwesten Afrikas. Der Preis für das Geschäft betrug 200 Gewehre und 100 englische Pfund. Deshalb erklärte das Deutsche Reich 1884 die von Kaufleuten aufgekauften Gebiete in Deutsch-Südwestafrika zu deutschen Schutzgebieten. Die ursprünglich privat erworbenen Gebiete standen so unter dem „Schutz" des Deutschen Reiches, das bedeutete, sie waren zu Kolonien des deutschen Reiches geworden.

Q1 *Der deutsche Arzt Ludwig Külz, der in Afrika lebte, erklärte die Gründe für den Erwerb von Kolonien:*

... Wozu wollen wir die Neger erziehen? ... Wir müssen uns zuvor zuerst eine zweite wichtige Frage stellen, aber ehrlich beantworten; das ist die: Weshalb haben wir überhaupt Kolonien erworben? Antwort: Getrieben vom Kampfe ums Dasein, vom Expansionstriebe der Rasse, welcher der heimische Boden zu eng wird, getrieben von dem Willen, dem Mutterland neue Quellen zuzuführen und neue Abflussgebiete zu verschaffen. Alle anderen Motive sind im Nachhinein hineingetragen worden, um dem nackten Kinde ein Mäntelchen umzuhängen ... Legen wir uns jetzt nochmals die Frage vor: Wozu sollen wir den Neger erziehen? Meine kurze und bündige Antwort lautet: zur Arbeit für uns.

Külz, L.: Blätter und Briefe eines Arztes aus dem tropischen Deutschafrika, 1906.

M1 *Kaiser Wilhelm II. Gemälde von Max Koner, 1890.*

Wilhelm II.: „Deutschlands Zukunft liegt auf dem Wasser"

Nach Bismarcks Entlassung 1890 wollte Kaiser Wilhelm II. mit Hilfe der Flotte auch auf anderen Kontinenten deutschen Einfluss geltend machen. Hatte Bismarck sich in seiner Außenpolitik überwiegend auf Europa konzentriert, strebte Wilhelm II. eine „Weltpolitik" an. Sein Leitspruch lautete: „Am deutschen Wesen soll die Welt genesen."

Als Zeichen der Macht eines Staates sah der Kaiser den Besitz von Kolonien. Die gewachsene wirtschaftliche Stärke Deutschlands ließ die Forderungen nach mehr weltpolitischem Einfluss des deutschen Kaiserreiches weiter wachsen. Der Kaiser nutzt jede Möglichkeit, um die neue deutsche Politik, wenn nötig auch mit Waffengewalt, zu demonstrieren.

Die Unterwerfung Chinas

Die europäischen Staaten, die USA und Japan versuchten, auch in China Einfluss zu gewinnen. China wurde von einem schwachen Kaiser regiert und war den imperialistischen Machten militärisch unterlegen. Sie nutzten diese Schwäche ohne Rücksicht aus und eigneten sich wichtige Handelsplätze an der Küste oder an großen Flüssen als „Vertragshäfen“ an.

1900 erhob sich die Bevölkerung in China, um den wachsenden Einfluss europäischer Staaten und Japans in ihrem Land zurückzudrängen. Dabei töteten die Aufständischen, die sogenannten *Boxer*, unter anderem den deutschen Gesandten in China. Zur Wiedergutmachung forderte Kaiser Wilhelm II. eine internationale Truppe unter deutscher Führung. Daraufhin entsendeten Großbritannien, Deutschland, Frankreich, Italien, Japan, Österreich-Ungarn, Russland und die USA gemeinsam eine „Vereinigte Armee der acht Staaten“. Nach blutigen Kämpfen wurde der Aufstand der Chinesen niedergeschlagen. China musste hohe Entschädigungen an die Sieger zahlen und eine weitere Einmischung in die Wirtschaft und Kultur des Landes dulden.

i

Boxer: Die „Faustkämpfer der Gerechtigkeit und Eintracht“ waren eine Geheimgesellschaft in China, die sich gegen fremde europäische Einflüsse in China richtete. Das Symbol der Organisation war eine erhobene Faust. Deshalb wurde sie von den Europäern Boxer genannt.

Q2 *Kaiser Wilhelm II. verabschiedete die deutschen Soldaten:*

2. Juli 1900

So sende Ich euch nun hinaus, um das Unrecht zu rächen und Ich werde nicht eher ruhen, als bis die deutsche Fahne siegreich über der chinesischen wehen und, auf den Mauern Pekings aufgepflanzt, den Chinesen den Frieden diktieren.

Nach: Klaußmann, O., Hrsg.: Kaiserreden, Leipzig 1902, S. 356.

27. Juli 1900

Ihr sollt rächen den Tod unseres Gesandten und so vieler, nicht nur Landsleute, auch anderer Europäer! Kommt ihr vor den Feind, so wird er geschlagen, Pardon wird nicht gegeben; Gefangene nicht gemacht. Wer euch in die Hände fällt, sei in eurer Hand. Wie vor tausend Jahren die Hunnen unter ihrem König Etzel (Attila) sich einen Namen gemacht, der sie noch jetzt in der Überlieferung gewaltig erscheinen lässt, so möge der Name Deutschland in China in einer solchen Weise bekannt werden, dass niemals wieder ein Chinese es wagt, etwa einen Deutschen auch nur schief anzusehen.

Nach: Historische Zeitschrift, Bd. 222, 1976, S. 350.

M2 *Die Großmächte teilen den chinesischen Kuchen auf. Französische Karikatur, 1898.*

Arbeitsaufträge

1. Beschreibe, wie Deutschlands seine ersten Kolonien in Afrika erwarb.
2. Erkläre die Gründe für den Erwerb von Kolonien mit Hilfe von Q1.
3. Beschreibe das Bild M1. Stelle das Gemälde als Standbild nach und erkläre, warum sich Wilhelm II. auf diese Weise darstellen ließ.
4. Erkläre die Bedeutung der Flotte für die deutsche Weltmachtpolitik.
5. Interpretiere die Karikatur M2.
6. Stelle dar, welches Vorgehen Wilhelm II. von den deutschen Soldaten in China verlangte. Bewerte diese Forderungen.
7. Bewerte das gemeinsame Handeln der Staaten bei der Entsendung der „Vereinigten Armee“ nach China.

Die Kolonie Deutsch-Südwestafrika

Deutsche Schutzgebiete

Das von Lüderitz erworbene Land an der Südwestküste Afrikas stand seit 1884 unter dem Schutz des Kaiserreiches. Die „Schutzherrschaft“ hatte für die einheimische Bevölkerung zuerst kaum Bedeutung. 1885 gab es drei Beamte, die die deutschen Interessen durchsetzen sollten. Als das Volk der Herero 1888 den für ihn unwichtigen „Schutz“ aufkündigen wollte, schickte das deutsche Kaiserreich 21 Soldaten nach Südwestafrika. Sie waren der Grundstein für die später etwa 15 000 Mann starke Schutztruppe.

Die deutschen Siedler eigneten sich weitere große Gebiete der Einheimischen an. Dabei nutzten sie die Konflikte zwischen verfeindeten Volksgruppen und spielten die afrikanische Bevölkerung gegeneinander aus. In sogenannten Schutzverträgen sicherte der deutsche Gouverneur den Häuptlingen einzelner Stämme seine Unterstützung bei Stammesrivalitäten zu. Als Gegenleistung sollten diese dafür sorgen, dass sich die einheimische Bevölkerung nicht gegen die Kolonialherren erhob.

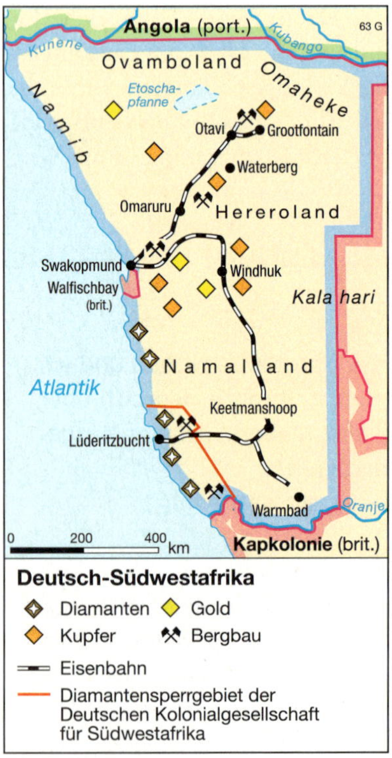

M1 *Die Kolonie Deutsch-Südwestafrika.*

Der Hereroaufstand

Die Herero waren mit etwa 80 000 Menschen das größte Volk in Deutsch-Südwestafrika. Als Nomaden zogen sie mit ihrem Vieh durch das Land. Das beste Land der Herero gehörte inzwischen den deutschen Siedlern, die es aufgekauft hatten. Nach den Sitten der Afrikaner war aber ein Verkauf von Land nicht möglich. Dieser Konflikt wurde verstärkt durch Übergriffe deutscher Siedler auf Frauen und Kinder sowie auf das Eigentum der Herero. Die Unterdrückung der Menschen wurde immer unerträglicher. Die Situation der Herero verschlechterte sich noch mehr, als die deutschen Siedler eine Bahnlinie von der Küste zu Kupferminen im Norden des Landes bauten. Die Schienenwege schnitten die Viehherden von den traditionellen Wasserlöchern ab, sodass die Herero einer weiteren Lebensgrundlage beraubt waren.

1904 erhoben sich die Herero. Sie besetzten ihr traditionelles Siedlungsgebiet und töteten deutsche Siedler.

Q1 *Ein Herero berichtete über die Ursachen des Aufstandes:*

Der Krieg ist von ganz kleinen Dingen gekommen und hätte nicht zu kommen brauchen. Einmal waren es die Kaufleute mit ihrem schrecklichen *Wucher* und eigenmächtigen und gewaltsamen Eintreiben. Für 1 sh (Schilling) Schuld wollten sie nach Jahresfrist 5 sh und für ein Pfund nach 12 Monaten 5 Pfund Zinsen haben, und wer nicht zahlen wollte oder konnte, den verfolgten sie und plagten sie. Dann ist es der Branntwein gewesen, der die Leute schlecht und gewissenlos gemacht hat ... Aber das schlimmste Übel ist ... die Vergewaltigung unserer Frauen durch Weiße. Manche Männer sind totgeschossen worden wie Hunde, wenn sie sich weigerten, ihre Frauen und Töchter preiszugeben und drohten, sie mit der Waffe in der Hand zu verteidigen. Wären solche Dinge nicht geschehen, wäre kein Krieg gekommen ...

Missionar Neitz, J.: Die Herero betreffend. Reise zu Samuel Herero. 1907.

i

Wucher: wenn der Preis einer Ware wesentlich höher ist als ihr eigentlicher Wert.

Bei der Niederschlagung dieses Aufstandes gingen die deutschen Schutztruppen mit großer Grausamkeit vor. Sie kreisten etwa 50 000 Herero ein und trieben sie in die Sandwüste. Die Schutztruppen blockierten alle Zugänge zu Wasserstellen und schossen jeden nieder, der fliehen wollte. 75 – 80 % der Herero wurden ermordet oder verdursteten in der Wüste. Nur ⅔ der Herero überlebten. Ihr Eigentum ging in den Besitz des Deutschen Reiches über. Die deutsche Kolonialbehörde erhöhte nach der Niederschlagung des Aufstandes den Druck auf die Herero. Sie durften kein Land mehr erwerben, mussten sich einem Arbeitszwang unterwerfen und registrieren lassen.

M2 *„Gefallene 2 Offiziere und 12 Mann, 23 Verwundete … Donnerwetter, das ist zuviel auf einmal, das wollen wir auf drei Telegramme verteilen." Karikatur, 1905.*

M3 *Überlebende Herero vor dem Marsch in die Zwangsarbeit. Foto, 1907.*

Q2 *Eine amtliche Darstellung des deutschen Generalstabes:*

> Keine Mühen, keine Entbehrungen wurden gescheut, um dem Feinde den letzten Rest seiner Widerstandskraft zu rauben; wie ein halb zu Tode gehetztes Wild war er von Wasserstelle zu Wasserstelle gescheucht, bis er schließlich willenlos, ein Opfer der Natur seines eigenen Landes wurde. Die wasserlose Omaheke (Wüste) sollte vollenden, was die deutschen Waffen begonnen hatten: die Vernichtung des Hererovolkes ... Das Röcheln der Sterbenden und das Wutgeschrei des Wahnsinns ... sie verhallten in der erhabenen Stille der Unendlichkeit! Das Strafgericht hatte ein Ende gefunden. Die Hereros hatten aufgehört, ein selbstständiger Volksstamm zu sein.
>
> Die Kämpfe der Deutschen Truppen in Südwestafrika, Berlin 1906, S. 211 – 218.

Arbeitsaufträge

1. Diskutiert die Bedeutung des Begriffs Schutz in der deutschen Kolonialpolitik.
2. Nenne die Ursachen für den Hereroaufstand. Nutze auch Q1.
3. Bewerte das Vorgehen des Deutschen Reiches in seinen Kolonien.
4. Analysiere Q2. Bewerte die Art und Weise der Darstellung.
5. Informiere dich über die Geschichte der ehemaligen Kolonie Deutsch-Südwestafrika bis zur Gegenwart. Gestalte einen Steckbrief für dieses Land.

Der Weg in den Krieg

Die europäischen Bündnissysteme

Die Außenpolitik Wilhelms II. führte dazu, dass sich neue Bündnisse in Europa bildeten. Nachdem der deutsche Kaiser den Rückversicherungsvertrag mit Russland 1890 nicht verlängerte, wandte sich Russland Frankreich zu. Die von Bismarck gefürchtete Situation einer Bedrohung Deutschlands an zwei Fronten wurde mit einem Bündnis zwischen Russland und Frankreich Realität. Die Aufrüstungspolitik des Deutschen Reiches und der Anspruch, führende Seemacht zu werden, veranlasste die anderen europäischen Mächte, neue Bündnisse zu schließen.

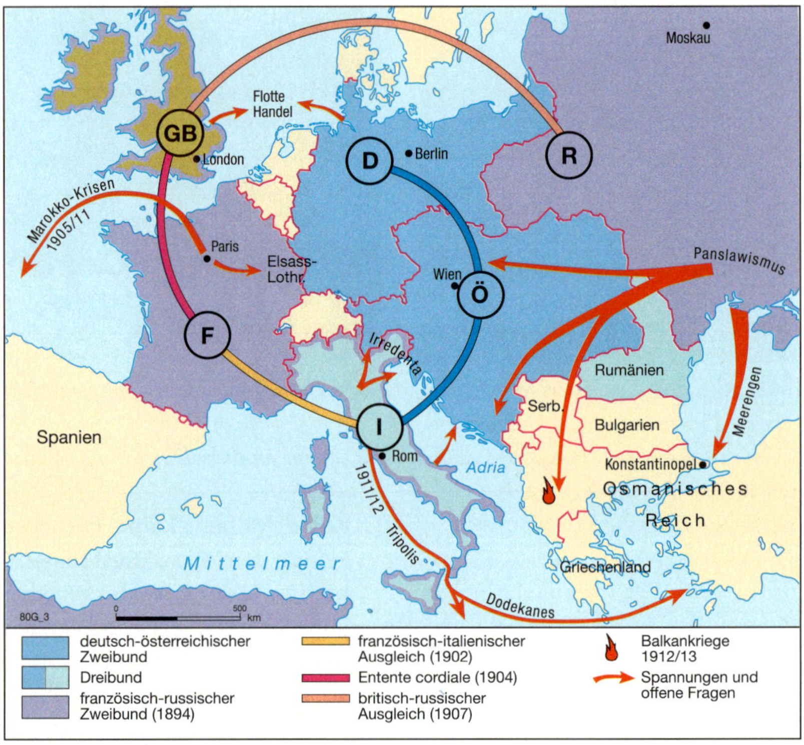

M1 *Europäische Bündnissysteme vor dem 1. Weltkrieg.*

Der Balkan wird zum Pulverfass

Das Osmanische Reich wurde zu Beginn des 20. Jahrhunderts von einem absolutistisch herrschenden Sultan regiert. 1908 erhoben sich die verschiedenen Völker gegen den Sultan. Diese Krisensituation nutzte Österreich-Ungarn und gliederte Bosnien und Herzegowina in sein Territorium ein. Diese Entwicklung war für Russland, das auch Herrschaftsansprüche auf dem Balkan verfolgte, nur schwer zu akzeptieren. Deshalb unterstützte Russland den Bund der Balkanstaaten Serbien, Montenegro, Bulgarien und das Königreich Griechenland beim Kampf um die Unabhängigkeit. Von Russland ermutigt, wollte Serbien die Vereinigung aller Südslawen in einem Staat unter serbischer Führung. Der Balkan, auf dem die Interessen Österreich-Ungarns und Russlands zusammenstießen, war zu einem Krisenherd geworden, von dem jederzeit ein Krieg ausgehen konnte.

M2 *„The Boiling Point" (Der Siedepunkt). Britische Karikatur, 1908.*

(M3) *Die politische Situation auf dem Balkan 1908.*

(M4) *Die politische Situation auf dem Balkan 1913.*

Zwei Schüsse – Millionen Tote

Als der österreichische Thronfolger Franz Ferdinand und seine Frau 1914 die Stadt Sarajewo in Bosnien besuchten, wurden sie Opfer eines Attentats. Ein serbischer Nationalist, der forderte, die serbischen Teile Bosniens dem Serbischen Reich anzuschließen, wollte mit seiner Tat ein Zeichen für die Gründung eines eigenständigen serbischen Nationalstaates setzen.

Die Menschen in Österreich-Ungarn waren empört über die Tat. In Wien wurde ein militärisches Vorgehen gegen Serbien gefordert. Nachdem das Deutsche Reich Österreich-Ungarn unbedingte Bündnistreue für jeden Fall zugesichert hatte, stellte die Regierung in Wien an Serbien ein nur schwer annehmbares Ultimatum. Dadurch fühlte sich Russland herausgefordert und beschloss, seinen Einfluss auf dem Balkan zu sichern.

Serbien nahm die meisten Forderungen des österreichischen Ultimatums an, lehnte aber die Teilnahme österreichischer Beamter an der Suche nach Verschwörern als Eingriff in die Staatsangelegenheiten ab. Daraufhin erklärte Österreich am 28. Juli 1914 Serbien den Krieg. Zwei Tage später folgte die Mobilmachung in Russland und in Österreich-Ungarn.

(Q1) *Der deutsche Botschafter in St. Petersburg an das Auswärtige Amt:*

25. Juli 1914: … Die Truppenübungen … wurden heute plötzlich abgebrochen, die Regimenter kehrten sofort in ihre Garnisonen zurück; Manöver wurden abgesagt, die Kriegsschüler wurden heute zu Offizieren befördert statt im Herbst. Im Hauptquartier herrscht große Erregung über das Vorgehen Österreichs, habe den Eindruck, dass man Vorbereitungen zur Mobilmachung gegen Österreich trifft.
26. Juli 1914: … Russland liege nichts ferner, als Krieg … Es sei vielmehr bereit, alle Mittel zu erschöpfen, um denselben zu vermeiden … Russland bitte uns dringend, dabei zu helfen, eine Brücke zu finden, um einerseits den österreichischen Forderungen Genüge zu tun und andererseits die serbische Eigenständigkeit zu wahren.
27. Juli 1914: … Russland wolle die Hoffnung nicht aufgeben und bittet um unsere Mitwirkung. Es müsse sich ein Weg finden lassen.

Nach: Geschichte in Quellen. Band V, S. 25f.

Da alle europäischen Mächte in Bündnissysteme eingebunden waren, mussten diese nun ihren vertraglichen Verpflichtungen nachkommen: Das deutsche Kaiserreich und Italien unterstützten Österreich-Ungarn, England und Frankreich traten an der Seite Russlands in den Krieg ein. Mit der *Mobilmachung* begann ein Krieg, der sich auf ganz Europa ausweitete.

i

Mobilmachung: Maßnahmen, um die Streitkräfte eines Landes für den Kriegsfall bereit zu machen; zum Beispiel: Einberufung aller Wehrpflichtigen, erhöhte Alarmbereitschaft, Inmarschsetzen von Truppen.

Arbeitsaufträge

1. Beschreibe die Konflikte auf dem Balkan. Beziehe M1 ein.
2. Nenne mit Hilfe von M3 und M4 neue Staaten, die aus dem Osmanischen Reich hervorgegangen sind.
3. Erkläre die Gründe und Folgen des Attentats von Sarajewo.
4. Interpretiere die Karikatur M2. Erkläre den Begriff „Pulverfass".
5. Diskutiert Möglichkeiten, zur Lösung des Konfliktes nach dem Attentat von Sarajewo.

Hurra, es ist Krieg!

In einer kurzen Rede wandte sich Wilhelm II. am 1. August 1914, dem Tag der Mobilmachung, an die Bevölkerung, die jubelnd und patriotische Lieder singend vor dem Berliner Schloss wartete. Kurze Zeit nach seinem Auftritt erklärte das Deutsche Reich Russland den Krieg.

M1 *Ansprache von Kaiser Wilhelm II. vom Balkon des Stadtschlosses am 1. August 1914. Gemälde von Fritz Genutat.*

M2 *Wilhelm II.: „Ich kenne keine Parteien mehr, kenne nur noch Deutsche!" Postkarte, 1914.*

Q1 *Aus der Ansprache Wilhelms II. vom 1. August 1914:*

Ich danke euch für alle Liebe und Treue, die ihr Mir in diesen Tagen erwiesen habt ... Kommt es zum Kampf, so hören alle Parteien auf! Auch Mich hat die eine oder die andere Partei wohl angegriffen. Das war in Friedenszeiten. Ich verzeihe es heute von ganzem Herzen! Ich kenne keine Parteien und auch keine Konfessionen mehr; wir sind heute alle deutsche Brüder und nur noch deutsche Brüder. Will unser Nachbar es nicht anders, gönnt er uns den Frieden nicht, so hoffe Ich zu Gott, dass unser gutes deutsches Schwert siegreich aus diesem schweren Kampfe hervorgeht.

Kriegs-Rundschau, Bd. 1, S. 43.

Q2 *Am 6. August 1814 hielt Wilhelm II. eine weitere Ansprache:*

... Man verlangt, dass wir mit verschränkten Armen zusehen, wie unsere Feinde sich zu tückischem Überfall rüsten. Man will nicht dulden, dass wir in entschlossener Treue zu unserem Bundesgenossen stehen, der um sein Ansehen als Großmacht kämpft und mit dessen Erniedrigung auch unsere Macht und Ehre verloren ist. Es muss denn das Schwert nun entscheiden. Mitten im Frieden überfällt uns der Feind. Darum auf zu Waffen! Jedes Schwanken, jedes Zögern wäre Verrat am Vaterlande. ... Wir werden uns wehren bis zum letzten Hauch von Mann und Ross. Und wir werden diesen Kampf bestehen, auch gegen eine Welt von Feinden ...

http://www.dra.de/online/dokument/2006/november.html

M3 *Verlegung deutscher Truppen an die Westfront. Foto, 1914.*

Tipp:
Der Schriftsteller Erich Maria Remarque schrieb einen Roman über den Ersten Weltkrieg. In seinem Werk „Im Westen nichts Neues" schildert er den Krieg aus der Sicht eines einfachen Soldaten. Angetrieben von den patriotischen Reden eines Lehrers, meldet sich die Hauptfigur Paul zusammen mit der gesamten Schulklasse freiwillig für den Kriegsdienst. Das Buch erschien erstmals 1929 und wurde noch im selben Jahr in 26 Sprachen übersetzt.

M4 *Verabschiedung französischer Truppen an die Front. Foto, 1914.*

Arbeitsaufträge

1. Erkläre mit Hilfe von M1 und Q1 die Haltung der Menschen zur Mobilmachung.
2. Erkläre, wie Wilhelm II. in Q2 den Kriegsbeginn rechtfertigte.
3. Beschreibe das Bild M2 und erkläre das Ziel dieser Postkarte.
4. Beschreibe anhand von M3 und M4 die Stimmung der Menschen in Europa nach Kriegsbeginn.
5. Diskutiert, ob der Krieg hätte verhindert werden können.
6. Stelle aus dem Buchtipp eine Szene vor, die die Kriegsbegeisterung von 1914 besonders verdeutlicht.

Dreibundstaaten	Ententemächte
Deutsches Reich – Sicherung des Deutschen Reiches nach Westen und Osten – Wirtschaftliche, militärische und politische Kontrolle belgischer und französischer (Industrie)Gebiete – Schaffung eines europäischen Wirtschaftsgebietes unter deutscher Herrschaft – Deutsche Vorherrschaft in Europa – Erwerb weiterer Kolonien und damit Aufbau der Weltherrschaft – Seemacht **Österreich-Ungarn** – Durchsetzung der Interessen auf dem Balkan gegen Russland – Sieg über Serbien – Erhalt der Macht im Vielvölkerstaat **Italien** – Erhalt der Macht in besetzten Gebieten	**Frankreich** – Hauptziel: Rückgewinnung Elsass-Lothringens – Revanche für Niederlage im Deutsch-Französischen Krieg 1871 – gegen eine Vormachtstelllung Deutschlands in Europa **Großbritannien** – Sicherung der Weltmachtstellung – Schutz seines Kolonialreiches – Erhaltung der Vorherrschaft als Seemacht – Keine territorialen Ansprüche in Europa – Ausschaltung Deutschlands als Wirtschaftsmacht **Russland** – Einfluss auf dem Balkan – Abtretung deutscher Gebiete auf der Basis des Nationalitätenprinzips und Angliederung an Russland (Oberschlesien, Königreich Polen, Teile von Ostpreußen)

1241G

M1 *Die Kriegsziele der europäischen Staaten.*

Kriegsziele der europäischen Staaten

M2 *Angriffsplan Deutschlands nach Albert von Schlieffen.*

Der Schlieffenplan gegen den „deutschen Albtraum"

Auch nach der Kanzlerschaft Bismarcks war die Angst vor einem Zweifrontenkrieg in Deutschland bei Politikern und Militärs allgegenwärtig. Um dieser Gefahr zuvorzukommen, entwickelte der Generalfeldmarschall Albert von Schlieffen 1905 einen Angriffsplan für einen *Blitzkrieg*, der einen Krieg an zwei Fronten verhindern sollte.

Zuerst sollte Frankreich mit einem Überraschungsangriff besiegt werden. Um die starken Grenzbefestigungen an der französischen Ostgrenze zu umgehen, plante das deutsche Kaiserreich, Frankreich im Norden anzugreifen und dafür durch die neutralen Staaten Luxemburg und Belgien zu marschieren. Dass Deutschland durch diesen Schritt das Völkerrecht brechen und die Gunst neutraler Staaten verspielen würde, nahm die Militärführung in Kauf. Denn um zeitgleiche Kämpfe an zwei Fronten zu verhindern, war ein schneller Sieg über Frankreich eine wesentliche Voraussetzung. Erst dann konnten die deutschen Truppen an die Ostgrenze verlegt werden, um gegen Russland zu kämpfen.

Eine weitere Bedingung des Schlieffenplans war eine langsame Mobilmachung in Russland. Nur bei einem verzögerten Eintreffen der russischen Truppen an der Ostfront konnte der Schlieffenplan gelingen.

i

Blitzkrieg: schnell gewonnener Krieg.
Bewegungskrieg: schneller Vormarsch von Soldaten und damit verbunden große Gebietsgewinne für eine Krieg führende Macht.
Stellungskrieg: lang andauernde Kampfhandlungen an einem Ort, bei der keine Armee deutliche Gebietsgewinne erzielen kann.

Der Krieg beginnt

Am 1. August 1914 hatte das Deutsche Reich Russland den Krieg erklärt. Einen Tag später überschritten deutsche Soldaten die Grenze im Westen. Sie besetzten das neutrale Luxemburg, marschierten danach im ebenfalls neutralen Belgien ein und erklärten Frankreich am 3. August den Krieg.

Der Schlieffenplan schien zunächst zum Erfolg zu führen. Schnell marschierten deutsche Soldaten in Frankreich ein und hatten Ende September 1914 beinahe Paris erreicht. Dieser schnelle Erfolg des *Bewegungskrieges* endete jedoch mit einer blutigen Schlacht an der Marne östlich von Paris. Der deutsche Vormarsch kam zum Stehen. Die deutschen Truppen mussten sich teilweise zurückziehen. In Schützengräben versuchten sie, den vorrückenden Gegner aufzuhalten.

Die Front war auf einer Länge von etwa 750 km in einem *Stellungskrieg* erstarrt. Alle Versuche, durch Angriffe Bewegung in die verfestigte Front zu bringen, scheiterten blutig. Die Soldaten mussten sich in Schützengräben verschanzen, um den Vormarsch der Franzosen aufzuhalten. Wider Erwarten griffen auch die russischen Truppen schnell an der Ostgrenze an. Der Albtraum hatte sich bestätigt. Deutschland musste im Westen und Osten gleichzeitig gegen die Verbündeten der Entente kämpfen. Der erhoffte Blitzkrieg entwickelte sich zu einem langen Stellungskrieg, der in seiner Grausamkeit bisherige Kriege bei Weitem übertraf.

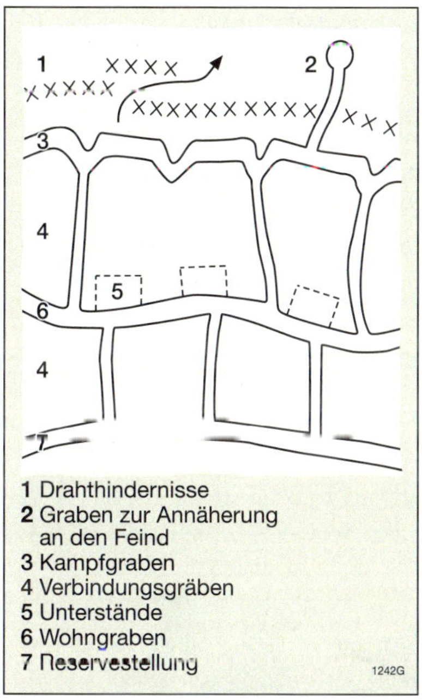

M3 *Schützengrabensystem im Stellungskrieg.*

M4 *Gefallene deutsche Soldaten an der Marne. Foto, 1914.*

Arbeitsaufträge

1. Beschreibe und bewerte die Kriegsziele der Dreibundstaaten und der Entente.
2. Erläutere mit Hilfe von M2 den deutschen Angriffsplan.
3. Erkläre die Begriffe Blitzkrieg und Stellungskrieg. Nutze dabei M3.
4. Beschreibe das Bild M4 und ordne es dem Begriff Blitz- oder Stellungskrieg zu. Begründe!

Meinungen werden gemacht

i

Friedensnobelpreis: Dieser Preis ist eine Auszeichnung für besondere Verdienste in der Friedensarbeit. Er wurde von dem schwedischen Erfinder und Industriellen Alfred Nobel gestiftet. Diese Auszeichnung wird seit 1901 jedes Jahr am Todestag Alfred Nobels, dem 10. Dezember, in Oslo verliehen.

Gegen den Krieg

Seit Mitte des 19. Jahrhunderts gab es in Europa Friedensvereine, die für Abrüstung und die friedliche Klärung internationaler Konflikte eintraten. Aufsehen erregte der 1889 erschienene Roman „Die Waffen nieder“ der österreichischen Schriftstellerin Bertha von Suttner. Das Buch wurde in fast alle europäischen Sprachen übersetzt. Bertha von Suttner nahm an verschiedenen Friedenskonferenzen teil und setzte sich dafür ein, internationale Konflikte friedlich zu lösen. 1905 erhielt sie als erste Frau den *Friedensnobelpreis*.

Vertreter europäischer und nichteuropäischer Staaten trafen sich 1899 und 1907 zu Friedenskonferenzen, die aber wenig Erfolg hatten. Als Ergebnis wurden lediglich Regeln für die Kriegführung sowie für die Behandlung von Kriegsgefangenen verabschiedet. Auch die europäischen Arbeiterparteien setzten sich mit der wachsenden Kriegsgefahr auseinander. 1907 und 1912 fanden Kongresse statt, auf denen sie über die Kriegsgefahr diskutierten. Die Überzeugung, dass besonders die Arbeiter große Opfer in einem Krieg bringen würden, führte dazu, dass die SPD die Politik des Kaisers im Reichtag öffentlich kritisierte.

Q1 *Auf dem 1907 in Stuttgart stattfindenden Kongress der internationalen Arbeiterparteien wurde ein Aufruf gegen den Krieg verabschiedet:*

Droht der Ausbruch eines Krieges, so sind die arbeitenden Klassen und deren parlamentarische Vertretung in den beteiligten Ländern verpflichtet, … alles aufzubieten, um … den Ausbruch des Krieges zu verhindern. Falls der Krieg dennoch ausbrechen sollte, ist es die Pflicht, für dessen rasche Beendigung einzutreten, und … die Beseitigung der kapitalistischen Klassenherrschaft zu beschleunigen.

Antikriegsresolution der II. Internationale 1907, S. 23f.

M1 *Postkarte der konservativen Zentrumspartei zu den Reichstagswahlen 1912.*

Für den Krieg

Die Stimmen gegen einen Krieg blieben häufig unbeachtet. Die Stimmung in Deutschland, Österreich-Ungarn, Großbritannien und Frankreich war von Kriegsbegeisterung und Siegeszuversicht geprägt. Die Menschen glaubten, sie würden für eine gerechte Sache kämpfen und der Krieg sei schnell vorbei. Diese Meinung wurde oft durch *Propaganda* unterstützt.

i
Propaganda: meist politische Beeinflussung der öffentlichen Meinung durch Wort, Bild und Schrift.

M2 *Überschriften im Hintergrund von links nach rechts: Japan, Ägypten, Serbien, Montenegro, Bulgarien. Propagandapostkarte aus Deutschland, 1914.*

M3 *„La triple détente" (Die dreifache Entspannung). Französische Bildpostkarte, 1914.*

Tipp:
Eine große Auswahl von Propagandapostkarten findest du unter: www.ww1-propaganda-cards.com

Arbeitsaufträge

1. Nenne Kräfte der Friedensbewegung und erkläre, wie sich diese für die Sicherung des Friedens einsetzten. Beziehe Q1 ein.
2. Interpretiere die Karikatur M1.
3. Interpretiere und vergleiche die Postkarten M2 und M3.
4. Informiere dich über Alfred Nobel und den Friedensnobelpreis. Stelle eine/en Friedensnobelpreisträger/in deiner Wahl vor.

PROJEKT

Feldpostbriefe zeigen das Gesicht des Krieges

Briefe von der Front waren die einzige Verbindung zwischen den Soldaten und ihren Angehörigen in der Heimat. In ihnen spiegeln sich die Gedanken, Ängste und Hoffnungen des Verfassers wider, die er einer vertrauten Person mitteilt. Der besondere Wert dieser Briefe besteht darin, dass wir genau erfahren können, wer der Verfasser und wer der Empfänger war.

Tipp:
Unter http://www.dradio.de/dlf/sendungen/feldpost/download.html sind verschieden Feldpostbriefe veröffentlicht.

Q1 *Feldpostbrief von Karl Josenhans aus Tübingen, geb. am 4. Oktober 1892, gefallen am 29. Januar 1915 in Ostfrankreich:*

9. November 1914: Wir kamen in die neu erstürmte Stellung, da lagen vor und hinter dem Graben noch einige Tote. Ich selbst habe zwei Franzosen und drei deutsche Soldaten beerdigen lassen und die Briefschaften abgenommen. Da findet man die Briefe von zu Hause; einem katholischen Landwehrmann schrieb seine Mutter alle möglichen Gebete, die besonders wirksam seien, sie hoffe bestimmt auf das Wiedersehen. Und dann viele französische Briefe ... Einem schrieb seine Schwester, dass sie ihm ... Schokolade schicke. Außerdem will sie ihm Handschuhe schicken ... und eine Kapuze gegen den Regen. Alles wie bei uns, und wenn man das liest, vergeht einem der letzte Funken von Hass gegen die Franzosen, falls ein solcher überhaupt noch da sein sollte ...

Witkop, P. (Hrsg): Kriegsbriefe gefallener Studenten, München 1928, S. 32f.

Q2 *Feldpostbriefe von Friedrich Georg Steinbrecher, geb. 3. Mai 1892 in Dresden, gefallen 19. April 1917 in der Champagne:*

13. März 1916 vor Pontavert: Rundgang durch die erbeutete Stellung ... Wie umgepflügt alles. Eingeschlagene Unterstände. Weite Granattrichter. Baum- und Kleiderfetzen, Leichen, Munition, Gewehre, Tornister. Ein Feld, ein Wald des Grauens.
14. März: Ein schwerer Dienst: Munition und Material vorschaffen. Gasgranaten verpesten die Luft. Leute werden verschüttet. Nachts kann immer nur die Hälfte schlafen. Die anderen sitzen oder stehen. Ich haben vier Tage die Latrine verkniffen, dann muss es gewagt werden. Die Nerven sind ziemlich mitgenommen ...
15. März: Alle Gänge müssen im Laufschritt gemacht werden. Jedes Essenholen ist eine Heldentat, ... Ablösung tut bitter Not ...

Witkop, P. (Hrsg): Kriegsbriefe gefallener Studenten, München 1928, S. 284.

Q3 *Feldpostbrief von Otto Brian, geb. 12. Februar 1898 in Mosbach, gefallen Anfang November 1918 bei Dun an der Maas:*

27. Oktober 1918, Westfront: Hoffentlich kommt bald der Waffenstillstand, auf den wir hier stündlich warten. Denn das ist kein ehrlicher Krieg und Kampf mehr. Und wenn die Herrn in der Heimat, die immer noch weiter Krieg führen wollen, wüssten, wie es hier aussieht und wie es zugeht, in welcher Verfassung unsere Soldaten sind, dann würden sie nicht solche Phrasen fabrizieren. Ich wünsche solche Leute nur ein paar Tage raus zu uns.

Witkop, P. (Hrsg): Kriegsbriefe gefallener Studenten, München 1928, S. 348

Arbeitsaufträge

1. Diskutiert, welche Haltung die einzelnen Schreiber zum Krieg hatten.
2. Untersuche, ob sich die Grundgedanken der Briefschreiber im Verlauf des Krieges änderten.
3. Formuliert aus zeitgenössischer und aus aktueller Sicht eine Antwort auf einen Feldpostbrief.
4. Illustriere den Inhalt eines Briefes mit Bildern und gestaltet eine Ausstellung zum Thema „Gesichter des Krieges".

1871: Reichsgründung

1878 – 1890: Sozialistengesetz

1883/1884: Erste Sozialgesetze

1890: Ein neuer Kurs unter Wilhelm II.: Deutscher Imperialismus

1904/1905: Aufstand der Herero

28. 6. 1914: Attentat in Sarajewo

1914 – 1918: Erster Weltkrieg

1860 | 1880 | 1900 | 1920

IN KÜRZE

Wichtige Begriffe:

Verfassung
Reichskanzler
Kulturkampf
Sozialgesetzgebung
Sozialdemokratie
Sozialistengesetz
Imperialismus
Dreibund
Entente
Kolonialismus, Kolonie

Mit der Bildung des deutschen *Kaiserreiches* war 1871 ein einheitlicher deutscher Nationalstaat entstanden. Die Verfassung sicherte dem vom Kaiser ernannten *Reichskanzler* Bismarck weitreichende Befugnisse zu. Vermeintliche Feinde bekämpfte Bismarck hart. Um die sich entwickelnde Arbeiterbewegung zu unterdrücken, erließ er 1878 das *Sozialistengesetz*. Gleichzeitig versuchte er, die Arbeiter für das Deutsche Reich zu gewinnen und führte 1883 die ersten *Sozialgesetze* ein. Obwohl das Bürgertum wirtschaftlich erstarkte und sich die Zahl der Arbeiter schnell vergrößerte, bestimmten Adel und Militär weiter das gesellschaftliche Leben.

Bis 1890 prägte Otto von Bismarck die *deutsche Außenpolitik*. Dabei wollte er durch Bündnisse mit anderen europäischen Staaten ein politisches Gleichgewicht schaffen und den Erzrivalen Frankreich politisch isolieren. Mit dem Regierungsantritt Wilhelms II. zerfielen diese Bündnisse. Zudem beteiligte sich Deutschland am *imperialistischen Weltmachtstreben*. Am Ende des 19. Jahrhunderts teilten die Großmächte fast die gesamte Welt in *Kolonien* oder Einflussgebiete auf.

Im Zentrum des Interesses der europäischen Staaten stand der Balkan. Hier prallten die Interessen von Russland und Österreich-Ungarn und damit der großen europäischen Bündnisse *Dreibund* und *Entente* direkt aufeinander. Die Bereitschaft zu einem Krieg wuchs. Das Attentat von Sarajewo im Juni 1914 bot den Anlass, einen Krieg zu beginnen. Dieser Krieg weitete sich zum ersten weltweit geführten Krieg der Geschichte aus.

Längsschnitt: Geschichte der Arbeit

Arbeit: Lebensunterhalt, Beschäftigung – oder das, was das Leben ausmacht?

Seit Beginn der Menschheit mussten sich die Menschen an ihre Umwelt anpassen. Die Bedürfnisse nach Nahrung, Schutz und sozialer Anerkennung waren die Triebkraft der Menschen zu arbeiten. Der Wunsch und die Notwendigkeit, die Umwelt zu beherrschen, führten dazu, dass sich die Arbeit selbst und die Haltung der Menschen zur Arbeit im Laufe der Zeit veränderte.

Arbeit ist die planmäßige Tätigkeit des Menschen, um materielle Güter herzustellen, geistige Erzeugnisse zu schaffen oder Dienstleistungen für andere Menschen zu erbringen. Die Erträge der Arbeit sichern den Lebensunterhalt des Menschen.

Ohne Arbeit kein Überleben

Die Menschen in der Steinzeit konnten nur überleben, wenn sie ihre Nahrung selbst beschafften. Die Männer einer Horde jagten Tiere, die sie mit einfachen Hilfsmitteln erlegen konnten. Frauen, Kinder und Alte sammelten Wurzeln, Früchte oder kleine Insekten. Alle machten die *Arbeit*, zu der sie aufgrund ihrer natürlichen körperlichen Voraussetzungen am besten geeignet waren.

Solange die Menschen in der Steinzeit mit Erfolg jagten und sammelten, konnten sie überleben. Wer keine Nahrung beschaffen konnte, musste verhungern, da die anderen selbst kaum genug Nahrung zum Überleben hatten.

Ackerbau und Viehzucht machen mehr Menschen satt

Als sich Ackerbau und Viehzucht durchsetzten, wurden die Menschen sesshaft. Neue Arbeitstechniken machten die Nahrungsbeschaffung leichter und sicherer. Bei der Feldarbeit setzten die Menschen Tiere ein. Statt mit einfachen Stäben oder Spaten bearbeiteten sie den Boden jetzt mit Pflügen und sammelten Erfahrungen mit dem Getreideanbau, sodass die Erträge stiegen. Dadurch konnten mehr Menschen ernährt werden.

Um die Nahrung aufzubewahren, brauchten die Menschen Vorratsgefäße, um Häuser zu bauen, benötigten sie Werkzeuge, und um aus der Wolle der Schafe Stoffe für Kleidung herzustellen, musste die Technik des Spinnens und Webens entwickelt werden. Die Menschen der Jungsteinzeit, die bisher nur als Bauern arbeiteten, entwickelten daher verschiedene handwerkliche Arbeiten und konnten so ihre Lebensbedingungen weiter verbessern.

Mehr Arbeitsteilung bingt neue Berufe hervor

Die Metallzeit brachte weitere Veränderungen mit sich. Die Herstellung von Bronzegegenständen verlangte besondere Kenntnisse und Fertigkeiten. Mit der Herstellung von Eisen konnten die Menschen dann Geräte herstellen, die besonders haltbar und für schwere Arbeiten geeignet waren. Um das Erz aus dem Boden zu schlagen, Holzkohle zu gewinnen, das Erz zu schmelzen und weiter zu verarbeiten, waren viele verschiedene Spezialisten erforderlich. Außer Bauern gab es jetzt auch Bergarbeiter, Köhler, Schmiede oder Metallgießer.

Durch die Arbeitsteilung entstanden neue Berufe. Die Menschen tauschten Produkte, die sie hergestellt hatten, untereinander und gegen Nahrungsmittel aus. Das konnte nur funktionieren, weil die Bauern mehr produzieren konnten, als sie selbst zum Überleben brauchten.

Arbeitsaufträge

1. Wähle ein Teilbild der Collage aus, beschreibe es und ordne es in den zeitlichen Zusammenhang ein.
2. Erkläre mit Hilfe des Textes die Begriffe Arbeitsteilung, Spezialisierung und Arbeitsproduktivität.
3. Beschreibe den Zusammenhang zwischen Arbeitsteilung, Spezialisierung und Arbeitsproduktivität.
4. „Arbeiten, um zu leben!“ oder „Leben, um zu arbeiten!“? Begründe, welcher Aussage du zustimmst.

Arbeit im Mittelalter

M1 *Arbeitsteilung zwischen Mann und Frau auf einem Bauernhof. Miniatur von Simon Bening, um 1515.*

Strafe oder Pflicht

„Im Schweiße deines Angesichts wirst du Brot essen." Mit diesen Worten soll Gott Adam und Eva zur Strafe aus dem Paradies vertrieben haben (Moses 3). Damit galt die Arbeit als Strafe.

Seit dem 6. Jahrhundert veränderte sich die Haltung der Menschen zur Arbeit. Der italienische Mönch Benedikt von Nursia hatte den Satz „Ora et labora" (Bete und arbeite) als Kerngedanken in die Ordensregeln für das Klosterleben aufgenommen. Damit wurde die Arbeit nicht mehr als Strafe angesehen, sondern als ein Dienst für Gott.

Die Bauern ernähren das Land

Im Mittelalter bestimmten die Jahreszeiten und die Natur das Leben. Bei Sonnenaufgang standen die Menschen auf, um zu arbeiten, bei Sonnenuntergang gingen sie erschöpft schlafen. Jeder musste mithelfen, denn die Menschen stellten alles, Lebensmittel, Werkzeuge oder Kleidung, in mühsamer Handarbeit her.

M3 *Entwicklung der Werkzeuge zur Bodenbearbeitung: Bauer mit Hacke, Hakenpflug mit einem Ochsen (9. Jh.), Wendepflug mit Pferden (16. Jh.).*

Verhältnis zwischen Aussaat und Ertrag beim Getreideanbau:
um 800: 1 zu 1,5
um 1200: 1 zu 3

M2 *Ernteerträge.*

Die Kindheit endete im Alter von sieben Jahren. Von da an mussten die Kinder auf dem Feld oder im Stall mitarbeiten. Für die Bäuerinnen war der Arbeitstag besonders schwer. Neben der Feldarbeit und der Versorgung des Viehs mussten die Frauen das Essen zubereiten, Vorräte für den Winter anlegen, sich um die Kleidung kümmern, Kinder versorgen, den Garten pflegen …

Trotz der Weiterentwicklung der Arbeitsgeräte wuchsen die Erträge in der Landwirtschaft nur langsam. Noch Ende des 19. Jahrhundert arbeiteten etwa drei Viertel der Menschen in Deutschland in der Landwirtschaft.

Handwerk und Handel in der Stadt

M4 „Der Schmied“. Holzschnitt von Jost Amman aus „Eigentliche Beschreibung aller Stände ...“ mit Texten von Hans Sachs, 1568.

Durch die Ansiedlung von verschiedenen Handwerkern und Händlern entwickelten sich die Städte im Mittelalter zu wichtigen Wirtschaftszentren.

Viele Arbeitsplätze entstanden vor allem im Handwerk und Handel. Die Handwerker stellten daher den größten Anteil der Stadtbewohner. Die Nachfrage nach ganz unterschiedlichen Waren wuchs ständig, denn die Erzeugnisse hatten eine immer bessere Qualität und wurden vielfältiger. Färber lernten Stoffe mit kostbaren Farben einzufärben und hüteten das Rezept als Geheimnis. Metallgießer spezialisierten sich als Messing-, Bronze- oder Zinngießer, um für die Tafeln des Adels und der wohlhabenden Bürger Geschirr herzustellen. Die Arbeit der Gold- und Silberschmiede war genauso gefragt wie die der Messer- und Waffenschmiede. Um die 50 verschiedenen Berufsgruppen gab es so im Handwerksverzeichnis einer großen Stadt.

Die Handwerker eines Berufs schlossen sich in einzelnen Zünften zusammen. Sie wohnten in bestimmten Straßen, in denen als Zeichen ihres Reichtums das Zunfthaus zu finden war. Die Zünfte kontrollierten die Preise und die Qualität der Waren sowie die Einhaltung der Zunftordnung. Nur Mitglieder einer Zunft konnten Handwerksmeister werden. Sogar die Anzahl der Zunftmitglieder war genau festgelegt. Da die Zünfte die Anzahl ihrer Mitglieder bewusst gering hielten, konnte in einer Stadt keine zu starke Konkurrenz entstehen.

M5 Schusterwerkstatt. Holzschnitt, 16. Jahrhundert.

Arbeitsaufträge

1. Vergleiche die Bilder in M3 und stelle dar, welche Auswirkungen die Veränderungen in der Landwirtschaft hatten.
2. Erkläre die Arbeitsteilung zwischen Mann und Frau (M1, M3–M5).
3. Vergleiche die Arbeit auf dem Land und in der Stadt.
4. Informiere dich über die Aufgaben einer Zunft. Stelle die Vorteile und die Nachteile für Handwerksmeister und Gesellen dar.
5. Schreibe in Partnerarbeit einen Dialog, in dem sich ein Handwerksmeister und sein zukünftiger Lehrling über die Aufgaben und Pflichten eines Lehrlings unterhalten.

Mit mehr Arbeitsteilung zu mehr Produktion

Manufakturen verändern die Arbeit

Wer als Lehrling eines Handwerkers freigesprochen werden wollte, musste am Ende der Lehrzeit sein Gesellenstück bei der Zunft abliefern. Dieses Gesellenstück war zum Beispiel ein Schrank oder ein Paar Stiefel, das der Lehrling selbstständig hergestellt hatte. Er musste also das Material auswählen, die Maße übertragen, das Material zuschneiden, die zugeschnittenen Teile weiter verarbeiten usw.

Als im 17. und 18. Jahrhundert die Nachfrage insbesondere nach Luxusgütern immer weiter stieg, setzte sich eine neue Art der Produktion durch: die Manufaktur. Sie veränderte das Wirtschaftsleben. Anders als in kleinen Handwerksbetrieben arbeiteten in Manufakturen viele Menschen gemeinsam an der Herstellung der Produkte. Die Waren konnten jetzt schneller hergestellt werden, denn jeder Manufakturarbeiter spezialisierte sich auf einen Arbeitsschritt. Im gleichen Zeitraum wurden mehr Waren produziert, sodass der Preis der Produkte sank. Gleichzeitig verbesserte sich durch die Spezialisierung die Qualität.

Die Einrichtung und Betreibung einer Manufaktur erforderten allerdings Geld, Planung und Leitung. So bildete sich die Gruppe der Unternehmer heraus. Der Unternehmer war nicht mehr selbst direkt an der Herstellung des Produktes beteiligt. Seine Aufgabe war die Organisation der Herstellung sowie der Verkauf der Produkte.

M1 *Produktionsablauf in einer Manufaktur.*

In Fabriken bestimmen Maschinen den Arbeitstakt

Ende des 18. Jahrhunderts veränderte die Erfindung der Dampfmaschine die Arbeitswelt grundlegend. In den Manufakturen bestimmten die Arbeiter ihr Arbeitstempo noch weitgehend selbst. In der Fabrik mussten sie sich nun dem Tempo der Maschine unterordnen. Die Arbeit gliederte sich noch stärker auf und jeder Arbeiter musste oft nur noch einen Handgriff ausführen, der sich immer wiederholte. Damit beherrschte der Arbeiter diesen Handgriff zwar bald perfekt, war aber nicht in der Lage, ein ganzes Produkt selbst herzustellen. Dies veränderte die Arbeitsgewohnheiten der Menschen grundlegend.

Die Fabriken gehörten mit ihren Maschinen, Werkzeugen und Rohstoffen den Unternehmern. Sie bestimmten die Arbeitszeit, den Lohn und die Art der Arbeit. Der Arbeiter selbst hatten kein Mitspracherecht.

Da die Unternehmer nur einen sehr geringen Lohn zahlten, mussten auch Frauen und Kinder in den Fabriken arbeiten, um den Lebensunterhalt der Familie zu sichern.

	Handwerk	Manufaktur	Fabrik
Nachfrage	Einzelbestellung	Massenabsatz	Produktion richtet sich nach Marktlage
Arbeit	Ein Handwerker fertigt ein Produkt.	Teilprodukte werden von mehreren Arbeitern in zentraler Werkstatt hergestellt.	Teilprodukte werden im Takt der Maschine hergestellt.
Ort	Werkstatt	Manufaktur	Fabrik
Rohstoffe	Produzent kauft sie	im Besitz des Unternehmers	im Besitz des Unternehmers
Werkzeuge	im Besitz des Produzenten	im Besitz des Unternehmers	im Besitz des Unternehmers
Produktmenge	gering	sehr groß	stark anwachsend

M2 *Vergleich verschiedener Produktionsformen.*

Für Frauen gibt es keine Pause

Etwa 80 bis 90 % der Arbeiterfrauen mussten durch Heim- oder Fabrikarbeit zum Unterhalt der Familie beitragen. Der Tag einer Arbeiterin hatte keine Erholungspausen.

Q1 *Über die Fabrikarbeit verheirateter Frauen, 1910:*

Da ist eine Fabrikarbeiterin mit vier kleinen Kindern. Um 4.30 Uhr beginnt ihr Arbeitstag, da muss sie aufstehen. Feuer machen, Mittagessen vorbereiten, die Betten machen. Um 6.45 muss sie mit den Kindern aus dem Hause. Die Kleinen werden in die Anstalt gebracht. Die Frau geht in die Fabrik, aus der sie um 11.30 Uhr für 1½ Stunden heimkommt. Nun wird das Essen gewärmt und verzehrt und dann so viel häusliche Arbeit wie möglich verrichtet. Um 1.00 Uhr beginnt wieder die Fabrikarbeit.
Nach dem Abendessen kommen all die kleinen und großen Verrichtungen, das Geschirr muss wieder gesäubert werden, die Feuerung wird zurecht gemacht. An einem Abend wird Wäsche gewaschen, am nächsten wird gebügelt. Am Sonnabend wird das Zimmer gründlich geputzt. Etwa alle 8 Wochen ist großer Waschtag. Entweder am Samstag abends, wo der Arbeitstag dann erst um 1.00 Uhr nachts sein Ende erreicht, oder am Sonntag.

Nach: Plößl, Elisabeth: Augsburg auf dem Weg ins Industriealter, S. 67, gekürzt.

Arbeitsaufträge

1. Beschreibe die Arbeitsteilung in einer Manufaktur mit Hilfe von M1.
2. Erkläre die Entwicklung der Produktion von der Manufaktur zur Fabrik. Nutze dabei M2.
3. Beschreibe den Alltag einer verheirateten Fabrikarbeiterin. Vergleiche den Tagesablauf mit dem einer berufstätigen Mutter in der Gegenwart.
4. Stelle in einer Tabelle dar, was für und was gegen die Einführung von Fabrikarbeit spricht.

Worterklärungen

Absolutismus
Bei dieser Herrschaftsform war der König in seinen Entscheidungen weder an Gesetze noch die Zustimmung anderer gebunden. Da er die absolute (losgelöste) Macht besaß, bestand die Gefahr, dass er seine Macht missbrauchte. Der Absolutismus war im 17. und 18. Jahrhundert in fast allen europäischen Staaten die Herrschaftsform. Berühmtestes Beispiel für einen absoluten Herrscher ist Ludwig XIV. (1643–1715).

Bildquelle
Unter Bildquellen versteht man bildliche Überlieferungen der Vergangenheit. Dazu zählen Gemälde, Fotos, Karikaturen und andere bildliche Darstellungen.

Bürger
Ursprünglich die Bewohner eines Ortes im Schutz einer Burg. Später die freien Einwohner der mittelalterlichen Städte. Bis zum Absolutismus waren alle Bürgerinnen und Bürger Untertanen des jeweiligen Landesherrn. Während der Französischen Revolution stritten die Menschen darum, dass alle Menschen von Geburt an Bürgerrechte, also politische Rechte und Freiheiten, erhielten.

Bundeskanzler
Im Norddeutschen Bund traf der Bundeskanzler die politischen Entscheidungen. Er leitete die Regierung und die Verwaltung und war nur dem preußischen Kö-nig verantwortlich. Die Stellung des Bundeskanzlers glich der des Reichskanzlers ab 1871. Der einzige Bundeskanzler war Otto von Bismarck. Auch heute gibt es einen Bundeskanzler. Er ist Regierungschef in der Bundesrepublik Deutschland.

Bundesrat
In dem Bundesrat des Deutschen Reiches berieten Vertreter der einzelnen Bundesstaaten über Reichsangelegenheiten. Der Bundesrat der Bundesrepublik Deutschland ist die Vertretung der Bundesländer auf Bundesebene.

Burschenschaft
Studentische Verbindung. 1815 entstand in Jena die erste Burschenschaft. Burschenschaften wurden rasch zu einer Bewegung an allen deutschen Universitäten.

Dekret
Verordnung mit Gesetzeskraft.

Demokratie
(griechisch = Volksherrschaft) Staatsform, die von der Gleichheit und Freiheit aller Menschen ausgeht und in der die Bürgerinnen und Bürger die Regierung wählen bzw. abwählen.

Diktatur
Herrschaft einer einzelnen Person (eines Diktators) oder einer kleinen Gruppe, die die gesetzgebende, ausführende und richterliche Gewalt eines Staates vereint und vom Volk nicht kontrolliert werden kann. Die Folge ist eine weitgehende Rechtlosigkeit der Bürgerinnen und Bürger.

Direktorium
Nach der Verfassung von 1795 die oberste Regierungsbehörde Frankreichs. Sie bestand aus fünf gewählten Mitgliedern.

Entente
(frz. entente cordiale = herzliches Einvernehmen) Bündnis, das Großbritannien und Frankreich 1904 schlossen und das 1907 durch Russland erweitert wurde.

Fabrik
Arbeiter stellen in Fabriken mit Maschinen meist in kleinen Arbeitsschritten Waren her. Fabriken entstanden in Deutschland im 19. Jahrhundert im Laufe der Industrialisierung.

Flugschrift
Bald nach der Erfindung des Buchdrucks in der Mitte des 15. Jahrhunderts wurden einzelne Blätter oder kleine Broschüren mit politischen Forderungen gedruckt. Diese „fliegenden Blätter“ ließen sich schnell verbreiten. Ziel war es, viele Menschen über Missstände oder politische Forderungen zu informieren.

Generalstände
Versammlung der gewählten Vertreter der drei Stände in Frankreich (Geistlichkeit, Adel sowie Bürger und Bauern).

Gewaltenteilung
Gewaltenteilung bezeichnet die Aufteilung der Staatsgewalt in die gesetzgebende, vollziehende und Recht sprechende Gewalt (Legislative, Exekutive, Judikative). Diese Teilung ist das Grundprinzip einer demokratischen Ordnung.

Gewerkschaft
Zusammenschluss von Arbeitnehmern, um gemeinsame Interessen wie Lohnerhöhungen oder bessere Arbeitszeiten gegenüber den Arbeitgebern durchzusetzen.

Gilde
Zusammenschluss von Kaufleuten im Mittelalter zur gegenseitigen Absicherung und Durchsetzung gemeinsamer Interessen.

Gottesgnadentum
Dem mittelalterlichen Herrschertitel wurde meist die Formel „von Gottes Gnaden" beigefügt. Ursprünglich drückte sie die Abhängigkeit des Fürsten von Gott aus. Im Absolutismus wurde daraus der Machtanspruch des Herrschers, sich keiner irdischen Gewalt zu unterstellen.

Imperialismus
(lateinisch imperium = Reich) Das Streben eines Staates, seine Herrschaft auf andere Länder und Völker auszudehnen. Als Epoche des Imperialismus gilt besonders die Zeit von 1880 bis 1914, in der die Großmächte ihre Kolonialreiche ausbauten.

Industrie
Industrie ist die Gewinnung und Verarbeitung von Produkten, meistens in Fabriken. Industrie ist in verschiedene Bereiche aufgeteilt, z. B. in „Stahlindustrie" oder „Nahrungsmittelindustrie".

Kapitalismus
Wirtschaftssystem, bei dem das Kapital unternehmerisch eingesetzt wird um hohe Gewinne zu erzielen. Angebot und Nachfrage bestimmen den Verkaufspreis, der Staat enthält sich jeder Einflussnahme. Für Karl Marx ist der Kapitalismus ein System, das die Arbeiter ausbeutet und zu ihrer Verelendung führt.

Kolonialismus
Eroberung zumeist überseeischer Gebiete durch einen militärisch überlegenen Staat.

Kommunismus
Von Marx und Engels begründete Lehre, die die Vorstellung einer klassenlosen Gesellschaft ohne soziale Unterschiede enthält. In ihr ist das Privateigentum abgeschafft. Auch die Produktionsmittel gehören nicht einem Unternehmer, sondern sind das gemeinsame Eigentum aller Staatsbürger.

Konkordat
Staatsvertrag zwischen der katholischen Kirche und einem Staat.

Kulturkampf
Die von Bismarck geführte Auseinandersetzung zwischen dem preußischen Staat und der katholischen Kirche 1871 – 1887.

Landflucht
Landflucht heißt das massenhafte Umziehen der Landbevölkerung in die Städte. Gründe können geringe Verdienstmöglichkeiten auf dem Land und gute Verdienstmöglichkeiten in den Städten sein.

Leibeigenschaft
Persönliche Herrschaft eines Adligen über einen Bauern.

Manufaktur
Manufakturen waren gewerbliche Großbetriebe in der Zeit des Absolutismus und die Vorläufer der Fabriken. Hier stellten Menschen in arbeitsteiliger Handarbeit Waren wie Kleidung oder Porzellan her. Jeder Handwerker führte einen einzelnen Arbeitsschritt in der Kette vom Rohstoff zum fertigen Produkt aus.

Menschenrechte
Zu den Menschenrechten gehören z. B. das Recht auf Leben, auf Freiheit, auf körperliche Unversehrtheit, auf freie Meinungsäußerung oder freie Religionsausübung. Die Menschenrechte sollen die Menschen und ihre Würde vor Übergriffen des Staates schützen. Viele Staaten schreiben die Menschenrechte in ihrer Verfassung fest.

Merkantilismus
Wirtschaftsform, die die wirtschaftliche Entwicklung des eigenen Staates durch Überschüsse im Außenhandel anstrebt. Regierungen unterstützten die Ausfuhr von Produkten aktiv und hielten die Einfuhr durch Zölle niedrig. Der Merkantilismus war die vorherrschende Wirtschaftsweise zur Zeit des Absolutismus.

Monarchie
(Griechisch = Alleinherrschaft) Staatsform mit einem König / einer Königin an der Spitze, dessen / deren Herrschaftsanspruch durch seine Herkunft begründet wird.

Nation
Nation hat zwei Bedeutungen: Sie bezeichnet Menschen, die in einem gemeinsamen Staat leben (Staatsnation) oder Menschen, die die gleiche Sprache sprechen, Kultur haben usw. (Kulturnation).

Nationalismus
Meist negativ besetzter Begriff für ein übersteigertes Nationalgefühl und die Überbewertung der eigenen Nation.

Nationalversammlung
Gewählte Volksvertretung einer Nation, die vor allem zur Ausarbeitung einer Verfassung zusammentritt. So z. B. die französische Nationalversammlung 1789 – 1792 oder die Frankfurter Nationalversammlung 1848 – 1849.

Panslawismus
Bestrebungen nach einem Zusammenschluss aller Slawen. Die

Bewegung gewann seit 1848 an Kraft. Zugleich erhob Russland einen Führungsanspruch innerhalb der slawischen Völker. Der Panslawismus führte zu starken Spannungen mit Österreich-Ungarn, dessen Staatsgebiet viele slawische Bevölkerungsteile umfasste.

Papst
Der Papst ist das Oberhaupt der katholischen Kirche und der Bischof von Rom. Er ist verantwortlich für die Leitung der Katholischen Kirche und für ihre Lehre.

Parlament
Versammlung von Volksvertretern. Parlamente wirken an der Gesetzgebung mit, beschließen den Staatshaushalt und kontrollieren Regierung und Verwaltung.

Partei
Zusammenschluss von Menschen mit gleichen oder ähnlichen politischen, sozialen oder wirtschaftlichen Ansichten.

Plantage
Landwirtschaftlicher Großbetrieb, der vor allem in den tropischen Gebieten Amerikas und Afrikas vorkommt. Hier werden Produkte für den Handel wie Tabak, Baumwolle, Kaffee oder Tee angebaut.

Privilegien
Sonderrechte bestimmter Personengruppen oder Stände, zum Beispiel des Adels oder des Klerus. Sie wurden vom Herrscher verliehen und bestanden zum Beispiel in der Befreiung von Steuern.

Proletariat
Im 19. Jahrhundert ein durch Karl Marx geprägter Begriff für die besitzlosen und abhängigen Lohnarbeiter.

Reichstag
Im Reichstagsgebäude in Berlin tagte seit 1871 der Reichstag des Deutschen Reiches. Der Reichstag war das Parlament. Heute tagt in diesem Gebäude der Bundestag der Bundesrepublik Deutschland.

Reform
Schrittweise, planmäßige Umgestaltung und Verbesserung bestehender Zustände.

Republik
Die Republik ist eine Staatsform, der ein auf Zeit gewähltes Oberhaupt vorsteht. Die Republik ist das Gegenmodell einer Monarchie.

Restauration
Das Bemühen, frühere Zustände wiederherzustellen. Der Begriff wird auf die Epoche von 1815 bis 1848 angewandt, in der die politische Ordnung aus der Zeit vor der Französischen Revolution wiederhergestellt werden sollte.

Revolution
Gewaltsamer Umsturz eines politischen Systems mit tief greifenden politischen und gesellschaftlichen Auswirkungen.

Sklave
Unfreier, der keine Rechte hat. Sklaven wurden als Eigentum ihres Besitzers behandelt und daher nach Belieben verkauft oder vermietet. Mit den Entdeckungen und dem Kolonialismus wuchs die Sklaverei sprunghaft an. Sklavenhändler verschifften Schwarze vor allem von Afrika nach Amerika, wo angesichts der zurückgehenden Indianerbevölkerung Arbeitskräftemangel herrschte.

Soziale Frage
Bezeichnung für die ungelösten Probleme der Arbeiter im 19. Jahrhundert, die durch die Industrialisierung entstanden. Hierzu zählten: niedrige Löhne, hohe Arbeitslosigkeit, lange Arbeitszeiten, schlechte Arbeitsbedingungen, fehlender Versicherungsschutz oder menschenunwürdige Wohnverhältnisse.

Stand
Abgeschlossene soziale Gruppe in einem hierarchischen Gesellschaftssystem (Klerus, Adel, einfaches Volk wie Bürger, Handwerker und Bauern).

Verfassung
Grundordnung eines Staates. Die Verfassung legt z. B. die Rechte der Menschen und die Rechte der Regierung fest.

Zar
Titel des russischen, bulgarischen und serbischen Monarchen. In Russland wurde der Titel Zar von 1546 bis 1917 verwendet.

Zehnt
Die wichtigste Abgabe, die ein abhängiger Bauer im Jahr an die Kirche oder die weltlichen Grundherren zahlen musste. Es war in der Regel ein Zehntel seines Getreides oder Viehbestandes.

Zunft
Handwerker schlossen sich in mittelalterlichen Städten zu Zünften zusammen. In ihnen wurden die Qualität der Erzeugnisse, die Arbeitszeit und die Menge der Waren, die produziert werden durfte, festgeschrieben.

Register

Textquellen

22 Q1: Kant, Immanuel: Werke in sechs Bänden, hrsg. v. Wilhelm Weischedel, Bd. 6: Schriften zur Anthropologie, Geschichtsphilosophie, Politik und Pädagogik, Frankfurt am Main, 1964, S. 53.

23 Q2: Rousseau, Jean-Jacques: Der Gesellschaftsvertrag. Stuttgart 1963, S. 30f.

23 Q3: Montesquieu, Charles de: Vom Geist der Gesetze 1, übers. u. hrsg. v. Ernst Forsthoff, Tübingen 1992, S. 162f.

25 Q1: Friedrich der Große: Das politische Testament von 1752, übersetzt von F. von Oppeln-Bronikowski, Stuttgart 1974, S. 52–54.

25 Q2: Benninghoven, Friedrich u. a. (Hrsg.): Friedrich der Große, Ausstellung des Geheimen Staatsarchivs Preußischen Kulturbesitzes, Berlin 1986, S. 64.

26 Q1: Stadelmann, Rudolph: Preußens Könige in ihrer Tätigkeit für die Landeskultur, 2. Teil, Leipzig 1882, S. 333.

28 Q1: Lautemann, Wolfgang / Schlenke, Manfred: Geschichte in Quellen Bd. 3, Renaissance, Glaubenskämpfe, Absolutismus, bearbeitet von Fritz Dickmann, München 1976, S. 671.

29 Q2: Nationalhymnen. Texte u. Melodien, 8. Aufl., Reclamverlag, Stuttgart 1980, S. 137.

33 Q1: Duffy, Christopher: Friedrich der Große, Augsburg 1994, S. 351f. u. S. 476.

33 Q2: Neumann, Hans-Joachim: Friedrich der Große, Berlin 2000, S. 118f.

41 Q1: Lautemann, Wolfgang / Schlenke, Manfred (Hrsg.): Geschichte in Quellen Bd. 3, Renaissance, Glaubenskämpfe, Absolutismus. Bearbeitet von Fritz Dickmann, München 1976, S. 279.

43 Q1: Lautemann, Wolfgang / Schlenke, Manfred (Hrsg.): Geschichte in Quellen Bd. 3, Renaissance, Glaubenskämpfe, Absolutismus. Bearbeitet von Fritz Dickmann, München 1976, S. 565f.

44 Q1: Schippan, Michael / Striegnitz, Sonja: Wolgadeutsche, S. 216f.

48 Q1: Lautemann, Wolfgang / Schlenke, Manfred (Hrsg.): Geschichte in Quellen Bd. 3, Renaissance, Glaubenskämpfe, Absolutismus. Bearbeitet von Fritz Dickmann, München 1976, S. 703ff.

57 Q1: Lautemann, Wolfgang / Schlenke, Manfred: Geschichte in Quellen Bd. 4, Amerikanische und Französische Revolution, bearbeitet von Wolfgang Lautemann, München 1981, S. 93f.

63 Q1: Griesinger, Theodor: Land und Leute in Amerika, Bd. 2, S. 547–574.

64 Q1: www.auswandererbriefe.de/regionalebriefe.html (Stand: 14.01.2007)

65 Q2: www.auswandererbriefe.de/regionalebriefe.html (Stand: 14.01.2007)

65 Q3: Helbich, Wolfgang / Kamphoefner, Walter D. / Sommer, Ulrike (Hrsg.): Briefe aus Amerika. Deutsche Auswanderer schreiben aus der Neuen Welt 1830–1930, München 1988, S. 241f.

70 M2: Nach Soboul, Albert Marius: Die große Französische Revolution, Frankfurt am Main 1975, S. 75.

71 Q2: Tocqueville, Alexis de: Der alte Staat und die Revolution, München 1978, S. 229–231.

77 Q1: Lautemann, Wolfgang / Schlenke, Manfred (Hrsg.): Geschichte in Quellen Bd. 4, Amerikanische und Französische Revolution, bearbeitet von Manfred Lautemann, München 1981, S. 177f.

78 Q1: Lautemann, Wolfgang / Schlenke, Manfred (Hrsg.): Geschichte in Quellen Bd. 4, Amerikanische und Französische Revolution, bearbeitet von Manfred Lautemann, München 1981, S. 183f.

82 Q1: Quellen zur Geschichte der Neuesten Zeit, Zürich 1966, S. 12ff.

84 Q1: Die Marseillaise; aus: Nationalhymnen. Texte und Melodien, 8. Aufl., Reclam Verlag, Stuttgart 1998, S. 4848.

85 Q2: Hartig, Irmgard und Paul: Die Französische Revolution, Stuttgart 1980, S. 75.

85 Q3: Paschold, Chris E. u. a.: Die Französische Revolution, Stuttgart 1989, S. 262.

87 Q1: Saint-Just: Institutions Républicaines, Paris 1946. Zit. nach Schmid, Heinz Dieter: Fragen an die Geschichte 3, Frankfurt 1976, S. 144.

94 Q1: Kircheisen, F. M.: Gespräche Napoleons, Stuttgart 1912, S. 63.

95 Q2: Lautemann, Wolfgang / Schlenke, Manfred (Hrsg.): Geschichte in Quellen Bd. 4, Amerikanische und Französische Revolution, bearbeitet von Manfred Lautemann, München 1981, S. 549f.

96 Q1: Wolfgang / Schlenke, Manfred (Hrsg.): Geschichte in Quellen Bd. 4, Amerikanische und Französische Revolution, bearbeitet von Manfred Lautemann, München 1981, S. 550f.

97 Q2: Wolfgang / Schlenke, Manfred (Hrsg.): Geschichte in Quellen Bd. 4, Amerikanische und Französische Revolution, bearbeitet von Manfred Lautemann, München 1981, S. 591.

102 Q1: Eggs, Ekkehard / Fischer, Hubertus (Hrsg): Napoleon. Europäische Spiegelungen in Mythos, Geschichte und Karikatur, Frankfurt, 1986, S. 98.

102 Q2: Kleßmann, Eckart (Hrsg.): Die Befreiungskriege in Augenzeugenberichten, München 1973, S. 28.

111 Q1: Eichendorff, Joseph von: Mondnacht; in: Das deutsche Gedicht vom Mittelalter bis zum 20. Jahrhundert, Auswahl von Edgar Hederer, Frankfurt am Main, 1999, S. 296.

113 Q1: Lautemann, Wolfgang / Schlenke, Manfred (Hrsg.): Geschichte in Quellen. Das bürgerliche Zeitalter 1815–1914, bearbeitet von Günter Schönbrunn, München 1980, S. 86f.

114 Q1: www.uni-stuttgart.de/hilaritas/LIEDER/TEXTE/gedanken.html (Stand: 14.02.2007)

115 Q2: Krieger, Herbert u. a. (Hrsg.): Materialien für den Geschichtsunterricht, Bd. 4, Frankfurt am Main 1972, S. 263.

116 Q1: Das Lied der Deutschen, Hoffmann von Fallersleben 1841. Aus: Conrady, Karl Otto (Hrsg.): Das große deutsche Gedichtbuch von 1500 bis zur Gegenwart, 4. Aufl., Artemis & Winkler Verlag, München 1995, S. 341.

119 Q1: Salin, Eduard u. a. (Hrsg.): Friedrich List. Schriften, Reden und Briefe, Band 5, Berlin 1927–1935, S. 50.
120 Q1: Heine, Heinrich: Deutschland, ein Wintermärchen, Caput II; in: Heine, Heinrich: Sämtliche Werke I. Gedichte, Artemis & Winkler Verlag, 6. Auflage, München 1992, S. 378.
121 Q2: Hoffmann von Fallersleben: Unpolitische Lieder, Teil 1. Der Deutsche Zollverein, 1840.
124 Q1: Flugblatt. Wiedergabe der in einer Versammlung „Unter den Zelten", Berlin Tiergarten, aufgestellten Forderungen der Bürgerschaft an den König vom 7. 3. 1848, Ullstein Bild, Bildnummer: 00013062.
125 Q2: Schurz, Carl: Lebenserinnerungen, Bd. 1, Berlin 1906, S. 123f.
125 Q3: Lautemann, Wolfgang / Schlenke, Manfred (Hrsg.): Geschichte in Quellen. Das bürgerliche Zeitalter 1815–1914, bearbeitet von Günter Schönbrunn, München 1980, S. 153.
126 Q1: Lautemann, Wolfgang / Schlenke, Manfred (Hrsg.): Geschichte in Quellen. Das bürgerliche Zeitalter 1815–1914, bearbeitet von Günter Schönbrunn, München 1980, S. 154.
127 Q2: Görtemarker, Manfred: Deutschland im 19. Jahrhundert, 3. Aufl., Bonn 1989, S. 107f.
129 M3: Die Zusammensetzung der Nationalversammlung. Nach: Hils-Brockhoff, Evelyn / Hock, Sabine: Die Paulskirche. Symbol demokratischer Freiheit und nationaler Einheit; Begleitbroschüre zur Dauerausstellung des Instituts für Stadtgeschichte Frankfurt; Institut für Stadtgeschichte, 2. Aufl., Frankfurt am Main 2004, S. 28.
132 Q1: Mühleisen, Hans-Otto: Geschichte der Grundrechte; in: Informationen zur politischen Bildung Heft 239, Bonn 1993, S. 9.
132 Q2: Ranke, Leopold von: Briefwechsel Wilhelm IV. mit Bunsen, 1873, S. 233f.
134 Q1: Bismarck, Otto von: Gesammelte Werke, Bd. 10, Berlin 1928, S. 140.
135 Q2: Bismarck, Otto von: Gesammelte Werke, Bd. 5, Berlin 1942, S. 95ff.
149 Q1: Engels, Friedrich: Die Lage der arbeitenden Klassen in England, 2. Aufl., 1892.
150 Q1: Harkort, Friedrich: Eisenbahnen; in: Hermann Nr. 26, 30. März 1825, gekürzt. Zit. nach: Görtemarker, Manfred: Deutschland im 19. Jahrhundert, Bonn 1987, S. 138f.
160 Q1: Treue, Wilhelm / Manegold, Karl-Heinz: Quellen zur Geschichte der industriellen Revolution, Göttingen 1966, S. 126–129.
167 Q1: Beimel, Mathias / Mögenburg, Harm: Industrialisierung – das deutsche Beispiel, Frankfurt am Main 1987, S. 135.
168 Q1: Alberti, Conrad: Maschinen, Leipzig 1895. Zitiert nach: Arbeit / Maschine / Mensch, Linz 1987, S. 93.
169 Q2: www.historisches-chemnitz.de (Stand: 14. 2. 2007)
170 Q1: Manifest der Kommunistischen Partei, Zit. aus Borkenau, Franz (Hrsg.): Marx, Frankfurt am Main, S. 98ff.
171 Q2: Pönicke, Herbert: Die sozialen Theorien im 19. Jahrhundert in Deutschland, Paderborn 1975, S. 86f.
172 Q1: http://www.kolping.de/grundinfos/adolf_kolping_6.html (Stand: 29.01.2007)
172 Q2: Harkort, Friedrich: Schriften und Reden zu Volksschule und Volksbildung, besorgt von K.-E. Jeismann, Paderborn, 1969, S. 101f.
173 Q3: Bismarck, Otto von: Gesammelte Werke, Bd. 2, Berlin 1924, S. 319f.
181 Q1: Schmidt, August: Lang war der Weg, Bochum 1958, S. 9–11.
182 Q2: Bismarck, Otto von: Gesammelte Werke, Bd. 12, Berlin 1929, S. 12.
190 Q1: Bismarck, Otto von: Werke in Auswahl, Bd. 6, 1976, S. 52.
193 Q1: Ritter, Gerhard A. (Hrsg.): Das Deutsche Kaiserreich 1871–1914, Göttingen 1977, S. 136f.
194 Q1: Lautemann, Wolfgang / Schlenke, Manfred (Hrsg.): Geschichte in Quellen. Das bürgerliche Zeitalter 1815–1914, bearbeitet von Günter Schönbrunn, München 1980, S. Schönbrunn: Das bürgerliche Zeitalter 1815–1914, München 1980, S. 659.
196 Q1: Külz, Ludwig: Blätter und Briefe eines Arztes aus dem tropischen Deutschafrika, 1906, S. 23. Zitiert nach: Gründer, Horst (Hrsg.): „… da und dort ein junges Deutschland gründen". Rassismus, Kolonien und kolonialer Gedanke vom 16. bis zum 20. Jahrhundert, dtv, München 1999, S. 271.
197 Q1: Klaußmann, Oskar (Hrsg.): Kaiserreden. Reden u. Erlasse, Briefe u. Telegramme Kaiser Wilhelms des Zweiten. Ein Charakterbild des Dt. Kaisers, Leipzig 1902, S. 356.
197 Q2: Historische Zeitschrift, Bd. 222, 1976, S. 350.
198 Q1: Neitz, Joh.: Die Herero betreffend. Reise zu Samuel Herero, 1907, zitiert nach Gründer, Horst (Hrsg.): „… da und dort ein junges Deutschland gründen". Rassismus, Kolonien und kolonialer Gedanke vom 16. bis zum 20. Jahrhundert, dtv, München 1999, S. 153.
199 Q2: Die Kämpfe der deutschen Truppen in Südwestafrika, Berlin 1906, S. 211–218.
201 Q1: Lautemann, Wolfgang / Schlenke, Manfred (Hrsg.): Geschichte in Quellen Bd. 5, Weltkriege und Revo-lutionen, bearbeitet von Günter Schönbrunn, München 1975, S. 25f.
202 Q1: Kriegs-Rundschau, Bd. 1, S. 43.
202 Q2: Deutsches Rundfunkarchiv www.dra.de / online / dokument / 2006 / november.html (Stand: 23.02.2007)
206 Q1: Antikriegsresolution der II. Internationale 1907; S. 23f.
208 Q1: Witkop, Pilipp (Hrsg): Kriegsbriefe gefallener Studenten, München 1928, S. 32f.
208 Q2: Witkop, Pilipp (Hrsg): Kriegsbriefe gefallener Studenten, München 1928, S. 284.
208 Q3: Witkop, Pilipp (Hrsg): Kriegsbriefe gefallener Studenten, München 1928, S. 348.

Bildnachweis

akg-images, Berlin: 8/9, 10 M1,12 M1, 14 M1, 16 M1, 17 M4, 18 M1 + M2, 19 M3, 21 M2 (Nimatallah), 24 M1 + M2, 29 M4, 30 M1 + M2, 31 M3 + M4, 32 M1 (Bildarchiv Monheim), 35 u. li., 41 M2, 42 M1 + M2, 44 M1, 45 M3, 48 M1, 57 M2, 61 M2 + M3, 67 u. li., 68/69, 70 M1, 77 M1, 79 M3, 85 M2, 86 M1, 89 M4 + M5, 90 M1 (E. Lessing), 91 M2, 98 M2, 99 M3, 105 M2, 107 u. Mi., 108/109, 110 M1, 111 M3, 112 M2, 116 M12 + M2, 121 M2, 122 M2, 124 M1, 126 M2, 134 M2, 136 M1, 140/141, 147 M3, 148 M1, 152 M1, 157 M3, 170 M1 + M2, 171 M4, 175 u.Mi. + u. re., 183 M5, 185 M2 + M3, 188 M1, 189 M2 + M3, 192 M2, 199 M2, 200 M2, 207 M3

Altonaer Museum, Hamburg: 207 M2

archivberlin, Berlin: 33 M1 (U. Boettcher)

Arco Images, Lünen: 17 M3 (J. Hildebrandt)

Bayerisches Armeemuseum, Ingolstadt: 101 M3

Bibliothèque nationale de France, Paris: 82 M1, 90 M2

Bildarchiv Preußischer Kulturbesitz, Berlin: 16 M2 (D. Katz), 25 M3, 26 M3, 35 u. re., 44 M2, 47 M1, 55 M3 (R. Schacht), 55 M4, 56 M1, 62 M4, 67 u. Mi., 74 M1, 78 M1 (Toumazet), 92 M2, 97 M1, 125 M2, 127 M3, 128 M1 + M2, 139 u. Mi., 142 M2, 144 M2, 145 M5 (L. Braun), 152 M2, 166 M1, 175 u. li. (L. Braun), 176/177, 179 M4 (D. Katz), 182 M2, 184 M1, 190 M1, 192 M1, 193 M5, 196 M1, 209 u. Mi., 210 Mi. + Mi. re., 213 M4

Bismarck Museum, Friedrichsruh: 137 M2, 139 u. re. (Carstensen, Hamburg)

Bridgeman Art Library/Giraudon, London: 36/37 (Photo © Christie's Images, Private Collection), 51 M2 (Private Collection), 55 M5 (The Stapleton Collection, Private Collection), 72 M1 + 107 u. li. Musee de la Ville de Paris/Musee Carnavalet), 79 M2, 81 M2 u., 85 M1, 88 M1, 212 M1 (Giraudon/Art Resource NY), 212 M3 u. British Library, London: 47 M2

CORBIS, Düsseldorf: Titel (Historical Picture Archive), 66 li. (P. Mcerlane/ Reuters)

Das Fotoarchiv, Essen: 53 M6 (J. Tack)

Derby Museum and Art Gallery, Derby: 22 M1, 35 u. Mi.

Deutsches Historisches Museum, Berlin: 182 M1 (A. Psille), 206 M1, 209 u. li. (A. Psille)

Deutsches Museum, München: 142 M1

Edition Temmen, Bremen: 42 M3

F1 Online, Frankfurt/M.: 14 M2

Forschungsbibliothek Gotha: 11 M3 (Sign: Goth. 2° 29/6 R), 11 M4 (Sign: Hist. 2° 2313/8 (1)

FU Berlin, Institut für Allgemeine Zoologie, Berlin: 27 M4

Germanisches Nationalmuseum, Nürnberg: 113 M3

Güttler, P., Berlin: 94 M1

Heimatmuseum, Neustadt: 115 M2

Historisches Museum Hannover: 180 M1

Karpinsky, J., Dresden: 15 M3

Kesper, I., Salzkotten: 210 o. li. + o. re.

Kulturstiftung Dessau Wörlitz, Bildarchiv: 32 M2 (H. Fräßdorf)

Kunsthistorisches Museum, Wien: 21 M3

Lichtbildwerkstätte Alpenland, Wien: 101 M4

Mary Evans Picture Library, London: 103 M1, 197 M2

mauritius-images, Mittenwald: 41 M3 (S. Vidler), 66 re. (Gebhardt)

mediacolors, Zürich: 66 u. Mi. (Callaway)

Österreichische Nationalbibliothek, Wien: 210 Mi. li., 212 M3 o. li. + o. re.

Peterskampp, Dieburg: 112 M1

Photostudio Druwe und Polastri, Weddel: 210 u. re.

Picture Alliance, Frankfurt/M.: 12 M2 (ZB/M. Hiekel), 15 M4 (ZB/M. Hiekel), 19 M4 (akg-images), 52 M1 (dpa), 64 M1 (akg-images), 66 li. u. (dpa/Stockfood/M. Hunter), 67 u. re. (akg-images), 93 M3 (dpa/SIPA/L. Chamussy), 163 M3 (dpa/ADN), 210 u. li. (ZB/ P. Förster)

Punctum Fotografie, Leipzig: 186 M1 (B. Kober)

Sächsische Landesbibliothek/Deutsche Fotothek, Dresden: 153 M3, 154 M1, 158 M1

Schwarzstein, J., Hannover: 75, 106 M1, 160 M1, 214 M1

Science Museum, London: 144 M1

Smithsonian Institut, Washington: 53 M3

Staatlich Graphische Sammlung, München: 31 M5

Staatliche Kunstsammlungen Dresden: 13 M3 (Gemäldegalerie Alte Meister), 93 M2, 107 u. re.

Staatliche Münzsammlung, München: 58 M2

Staatsarchiv Windhuk: 199 M3

Stadtgeschichtliches Museum, Leipzig: 187 M2 + M3

Stehle, K., München: 202 M2

Tonn, D., Bovenden: 35 o., 67 o., 107 o., 139 o., 175 o., 209 o.

ullstein bild, Berlin: 33 M2 (Ihlow), 110 M2 (Imagno), 114 M1, 119 M2, 122 M1, 123 M4, 138 M1 li. o. (CARO/ Ruffer), 138 M2 re.o. (AP), 138 M3 li. Mi. (Leber), 138 M4 re. u. (KPA), 138 M5 li. u. (Rieckhoff), 156 M1 (KPA),156 M2 o.re (JOKER/Gerard), 166 M2 + M3, 167 M5, 168 M1, 172 M1 (BAYER AG), 194 M1, 202 M1, 203 M3 (Keystone), 203 M4, 205 M4 (Roger Viollet), 209 u. re. (Keystone) Archiv Gerstenberg: 115 M3, 118 M1, 133 M2, 139 u. li Granger Collection: 49 M2, 50 M1, 52 M2, 156 M2 li. + Mi., 161 M2, 162 M2

Westermann Archiv: 213 M4

alle übrigen Schaubilder und Karten: Westermann Kartographie/Technisch Graphische Abteilung, Braunschweig